U0936203

珍藏本
纪念版

汉译世界学术名著丛书

现时代的根本特点

〔德〕费希特 著

沈真 梁志学 译

2017年·北京

Johann Gottlieb Fichte
DIE GRUNDZÜGE DES GEGENWÄRTIGEN ZEITALTERS
(1806)
本书根据斯图加特弗洛曼出版社 1988 年
《费希特全集》第Ⅰ辑第 8 卷译出

汉译世界学术名著丛书
（120 年纪念版·珍藏本）
出版说明

2017 年 2 月 11 日，商务印书馆迎来 120 岁的生日。120 年前，商务印书馆前贤怀揣文化救国的理想，抱持“昌明教育，开启民智”的使命，立足本土，放眼寰宇，以出版为津梁，沟通中西，为中国、为世界提供最富智慧的思想文化成果。无论世事白云苍狗，潮流左右激荡，甚至战火硝烟弥漫，始终践行学术报国之志，无改初心。

迻译世界各国学术名著，即其一端。早在 20 世纪初年便出版《原富》《天演论》等影响至今的代表性著作，1950 年代后更致力于外国哲学和社会科学经典的译介，及至 1980 年代，辑为“汉译世界学术名著丛书”，汇涓为流，蔚为大观。丛书自 1981 年开始出版，历时三十余年，迄今已推出七百种，是我国现代出版史上规模最大、最为重要的学术翻译工程。

丛书所选之书，立场观点不囿于一派，学科领域不限于一门，皆为文明开启以来，各时代、各国家、各民族的思想与文化精粹，代表着人类已经到达过的精神境界。丛书系统译介世界学术经典，引领时代思想，为本土原创学术的发展提供丰富的文化滋养，为推动中国现代学术和现代化进程做出了突出的贡献。

为纪念商务印书馆成立120周年，我们整体推出“汉译世界学术名著丛书”120年纪念版的珍藏本，寄望既利于文化积累，又便于研读查考，同时向长期支持丛书出版的译者、编者和读者致以敬意。

两甲子后的今天，商务印书馆又站在了一个新的历史时间节点上。我们不仅要铭记先辈的身影和足迹，更须让我们的步伐充满新的时代精神。这是商务人代代相传的事业，更是与国家和民族的命运始终紧密相连的事业。我们责无旁贷，必须做好我们这代人的传承与创造，让我们的努力和成果不仅凝聚成民族文化的记忆，还能成为后来人可以接续的事业。唯此，才能不负前贤，无愧来者。

商务印书馆编辑部

2017年10月

译者序言

在德国古典哲学中，费希特的《现时代的根本特点》(1806年)就像康德的《从世界公民的观点来看普遍历史的观念》(1784年)和黑格尔的《历史哲学演讲录》(1822—1831年)一样，是从先进文明的全球化角度来考察人类历史发展的逻辑的。关于这一考察所作出的独特贡献，我们可以从下列九方面予以述评。

(一)费希特的历史哲学首先是从时间的起源谈起的。这是因为，时间是任何现实事物的过程本身，无论什么历史哲学都应该说明，作为这个过程本身的历史是如何可能的，不作出这样的说明，就是非批判地肯定了历史哲学的研究对象。费希特看出了以往的历史哲学的这个缺陷，所以在他的早期知识学里就演绎了时间：超时间的自我通过自己设定的非我的阻碍作用，展示出一个无限的时间序列，在这个序列中各种客体被设定起来，从而克服了康德那种没有从自我推演出作为感性直观的纯粹形式的时间的缺点。在晚期知识学里，他又继续研讨了时间的起源问题。不过在这个时候，时间已经不再被认为是植根于自我的设定活动中，而被认为是显现绝对的一个不断展开的环节；他在这时认为，绝对是超时间的存在，是唯一的、真正存在的和绝对靠自身存在的东西，是在所有的语言中都被称为上帝的东西；绝对必然要表现出来，也就是说，上帝必然要显现出来，而这种显现就是知识活动，就是神圣力量的表现和映现；这种知识活动具有创造万物的神力，它设定了自己的对象，靠这种对象不断地发展自身，从而出现了时间。或用费希特的话来说，“这种对象看来显然是一种特定的东西，而这种特定的东西也可能是别的东西；因为它虽然存在，但它的原始根据却没有被理解，相反地，知识活动要永远靠它去理解，要发展其固有的内在力量；由于这个不停的发展过程，才出现了时间。”[①]由此可见，费希特已经认识到，时间是绝对显现自己的过程，或反过来说，时间上的变化是绝对的显现。

这种关于超时间的存在创造时间上的发展过程的观点，不管讲得多么晦涩难懂，也不管带有多少神学色彩，只要我们把它与现代宇宙学作为最高原理提出的假说加以对比，就很容易理解，它确有其合理性。现代宇宙学认为，宇宙是从初始奇点出发，分裂为物质在时间上的无限发展过程的，在经过品类繁多、光辉灿烂的发展以后，又塌缩到这个奇点。[②] 这个假说也许可以被视为费希特的时间起源理论的经验科学表达，或反过来说，他的这一理论是对现代宇宙学的思辨预见。不过，费希特也像当时的许多哲学家一样，认为那种被知识活动设定的对象是在时间上没有发展和变化的自然界，而只有在时间上不断发展和变化的社会才是超时间的存在靠这种对象发展其内在力量的历史过程。他写道，“这种唯一的、永远依然如故的对象以这种持久的客观同一性被称为自然界，合

① 《费希特全集》，第Ⅰ辑第8卷，第297页。

② S. W. 霍金：《时间简史》，许明贤等译，上海三联书店1991年版，第168页。

乎规律地注目于它的经验被称为物理学;知识活动则是在持续不断的时间序列中靠它发展自身的,合乎规律地注目于完成这个时间序列的经验叫作历史学”。[①] 这样,历史科学的对象,即历史哲学和历史学的对象,才得到了规定和成为可能。

（二）在费希特看来,这种由超时间的存在构成的发展过程就是人类的文明史,在这里,欧洲文明、阿拉伯文明、中国文明和印度文明都出于一个共同的起源,并且在将来会复归于这个共同的起源。[②] 虽然他在他的历史哲学里考察的完全是欧洲文明的历史,而没有研讨人类文明的其他分支,但他却以他的知识学为依据,分析了人类历史的内部结构。他认为,人类历史包含两个相互密切联系的部分,即先验部分和经验部分。前者是必然的存在,它展现的是作为历史目标的宇宙蓝图及其实现的过程,是人类历史发展的逻辑;后者是偶然的现实存在,它展现的是数量无穷的历史事实及其出现的过程,是人类历史发展的经验。这两个方面分别构成了历史哲学研究的对象和历史学研究的对象。费希特由此规定了历史哲学与历史学的任务。关于历史哲学的任务,他以他那先验唯心论的高傲态度写道,“哲学家是作为哲学家从事历史研究的,他遵循的是那个宇宙蓝图的 a priori〔先验〕延续的线索,他无需任何历史就已经对这个蓝图认识清楚;他运用历史,绝不是为了用它证明某个东西,因为他的原理早已不依赖于任何历史而得到了证明;而仅仅是为了在活生生的生活中历史地说明和陈述不用任何

① 《费希特全集》,第Ⅰ辑第 8 卷,第 297 页。

② 同上书,第 329 页。

历史也照样清楚的东西”。[①] 关于历史学的任务，他则在把它归结为单纯经验科学的意义上写道，“历史学是纯粹的经验，它只需提供事实，它的一切证明只能用事实作出”。[②] 费希特正像在知识学领域里力求将先验东西与经验东西结合起来一样，在这里也要求把历史哲学与历史学的正确关系建立起来。他一方面强调了历史哲学要给历史学奠定理论基础，指出“历史学家的任务在于提出经验存在不断具有的实际规定，所以，他以这种经验存在本身及其一切条件为前提。但经验存在的这些条件是什么？应该由此给一种历史的单纯可能性假定什么？哪怕历史能找到其开端，必须具备什么条件？这是哲学家应该回答的问题，他在这里必须为历史学家创造坚实的基础”。[③] 另一方面，费希特也指明了历史哲学利用历史学研究成果的必要性，他说，“历史学家的工作只要完成得好，是会受到高度的尊重的”，因为“哲学家依据的是历史学研究的一些结果，他要从这种研究借鉴最普遍的东西”。[④] 费希特希望，这两个方向能够通力合作，并驾齐驱，历史学家依据事实详细描绘人类历史中的不断变化和可以变化的领域，哲学家依据概念明确阐发人类历史中的绝对普遍和永远有效的东西。

费希特这个观点在现代的历史研究中也得到了验证。英国历史学家汤因比虽然大致接受了施本格勒在其《西方的没落》(1918年)中阐述的历史形态学，但他们在哲学基础方面的观点却大相径

① 《费希特全集》，第Ⅰ辑第8卷，第304页。
② 同上书，第301页。
③ 同上书，第297—298页。
④ 同上书，第304—305页。

庭。施本格勒确信,“要真正理解各个时代,原理的范围就必须有很广泛的选择,使得在实用考量的领域里从事这样的研究,而放弃形而上学的、极其超验的考察,是完全不可能的”。[①] 与此不同,汤因比则说,“在这里,我意识到了民族传统的差别。让我们来看一看,在德国先验方法有漏洞的地方,英国经验主义能有什么作为。让我们从事实方面来检验各种可能选定的解释,看它们如何经得起考验”。[②] 即使我们不谈汤因比的研究不是没有先验成分,他的这个说法也表明了先验历史哲学与经验历史研究相互补充的必要性。当今值得注意的是,从英国史学家 G. 巴勒克拉夫的《处于变动世界中的史学》(1955 年)到美国史学家 I. 沃勒斯坦的《现代世界体系》(1974—1989 年)正在发展着一种把握人类共同体的全球史观,它同样表明了这种相互补充的必要性,因为在这里不以正确的先验构造为向导,就无法理解纷繁的经验事实,而撇开确定的经验事实,也难以说明这样的先验构造。

(三)关于人类历史中的那个先验部分,康德称之为大自然的隐蔽计划,并将其展开划分为本能的统辖、自由的状态和完善的公民社会这样三个阶段。[③] 费希特继承和发展了这一思想,把那个先验部分称为人类世俗生活的发展所遵循的宇宙蓝图,[④]把它的实现描述为理性从盲目的统治到自觉的统治的过程,描述为社会

---

① O. 施本格勒:《西方的没落》,慕尼黑 1963 年,第 65 页。

② A. J. 汤因比:《经受考验的文明》,纽约 1948 年,第 10 页。

③ 《康德全集》,第 8 卷,普鲁士科学院版,柏林 1968 年,第 27 页。

④ 这个概念首先出现于 1794 年苏黎世知识学演讲,当时叫作“伟大蓝图”,见《费希特全集》,第Ⅰ辑第 2 卷,第 88 页;1800 年发表的《人的使命》对这个概念有进一步论述,见《费希特全集》,第Ⅰ辑第 6 卷,第 298 页以下。

从不文明状态到文明状态的过程，它的含义在于，“人类的世俗生活目的就是人类在这种生活中自由地、合乎理性地建立自己的一切关系”。[①] 这个目的的实现经过许多迂回曲折的道路，以不可移易的必然性，刻画出五个不可超越的时代或基本时期：第一，无须进行强制，不必付出辛劳，人与人的关系只靠合理本能加以安排的时期；这是理性借助本能进行直接统治的时期，叫作人类无辜的状态。第二，合理本能已经变弱，只表现于少数杰出人物身上，被他们变为一种对大家有强制作用的外在权威的时期；这是各种学说体系和人生体系采取专断态度的时期，叫作恶行开始的状态。第三，直接摆脱专断的外在权威，间接摆脱合理本能和任何形态的理性统治的时期；这是对任何真理绝对漠不关心，不要任何指导而完全放纵的时期，叫作恶贯满盈的状态。第四，具备科学形态的理性普遍传播于人类，理性及其规律在清晰的意识中得到把握的时期；这是真理作为至高无上的东西得到承认和最受人喜爱的时期，叫作说理开始的状态。第五，通过完善的技艺，按照理性的规律，人类的一切关系得到调整和安排的时期；这是人类拥有确实可靠的、以不出错的手段，把自身塑造为理性的准确摹本的时期，叫作说理完善和圣洁完满的状态。费希特预测，在这个时期，国家作为管理合理的技艺的机构，将自觉地、有计划地致力于完成理性提出的任务；这样，人类就以自由的、合理的行动建立起了一个理想的社会——一个以理性为最高准则、大家都平等自由、人人为我和我为人人的社会。费希特的这个社会史蓝图当然属于近代西欧启蒙时

① 《费希特全集》，第Ⅰ辑第8卷，第198页。

期的乐观主义思潮，它虽然已经被现代的现实生活所扬弃，但它所蕴含的真理成分却至今都对我们有启迪意义。

（四）按照费希特制定的这个蓝图来说，虽然许多民族在人类历史上有过其辉煌的时期，但并不是任何一个在人类历史上出现的这样的时期都可以被算作一个时代，而是只有那种能够以其原则涵盖全人类的时期才有资格被列为一个时代。他说，“我们看到，每一个可能有的时代都力图包容和遍及整个人类；唯有它在这件事情上能够获得成功它才把自己表现为一个时代，因为否则，它就不过是一些单个的人的特殊信念而已”。[①] 而且他在另一个场合也说过，“世俗生活有五个基本时期，由于这些时期总是以个体为出发点，因此，其中的每个时期要成为类族生活的时期，就必须逐渐囊括和遍及一切个体，必须持续一个较长的时间”。[②] 这个界定时代的标准不仅对我们考察较远的历史，而且对我们考察较近的历史也有重要意义。一个自文艺复兴以来自然而然地得到实现的原则，在经受了经济危机、世界大战和暴力革命的震荡以后，已经日臻完善，进入快速全球化的阶段，因而这个以它为基础的时期也就表明了自己是人类世俗生活发展的一个时代。反之，一个从20世纪初叶从单个人的特殊信念出发，用人为手段加以贯彻的原则，则由于不能提供更高的劳动生产率和更高的民主，而自己毁灭了自己，因而这个以它为基础的时期也不过表明了自己是人类历史上的一个短暂插曲。虽然前一个原则的实现不免带有许多恶

① 《费希特全集》，第Ⅰ辑第8卷，第254页。

② 同上书，第201页。

果，所以不是我们的理想，不是历史的终极目的，但它作为一个必经的重要时代的原则，至今还没有完成其囊括和传遍全人类的使命。[1] 马克思说，资产阶级迫使一切民族在他们那里推进所谓文明制度；“它按照自己的形象，为自己创造一个世界”。[2] 这个论断不仅对于马克思所述的时期是正确的，而且对于我们生活的时期也是切合的。

（五）在费希特制定的那个蓝图的实现中，作为历史过程本身的时间分化为两种：一种时间标志着先验部分的展开，这就是不均匀地流逝着的概念中的时间；另一种标志着经验部分的进展，这是均匀地流逝着的编年史的时间。由于两个部分的进度有反差，在同一个编年史的时间里就总是汇聚着一些不同的概念中的时间；费希特就此写道，“由于要把所有民族联合为一个大家庭的目的使然，这就可以使概念中的时间通过相当可观的编年史时间，而停留在同一个地方，仿佛可以迫使时间的长河停顿下来似的。”[3]这意味着，在同一个编年史时间里总是有一些不同的个体，他们处于不同时代的不同的文明发展阶段。所以费希特说，“在同一个编年史时期，在许多不同的个体那里，就他们的精神原则说，完全可以有不同的时代相互交错起来，同时并驾齐驱。”[4]于是，在同一个编年史时期总是有不同的个体，费希特把他们分为三种：一种是“那些

① 许多统计数字显示，在全世界 63 亿人口中，生活在这个原则真正得到实现的国度里的人口也不过 28 亿。因此，对于这个原则的实现目前是否处于丽日中天的阶段，也就不难作出判断了。

② 《马克思恩格斯全集》，第 4 卷，人民出版社 1958 年版，第 470 页。

③ 《费希特全集》，第Ⅰ辑第 8 卷，第 208 页。

④ 《费希特全集》，第Ⅰ辑第 8 卷，第 202 页。

确实是自己时代的产物，把这个时代表现得最清楚的个人”；另一种人“落后于自己的时代，因为他们在他们的发展期间从来没有与范围广阔的、代表一般发展水平的个体有什么接触，他们发展自己的那个狭隘圈子还是旧时代的遗老遗少”；[①]第三种人则“已经走得超过自己的时代，他们的心中带有新时代的萌芽，但在他们周围占支配地位的仍是这个被他们视为业已陈旧，实际上却真正现实的现时代”。[②] 费希特的这种分析让我们联想到，正像在19世纪中叶德国人与法国人相比，仅仅在编年史的时间上，而不是在概念中的时间上是同时代人[③]一样，当今不发达国家与发达国家相比，也是如此。但很令人遗憾，我们周围还有一些人，他们以为自己超越了现时代的原则，其实他们尚未达到这个原则。

（六）在费希特制定的那个蓝图的实现中，各个民族和国家都是作为独立自主的有机整体不断发展的，并且处于不同的社会进化阶段。于是，在这种发展不平衡的局面中，发达的有机体成了不发达的有机体的原型，业已进入世界历史的高级阶段的民族和国家是评判尚未进入这个阶段的民族和国家的尺度。从这样的事实着眼，费希特在讲世俗生活的第三个基本时期时简明扼要地写道，“要对时代作出评判和认识，只有跃居其时代的文明之巅的那些民族才可能做到”，并且他进而指出，作出评判的唯一有效的准则就

① 《费希特全集》，第Ⅰ辑第8卷，第203页。

② 同上。

③ 马克思在其《黑格尔法权哲学批判导言》（1844年）里作这种对比时指出，我们德意志人“是本世纪的哲学同时代人，而不是本世纪的历史同时代人”（《马克思恩格斯全集》，第1卷，北京1965年，第458页）。这同样是用两个时间尺度衡量德国当时的发展水平。

是“那些居于现时代顶峰的人们的基本准则，亦即现时代本身的原则”。[①] 不管这个说明多么简短，它也使我们能够看出，当马克思在其1857—1858年经济学手稿的《导言》里谈到“资产阶级经济为古代经济等等提供钥匙”[②]时，他对这位德国古典哲学家的继承关系是十分明显的。我们完全可以按照他们的社会进化论观点断言，没有任何一个落后于时代的民族和个人会有资格对现时代作出正确的评判，在当今的国际社会中，从概念中的时间来看，发达国家远比不发达国家先进，所以它们对现时代作出的评判就比不发达国家对现时代作出的评判要正确得多，依照前一种评判制定的国际规则当然应该逐步传遍全世界。在这种情况下，不发达国家无疑应当积极创造遵守这些规则的条件，但发达国家却不可将这些规则强加于任何尚未具备这类条件的国家。费希特曾经针对当时出现的类似问题写道，“时代以它的坚定的、向来就已给它确定的步伐前进着，任何东西在时代的长河里都是不能靠单枪匹马的力量加速或强求的。”[③]这就意味着，时代是不可阻挡地前进的，不发达国家的人民绝不可能长期脱离世界文明的光辉道路，而是会经过艰难的、曲折的历程走上这条道路，而那种想强迫这样的国家服从自己的意愿的单枪匹马的力量则在充当一种世界警察的角色。

（七）在费希特阐明欧洲文明的发展过程时，他把跌宕起伏地贯穿其中的种种矛盾分为两类，一类是代表先进文化的标准民族

① 《费希特全集》，第Ⅰ辑第8卷，第208页。

② 《马克思恩格斯全集》，第12卷，人民出版社1962年版，第756页。

③ 《费希特全集》，第Ⅰ辑第8卷，第204页。

与未开化的愚昧民族之间的、或文明与野蛮之间的矛盾，另一类是各个欧洲国家内部及它们之间的矛盾，前者是欧洲文明的外部矛盾，后者是欧洲文明的内部矛盾。关于前一类矛盾，费希特认为，有教养的民族应该进行统治，野蛮人应该效劳；只有在文明与野蛮的这种冲突中，一切思想和一切科学作为把野蛮引向文明的力量和手段，才开始萌芽，获得了发展；文明反对它周围的野蛮的天然战争对于促进世界历史的发展具有很重要的意义。他虽然看到了当时的欧洲文明国家远渡重洋，到野蛮人或文明水平很低的民族那里，夺取他们土地上尚未开发的产物，或使他们的力量服从于自己，但他的评论依然是："尽管这个目的本身显得很不公平，但宇宙蓝图的第一个根本特点，即文明的普遍传播，[①]却由此得到了促进。"[②]平等的理想是通过不平等的途径实现的，高尚的目标是通过不高尚的手段达到的，这就是历史的辩证法，它使我们想起了费希特在其《人的使命》(1800 年)里提出的一个论点，那就是恶在实现历史规律的过程中也能发挥积极作用。[③] 关于第二类矛盾，费希特指出，基督教民族共同体作为人类文明发展的一个高级阶段，不仅在公民法方面，而且也在国际法方面贯彻了人人平等的原则，虽然这个原则在当时并没有通行于周围的非基督教国家。他写道，"一个国家由于是基督教国家，就在它所处的环境中拥有生存

① 费希特并不认为欧洲是人类文明的唯一中心，因为在他看来，"从开始有历史到我们今天，少数文明的亮点已经从其中心扩展开，感化了一个又一个人，一个又一个民族。"见《费希特全集》，第Ⅰ辑第 6 卷，第 272 页。

② 《费希特全集》，第Ⅰ辑第 8 卷，第 323 页。

③ 《费希特全集》，第Ⅰ辑第 6 卷，第 271 页。

权，它有全然独立的主权，任何其他基督教国家都不可企图干预它的内部事务。"[1]如果我们综观人类当今的状况，我们也许可以说，第一类矛盾现在已经消失，野蛮人进入了文明阶段，虽然他们的文明还处于这样或那样欠发达的阶段；因此，费希特的论点已经不再有任何现实意义。但他关于第二类矛盾所说的，则应另当别论。全人类现今的文明进程都有了长足进步，以致那种依据欧洲文明成果确立起的公民法准则和国际法准则是否能够分别推行于非基督教国家内部和这类国家与基督教国家之间，都已成为现时代所面临的最大历史课题，也是全人类要解决的最大现实问题。在这里，抵制前一种准则的引入是倒行逆施，无视后一类准则的推广是侵略行径。正像在国际关系中要求平等而在国内关系中制造不平等是可笑的一样，在国内关系中坚持平等而在国际关系中不讲平等也是荒唐的。[2]

（八）费希特在《现时代的根本特点》里已经扼要地指明，每个民族的历史既有其必然的发展趋势，也有其偶然的变化形态，因此每个民族的成员应该既以世界公民的意识，也以爱国主义的态度看待和参与历史进程。在随后写出的《爱国主义及其对立面》（1806—1807 年）里，他进一步阐述了这个主题。在他看来，世界主义就是一种认为人类生活的目的定然会得到实现的信念，而爱国主义是一种认为这个目的首先会在我们是其成员的民族中得到

① 《费希特全集》，第Ⅰ辑第 8 卷，第 349—350 页。

② 联合国第七任秘书长安南 2004 年 9 月 21 日在第 59 届联合国大会上说，"没有人能够超越法律。""任何国家若在国内宣称实行法治，就必须在国外也尊重法治；任何国家若在国外倡导法治，必须在国内也力行法治。"

实现，然后将所得的成就传遍全人类的信念。他所说的人类生活的目的，就是人类自由地、合乎理性地建立自己的一切关系，或者说，是建立理性王国；这是人类文明的普遍原则，它将具体地体现出来。因此，费希特认为，世界上根本不存在什么抽象的世界主义，相反地，世界主义在现实中势必会变成一种以建立理性王国为宗旨的爱国主义。之所以如此，是因为世界主义无论在什么地方都不会毫无作为，而是会必然表现出来，按照自己的方向进行工作和发挥作用，但是，它只能影响它作为活生生的力量直接生存于其中的那个国家，而这个国家则以自己的手段，按照自己的法律，在自己的界限内不断地引导它发生影响的活动。所以，费希特得出结论说，“任何一个世界主义者都会借助于民族给他设置的限制，势必成为爱国主义者；任何一个在自己的民族中是极其有力、极其活跃的爱国主义者的人，也是极其活跃的世界公民，因为一切民族文明的最终目的都在于这种文明传遍于全人类。”[①]这样，他就以人类文明史里的一般与个别的辩证关系证明了世界主义与爱国主义的统一，一方面与脱离世界文明大道、放弃人类目标的狭隘民族主义划清了界限，另一方面与超越民族疆界、侵犯他国人民的大国霸权主义划清了界限。在这里特别应该指出，费希特把人类文明中的普遍东西看得高于其中的特殊东西。正是基于这样的观点，他在法国革命爆发后，向他的友人表示他要将法兰西共和国视为自己的祖国；也正是基于这样的观点，他在拿破仑发动侵略战争时，积极拥护德意志民族的解放运动，主张在民主的基础上统一自

① 《费希特全集》，第Ⅱ辑第9卷，第400页。

己的祖国。当代费希特研究家布尔说,“如果考察欧洲文明发展的关键,例如文艺复兴或启蒙运动,则可立即看出,欧洲文明与其他文明的共同性根本大于把他们分割开的东西。”[①]但很遗憾,美国学者亨廷顿竟然认为,“西方国家应当把自己的文明视为独特的,而不是普世的”。[②] 他的这种观点夸大了欧洲文明中的特殊东西,否定了其中的普遍东西,这是由于他没有从人类历史演进的角度区分各种文明所处的高低不同的阶段造成的。

(九)费希特在《现时代的根本特点》中阐述的历史哲学充满了辩证法的内容。在他所讲的那五个理性与反理性的矛盾发展的基本时期,理性经历了一个由盛而衰、由衰而盛的曲折过程。我们可以把前两个基本时期概括为理性首先直接通过本能,然后作为本能间接通过权威进行统治的阶段,概括为盲目进行的理性统治日益式微的阶段,而把后两个基本时期概括为理性首先进入知识,然后借助技艺进入生活的阶段,概括为明察秋毫的理性统治的阶段,而介乎这个阶段之间的第三个基本时期是把黑暗世界与光明世界、强制世界与自由世界结合起来的阶段,是本能形态的理性遭到毁灭和概念形态的理性开始诞生的阶段;这样,理性的发展在其遭受反理性东西的沉重打击的时期,也就进入了物极必反、否极泰来的时期。费希特就此写道,“人类在尘世中通过这一系列时期走过的整个路程,不外是向它最初所处的那个阶段的回归,无非是要复归于它的原始状态。但人类必须用自己的双脚走出这条道路,

① M. 布尔:《普遍主义——世界大同》,萨尔茨堡 1998 年版,第 55 页。

② S. P. 亨廷顿:《文明的冲突与世界秩序的重建》,周琪等译,新华出版社 1998 年版,第 5 页。

它必须用本身的力量又使自身成为它从前不借自己的任何作用所成为的那样，正因为如此，它首先必须丧失自己的原始状态。”[①]他就像在知识学中推演最高原理时展示出“正题——反题——合题”的逻辑那样，在历史哲学中也同样展示了这种逻辑。恩格斯在其《反杜林论》里评论卢梭的《论人类不平等的起源和基础》时，认为卢梭关于“原始平等——不平等——高级平等”的过程的详细描述是辩证的，这个过程的核心是否定之否定；[②]现在，关于费希特的人类历史的逻辑，我们也可以作同样的评价。我们应该看到，马克思创立的唯物主义历史观把全部社会发展都视为生产力与生产关系的矛盾所促成的发展，它的逻辑是“原始公有制——私有制——高级公有制”这样的否定之否定，这显然也是对费希特历史哲学的批判式的继承。

费希特的历史哲学在德国古典哲学的历史观的发展中是一个重要的阶段。他的《现时代的根本特点》不仅上继了康德的传统，而且下开了黑格尔的先河。黑格尔在 1822 年至 1831 年讲授的、由后人编辑出版的《历史哲学演讲录》里认为，“世界历史是精神在时间上的发展，正如自然是理念在空间上的发展一样”[③]；“世界历史的进程是合乎理性的，已成为世界精神的合乎理性的必然过程”[④]；“世界历史是自由意识的进展，是一种必须在其必然性中加

① 《费希特全集》，第Ⅰ辑第 8 卷，第 201 页。

② 《马克思恩格斯全集》，第 20 卷，人民出版社 1971 年版，第 153 页。

③ 《黑格尔全集》，第 11 卷，格洛克纳版，第 11 页。

④ 《黑格尔全集》，第 11 卷，格洛克纳版，第 36 页。

以认识的进展”。[①] 如果我们把黑格尔的这些论点与费希特的历史哲学思想加以比较，就很容易断定，黑格尔的历史哲学在其基本观点方面都是对费希特的继承和发展。英国新黑格尔派柯林伍德在谈到这种继承关系时，只承认黑格尔从费希特那里汲取过一个思想，即自由的发展是各个必然的概念形态先后相继出现的逻辑发展过程。[②] 这种评价显然是很不充分的。与此不同，德国哲学家海谋索特与劳特则对费希特历史哲学进行了彻底的和全面的研究，[③]阐明了《现时代的根本特点》在德国古典历史哲学中占有的独特地位。如果我们再进而研读《现时代的根本特点》，看一看这本古典著作对于理解当今的全球化进程能有什么启发，那将是饶有趣味的事情。

① 《黑格尔全集》，第 11 卷，格洛克纳版，第 46 页。

② R. G. 柯林伍德：《历史的观念》，何兆武等译，商务印书馆 1986 年版，第 129 页。

③ H. 海谋索特：《费希特对社会历史的解释》，入《哲学史研究》第 50 期，都灵 1962 年；R. 劳特：《费希特的历史概念》，入《哲学年鉴》第 72 卷第 2 分册，慕尼黑 1965 年。

目　　录

前言……………………………………………………………… 1
内容提要…………………………………………………………… 2
第一讲……………………………………………………………… 5
第二讲 …………………………………………………………… 17
第三讲 …………………………………………………………… 34
第四讲 …………………………………………………………… 48
第五讲 …………………………………………………………… 64
第六讲 …………………………………………………………… 77
第七讲 …………………………………………………………… 95
第八讲…………………………………………………………… 110
第九讲…………………………………………………………… 126
第十讲…………………………………………………………… 142
第十一讲………………………………………………………… 156
第十二讲………………………………………………………… 170
第十三讲………………………………………………………… 184
第十四讲………………………………………………………… 197

第十五讲…………………………………………………… 211
第十六讲…………………………………………………… 224
第十七讲…………………………………………………… 236

译者注释…………………………………………………… 252
译者后记…………………………………………………… 259

前　言

(Ⅰ,8,191)

下列演讲[1]的真正意图和根本目的像我认为的那样,是说得够清楚的;但如果有人觉得自己需要明确的指点,我则建议他把第十七讲当作一篇前言来读。打算发表这些演讲,向广大读者传播它们的决定,也一定同样是不言自明的;如果这个决定没有达到它的目标,那也就没有任何好话给它说了。因此,我在出版这本著作的时候,除了我要向读者说的,就不必再说任何事情。

费希特

柏林,1806 年 3 月

(I,8,193)

内容提要

第一讲 （第195页） 人类的尘世生活的目的是人类在这种生活中自由地、合乎理性地建立自己的一切关系；这种生活怎么会分为五个主要时期。

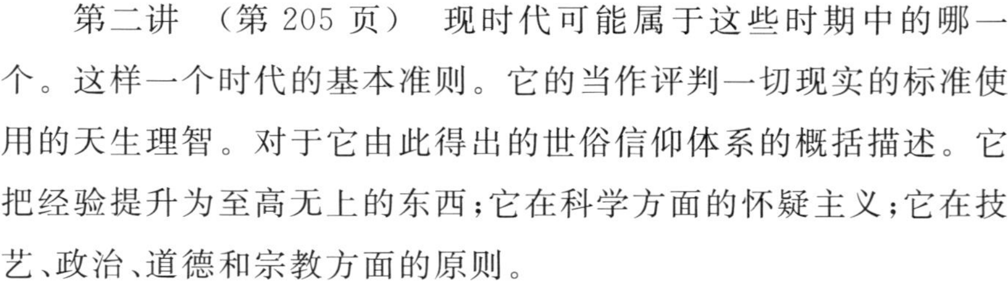

第二讲 （第205页） 现时代可能属于这些时期中的哪一个。这样一个时代的基本准则。它的当作评判一切现实的标准使用的天生理智。对于它由此得出的世俗信仰体系的概括描述。它把经验提升为至高无上的东西；它在科学方面的怀疑主义；它在技艺、政治、道德和宗教方面的原则。

第三讲 （第219页） 与这样一个时代的生活相反，合理的生活在于，个人把自己的生活献给类族的目的或理念。对听众的心态进行试验，看他们是否能不对这样一种生活表示赞赏和钦佩；这项试验如果做得成功，会得出什么结果。

第四讲 （第230页） 这项试验的继续。对于理性生活——如果有人过这种生活——的描述。

第五讲 （第242页） 要想从根本上理解一个时代，如我们假定的现时代，就必须从描述它的科学状况出发；这种状况的形式方面。科学的研究与表述中的软弱无力情况。这个时代试图用玩笑弥补它铸成的无聊，但始终达不到开玩笑的水平。

第六讲 （第 254 页） 从内容方面描述我们假定的时代的科学状况。关于自由与公开性的概念。大量粗制滥造的写作与大量不求甚解的阅读。著作与期刊。阅读技巧附论。

第七讲 （第 268 页） 文字如何获得了它在这个时代拥有的高度价值。与这样一个时代相反，科学状况应该是怎样的。

第八讲 （第 281 页） 关于这样一个时代对其自身的反作用；这种反作用是通过把不可理解的东西确立为最高原则作出的。
一种特定的不可理解的东西——如果它被确立起来——来自何 (I,8,194)
处。幻想，尤其是科学幻想的概念的规定。

第九讲 （第 295 页） 每个时代的首先要涉及的基本特点都取决于国家在其时代发展的阶段；因此，应该首先指明国家在现时代发展的阶段。这个课题只有依据历史才能完成，所以，我们应该首先说明我们的历史观。这种说明的作出。

第十讲 （第 307 页） 关于绝对国家的概念。不断走向完善的现实国家的三种可能的基本形式。公民自由与政治自由之间的差别。

第十一讲 （第 318 页） 绝对国家的内容方面。

第十二讲 （第 329 页） 国家是如何在中亚细亚产生的；它如何在希腊与罗马发展到人人**权利**平等，即它的第二种基本形式。一切现存的文明在罗马帝国里统一于一个国家。

第十三讲 （第 342 页） 这个帝国的毁灭；基督教创立一种新的国家和一种全新的时代的过程。

第十四讲 （第 353 页） 在统一的基督教民族共同体的各个王国里，自从精神权力中心衰落以来，国家的自由发展；这种发展的保障在于，每个国家都在不断角逐的整个基督教民族共同体内部必然要操心自己的自我保存。一切人在各种权利方面都处于平等地位。国家将公民完全当作其工具的努力，可以说是现时代在政治上的根本特点。

第十五讲　（第 364 页）　现时代的公众伦理的特点。

第十六讲　（第 375 页）　现时代在宗教上的特点。

第十七讲　（第 385 页）　结束语；关于这些演讲抱有的真正目的和可能达到的效果。

第一讲

(I,8,195)

尊敬的听众!

从这一讲起,我们开始一系列考察,但它们从根本上说只表现一个唯一的、由自身构成一个有机统一体的思想。这一思想在我着手这项计划之前就必定会使我有一种明确性,并以这种明确性指导我发表的一切具体言论;假若我能以这种明确性立刻向你们讲清这一思想,那么,我们要共同经历的整个路程就会从迈出的第一步开始,得到最清楚的阐述。但是,我不得不通过这一思想的所有组成部分,逐渐在你们面前建立它,从它的一切制约因素中推导出它。这是任何阐述都会遇到的必然限制。正是由于阐述过程的这个基本规律,那种本来只是一个唯一的思想的东西,就要被扩展和分解为一系列的思想和看法。

既然情况如此,尤其是因为我不应当在这里再讲尽人皆知的旧事情,而是应当提供看待事物的新观点,所以我就必须假定和期望,如果在我们阐述论点的开始,你们根本得不到那种按照任何阐述过程的基本规律,只有通过后来阐述的东西才能得到的明确性,你们可不要感到惊讶;而我必须请求你们把获得充分明确性的希望放在最后的结论部分,放在综观整体有了可能的时候。当然,任何一个着手作某个报告的人都有义务把每个思想安排到它应该占

有的地方，并且让它得到它在这个地方所能得到的明确性——这对于能掌握德文的书面语言、能听懂连贯的报告的读者是不言而
(I,8,196) 喻的。我也将作出努力，认真履行这一义务。

在预先作出这个首要的、唯一的说明以后，尊敬的听众，请你们允许我毫不迟疑地转入我们的论题。

这些报告许诺的，是对现时代作一种哲学描绘。但只有这样一种观点才堪称哲学观点，这种观点把经验的现有多样性归结为一个共同的原理的统一性，然后用这种统一性详尽地说明和推导那种多样性。纯粹的经验论者在着手描述时代的时候，会抓住并叙述时代的许多引人注目的现象，说明他是怎样在偶然的观察中看到这些现象的，尽管他并不确信自己已经把握了这一切现象，尽管他除了指出它们存在于同一个时间，并不能指出它们的另一种联系。然而，立意作这样一种描述的哲学家则会不依赖于任何经验，寻找一种作为概念不可能存在于任何经验中的时代概念，把这一概念得以在经验中出现的那些方法解释为这个时代的必然现象；他会通过这样的解释，详尽地理解那些现象，把它们相互联系的必然性由它们的共同的基本概念推导出来。前者可以说是描述时代的编年史家，而唯有后者看来才使得历史学家有了描述时代的可能。

首先，我们要指出，如果哲学家的任务是从他所假定的概念的统一性中推导出经验中可能有的现象，那么，很明显，他的工作根本不需要任何经验，他只是作为哲学家，严守在他的界限内，不考虑任何经验，而完全 a priori〔先验地〕——如通常用这个术语表征的那样——从事自己的工作；具体地谈到我们这个课题，他必定能

a priori〔先验地〕描述全部时间和在时间内一切可能存在的时期。但是，当前这个时代是否可以专门用那些从哲学家制定的基本概念中产生的现象加以刻画，因而现时代是不是哲学家——如果哲学家也这样断定，就像我们将这样断定那样——描绘的时代，这完全是另一个问题。为了回答这个问题，我们当中的每个人都必须 (I,8,197)
过问自己的生活经验，把这些经验同以往的历史以及自己对于未来的推测加以比较；因为哲学家的工作要在此结束，而尘世人类的观察者的工作则要由此开始。从我们自己方面说，我们在这里只提出问题的哲学方面，只负责解决这方面的问题。因此，一俟我们的任务完结，对问题的其他方面的评判将完全属于你们的事情。按照我们的计划，我们现在只限于格外明确和规定我们的基本任务。

我们还要指出，我们刚才提到的全部时间中的任何一个单个的时期，是一个特定时代的基本概念。这些时期和这些不同时代的基本概念只有在它们的相互并列和相互交错中，借助于它们同全部时间的联系才能彻底加以把握。由此可见，哲学家哪怕仅仅要正确地描述一个时代，而且如果他愿意，要正确地描绘他自己所处的时代，就应当完全 a priori〔先验地〕理解并深入地钻研全部时间和它的一切可能有的时期。

这种对全部时间的理解，如同任何哲学的理解一样，又是以全部时间的统一性概念为前提，而这个概念是关于全部时间的预先确定的、然而渐渐发展的实现过程的概念，在这个过程中每个后继的环节都受其先行环节的制约；或用简单和通俗的语言说，这种对全部时间的理解以**一个宇宙蓝图**为前提，这个蓝图的统一性是一目了然的，人类世俗生活的一些主要时期完全可以从它推导出来，用它说明这些时期的起源和彼此之间的联系。这个宇宙蓝图就是关于人类整个世俗生活的统一性概念，这种生活的一些主要时期就是上面提到的每个特定时代的统一性概念，从这些概念又可以推导出每个特定时代的现象。

这样，我们面前就出现如下情况：首先是关于全部生活的统一性概念，这个概念分为一些不同的时期，它们只有相互并列、相互交错起来，才可理解；其次，每个这样的特定时期又是一个特定时代的统一性概念，并表现为多种多样的现象。

这里，我们把人类的世俗生活看作全部统一的生活，而把世俗时间看作全部时间。这是我们的报告预期的通俗化给予我们的限制，因为关于超尘世的和永恒的东西是无法彻底地、同时又通俗地言说的。我说，在这里，在这些报告里，我们把世俗生活和世俗时间看作那样的东西，因为人类的世俗生活和世俗时间就其本身而言，就其上升到思辨而言，都不过是统一的时间和统一的永恒生活
(I,8,198) 的一个必要时期；从永恒生活的统一性概念——这个概念在此岸是完全可能的——中就可以推导出整个世俗生活及其一切从属环节。然而，我们这次自愿作出的限定不允许我们从事这种能严格证明的推导，我们只能明确地指出关于世俗生活的统一性概念，并要求每个听讲者凭他自己的真理感去检验这个概念，如果可能的话，接受这个概念。我们说过**人类**的世俗生活和人类世俗生活的各个时期。我们这里说的仅仅是**类族**的而不是个体的生活发展，所有这些报告都不谈个体的发展，我请你们永远不要忘记这个观点。

总之,我们的研究以一种宇宙蓝图的概念为前提。根据上述理由,我无须在这里推导出这种概念,而只须指出这种概念。因此,——并且为了给正在建筑的大厦奠定基石——我说:**人类的世俗生活的目的,就是人类在这种生活中自由地、合乎理性地建立自己的一切关系**。

我说的**自由**,是把人类作为类族来看,它本身具有自由,而这种自由是我们制定的基本概念的第一个派生的规定。我打算从这个规定得出一些结论,而把其他派生的、同样需要说明的规定留给以后的报告再谈。这种自由应当表现在类族的普遍意识中,应当表现为类族本身的自由、类族的真正现实的行为、类族生活产生的结果,所以,类族作为一般存在的东西必定是这种归它具有的行为的前提。(如果人们说某个名人已有所作为,那就是假定,此人在有作出决断的行为以前,在有完成决断的行为之时,就已存在,而且每个人都会同意,证明此人在这时不存在,同时就是证明他在这时没有作为。同样,如果认为人类作为类族已经有所作为,表现为有所作为,那么,对于这种作为就必须假定类族在还没有完成它时是存在的。)

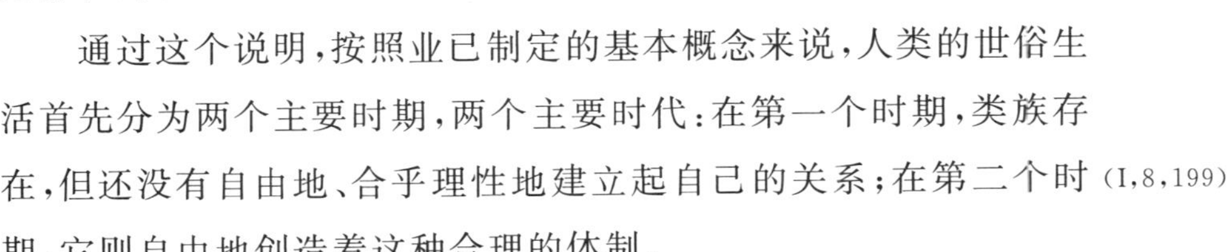

通过这个说明,按照业已制定的基本概念来说,人类的世俗生活首先分为两个主要时期,两个主要时代:在第一个时期,类族存在,但还没有自由地、合乎理性地建立起自己的关系;在第二个时 (I,8,199)
期,它则自由地创造着这种合理的体制。

我们要从第一个时期开始,作进一步的论述。人类还没有按照理性的要求,靠自由的作为建立自己的关系,我们不能由此得出结论说,这些关系根本不合乎理性,前一个论断绝不同时意味着后一个论断。也许很可能,理性不要人类自由的任何助力,就由它自身,靠它自己的力量规定和安排了人类的关系。现实的情况也是如此。理性是人类生活的基本规律,也是一切精神生活的基本规律。应该只从这个意义上,而绝对不能从别的什么意义上来理解这些报告中讲的理性一词。如果没有这个规律的作用,人类根本无法现实存在,或者,即使它有可能现实存在,它的现实存在也无法持续片刻。因此,如在第一个时期那样,凡在理性还不能借助自由发挥作用的地方,理性就是作为自然规律和自然力量发挥作用的;结果,理性虽出现在意识中,显示为发挥作用的,但不知所以然,因而是出现在模糊的感觉中,显示为发挥作用的(所以我们称之为不知所以然的意识)。

使用通常的语言,简单地说,凡在理性不能借助自由发挥作用的地方,理性就是作为模糊的本能发挥作用的。它在人类世俗生活的第一个时期就是这样发挥作用的,这也许就更贴切地刻画、更准确地规定了这第一个时期。

通过对第一个时期的这一精确规定,借助对比的方法,也就同时更准确地规定了世俗生活的第二个主要时期。本能是盲目的,是一种不知所以然的意识。自由与本能相反,则是心明眼亮的,清楚地意识到自己的做法的根据。自由的这种做法的全部根据就是理性。所以,自由意识到了本能未曾意识到的理性。因此,在通过纯粹本能实现的理性统治与通过自由实现的理性统治之间,还出现了一个对我们来说崭新的中间环节,即意识或理性科学。

但是进一步看,本能作为盲目的冲动是排斥科学的。因此,要建立科学,就必须先摆脱本能业已发生的巨大影响,因而在合理本能的统治与理性科学之间又出现一个第三环节，即**摆脱合理本能的解放**。

但是，人类怎样才能希望摆脱那种凭借受人喜欢的隐蔽力量统治着他们的生活规律或合理本能呢？换句话说，同样表现在本 (I,8,200)
能和摆脱这种本能的冲动中的统一理性怎样才能在人类生活中一分为二，同自身做斗争呢？很显然，这并非直接就可以做到的；因此，在合理本能的统治与力图摆脱这种本能的冲动之间必定又出现一个崭新的中间环节。这个环节以这样的形式表现出来：类族中的一些个体具有较强的力量，因而合理本能在他们那里表现得最强烈、最广泛，他们出于一种想使整个类族提高为他们自身——或更准确地说，想把他们自身树立为类族——的既自然又急切的欲求，把合理本能的结果转化为一种以外在方式发号施令的权威，并且用强制手段维持这种结果。于是，在其余个体那里理性首先以向往个人自由的冲动的方式得到了觉醒，这种冲动从不反对它所喜欢的它自身的本能的温和强制，但反对干涉它的权利的他人的本能的纠缠。在理性的这种觉醒中，打碎的不是合理本能本身的锁链，而是其他个体的那种被改变为外在强制机关的合理本能的锁链。因此，个体的合理本能转化为强制的权威，这就是居于合理本能的统治与摆脱这种统治的解放之间的中间环节。

最后，我们将这样来综述这里列举的我们这个类族的世俗生活的一些必然环节和时期：正如我们在前面说过的，由于摆脱了合理本能，理性科学就成为可能。按照这种科学的规则，通过人类的自由行动，必定建立起人类的一切关系。但很显然，为了完成这一任务，知道唯有科学才能提供的规则是不够的，还需要一种特殊的行动科学，这种科学只有通过锻炼才能变成一种本领，总而言之，还需要技艺。这是按照事先科学地认识到的理性建立人类一切关系的技艺（当我们不加补充说明时，我们在这里总是在这个最高的意义上使用技艺一词的），这种技艺在人类还未能以理性完全反映自己的永恒原型以前，应当完全应用和贯彻于人类的一切关系。世俗生活的目的一旦达到，这种生活就将告终，人类就将进入更高级的永恒领域。

现在，尊敬的听众，我们已经从世俗生活的最终目的理解了全
(I,8,201) 部世俗生活；我们已经明白，为什么我们这个类族应当在这个世俗领域内开始自己的现实存在，因而我们也描画出了这个类族的全部生活；我们希望做到的也正是这一点，这也是我们当前的任务。按照这个分析，世俗生活有五个基本时期；由于这些时期总是以个体为出发点，因此，其中的每个时期要成为类族生活的时期，就必须逐渐囊括和遍及一切个体，必须持续一个较长的时间，所以整个时期就会扩展为一些看起来相互交错，部分并驾齐驱的时代。这些主要时期或时代是：(1)理性借助本能进行绝对统治的时期——**人类无辜的状态**；(2)合理本能变成外在强制权威的时期；这是各种实证的学说体系和人生体系采取专断态度的时期，这些体系永远不能得到最终根据，因此不能使人信服，但是力图强加于人，要求盲目信仰和绝对服从——**恶行开始的状态**；(3)直接摆脱专断的权威、间接摆脱合理本能和任何形态的理性的统治的时期，这是对任何真理都绝对漠不关心、不要任何指导而完全放纵的时期——**恶贯满盈的状态**；(4)理性科学的时期，这是真理作为至上的东西得到承认和最受人喜爱的时期——**说理开始的状态**；(5)合理技艺

的时期，这是人类用确实可靠、从不出错的手段把自身塑造为理性的准确摹本的时期——**说理完善和圣洁完满的状态**。人类在尘世中通过这一系列时期走过的整个路程，不外是向它最初所处的那个起点的回归，无非是要复归于它的原始状态。但人类必须用自己的双脚来走出这条道路，它必须用本身的力量又使自身成为它从前不凭自己的任何作用所成为的那样，**正因为如此**，它首先必须丧失自己的原始状态。如果它不能靠自身的力量使它自身成为它自身，它就不会有活生生的生命；在这种情况下确实根本不会形成任何生命，而是一切都会陷于僵死的、不动的和静止的存在。在伊甸园——我用一个大家熟悉的说法——里，在天授地设，没有知识，没有技艺，不必劳动的伊甸园里，人类对生活发生了兴趣。人类刚鼓起勇气，下决心过自己的生活，天使就带着那种闪闪发光的、强迫接受天网的剑过来，把人类从它一度无辜地、和平地生活 (I,8,202)
过的地方赶走。人类不安地、不停地徘徊于荒漠，由于害怕大地在脚下陷塌，它几乎不敢在某个地方站稳脚跟。历经生活的无数沧桑，它变得更加英勇，终于勉强建立起自己的生活；为了培育那期望的认识之果，它不辞劳苦，从大地挖掘荒原的杂草与荆棘。享有这认识之果，它心明眼亮，脑灵手巧，于是它照着那失去的乐园的榜样，给自己建造自己的乐园；生命之树在它那里生长，它伸手摘取那树结的果实，享用这果实，永世长存[2]。

尊敬的听众，这种对于整个世俗生活及其各个时期的描写，就足以说明我们的目的。既然我们所处的现时代无疑是世俗生活的一个部分，除了我所指出的上述五个时期，这种生活不可能还有别的部分，那么，我们这个时代无疑属于上述五个时期中的一个时

期。我的任务将是根据自己对于世界的认识，根据我对世界的观察，说明我们的现时代究竟属于五个时期中的哪个时期，推导出业已制定的原则必然造成的现象，同时回顾你们以往的经验，察看你们周围的现实，确定在你们的整个一生中，不论在内部经验中还是在外部经验中，你们是否遇到过这些现象，你们现在是否还在遇到这些现象；这将是我们以后的报告的课题。

我指的是**整个的**现时代；因为既然在前面已经提到，在同一个编年史的时期，在许多不同的个人那里，就他们的精神原则而言，完全可以有不同的时代相互交错起来，同时并驾齐驱，那么可以预料，这样的情况也会存在于我们时代。所以，我们对于尘世人类所进行的这种把先验原理运用于现时代的观察，不可能适合于现时生存的一切个人，而只能适合于那些确实是这个时代的产物、把这
(I,8,203) 个时代表现得最清楚的个人。可能会有一种人落后于自己的时

代，因为他们在他们的发展时期从来都没有同范围广阔的、代表一般发展水平的个体有什么接触，而他们发展自己的那个狭隘圈子还是旧时代的遗老遗少。可能会有另一种人已经走得超过了自己的时代，他们的心中带有新时代的萌芽，但在他们周围占统治地位的仍然是这个被他们视为业已陈旧，实际上却真正现实的现时代。最后，科学超越了一切时期和一切时代，因为它把统一的、总是与它自身相符的时期理解为一切时代的更高根据，并且对这样的时期进行自己的自由研究。在描述任何一个当前的时代的时候，我们谈的都不是第一种人和第二种人，也不是这种科学。

总之，我们预定在这个冬季和这些课时所作的全部报告的课题是已经准确地规定了的，依我看也是清楚地说明和宣布了的；这就是我们今天这一讲要达到的目的。仅仅就这些报告的外在形式而言，请允许我再讲几句。

不论我们对现时代的评判是怎样作出的，不论我们觉得必须把它列入哪个时期，你们都不要指望从我这里听到抱怨的声音、讽刺的论调，特别是个人的抱怨和讽刺。这里不会有抱怨的声音；哲学的考察的最高奖赏正在于它承认一切都是必然的，因而也是良好的，因为它看出一切东西都是相互联系的，而不是孤立的，并且它对一切现存的东西都感到满意，听其自然，因为它们是为了更高的目的而应当存在的。再说，把时间花费在抱怨现有的恶行上面，也未必是大丈夫气，倒不如明智些，把时间花费在尽量创造善良的、美好的东西上面。在这里也不会有讽刺的论调；整个类族这时具有的瑕疵，绝不是个人嘲笑的对象，因为个人是整个类族的成员，他不论怎样标榜自己，也毕竟不是没有这种瑕疵。但是，个人在哲学家眼前是根本不存在的，对他说来，所有的个人都融入了统一的、巨大的共同体。哲学家的描述是以准确性和连贯性把握每一个事物的，事物本身则由于现实中的无穷摆动而永远不可能达到这种准确性和连贯性；因此，哲学家的描述不涉及个人，而始终属于理想化的描绘的领域，并且从不降低到画像水平。这类考察是否有益，最好由你们自己去判断，特别是在你们已经熟悉了大部分这样一些考察以后；这比事先在你们面前夸耀它们更恰当些。哲学家不比任何人更会幻想他那个时代依靠他的努力将有显著进步。当然，任何一个由上帝赋予这类幻想的人都应该用自己的一 (I,8,204)
切力量，实现这个目的，哪怕这是为了他自身，为了他在时代的长河中巩固那个指定给他的地位。尽管如此，时代却以它的坚定的、

向来就是给它确定的步伐前进着，任何东西在时代的长河里都是不能靠单枪匹马的力量加速或强求的。唯有一切人的联合，特别是各个时代和世界隐含的永恒精神，才能起促进作用。

至于说到我现在的意愿，如果在这半年的若干课时之内，有教养、有理智的听众会以合乎礼貌、令人尊敬的方式度过时光，会觉得自己进入了一个超乎繁忙的和消闲的日常生活之上，更为自由、更为纯粹的精神境界，那对我就将是一种让人感到荣幸的奖赏。尤其是，假如在哪一颗富于青春活力的心灵里播下了一粒能燃起新的生活的火种，它会从我的这些也许很薄弱的思想发展出更美好、更完善的思想，产生出坚定的决心，去实现这些思想，我得到的奖赏就会完美无瑕了。

尊敬的听众，我就是本着这种精神尽自己的所能，请你们来听今天这样的报告的；现在，我还是本着这种精神向你们暂时告辞，让你们自己去考虑，你们是否还打算继续与我一起思考。

第二讲

(I,8,205)

尊敬的听众!

首先,对上一讲作一番有助于理解的回顾,但愿这种回顾像善意的初衷那样,得到善意的接纳。大家已经察觉,听众中某些成员未能充分理解我在上一讲开头说的大部分内容。这种情况的出现,除了对于讲演者的语言、声调和风格不熟悉,以及整个形式新鲜——这一切必须适应几分钟,才可以得到克服——以外,必定还有另一种原因,有鉴于此,请你们允许我再说几句话,以备将来再出现这种情况时作为安慰。据我所知,这些成员未能充分理解的东西,与其说属于事情的实质,倒不如说是由于我们在这里从事的技艺的规则,即探究哲理的技艺所致。这就促使我们在得出我们的对象的所有其他知识领域中寻找一个出发点,准确地规定一个把我们的对象从这个知识体系分离出来的点。这属于我们就我们的方法有责任向专家们和大师们所作的说明。从事任何其他的技艺,比如写诗、作曲和绘画,都无须同时指明它们应当遵守的规则,唯独探究哲理这门自身完全透明的技艺,要是不同时指明它何以能迈开步伐的根据,就寸步难行;在这里,理论与从事理论的活动是携手并进的。上一次我必须这样做,以后在类似的情况下我也必须这样做。可是,谁如果没有作进一步的证明,就想假定我是对

的，假定我将遵照我的技艺的规则行事，并且想凭自己的真理感，平心静气地、不带偏见地检验我作为大厦的基石奠定的东西，那么，他即使漏掉了那个需要说明的部分，也丝毫不会忽略任何的本质东西。而且对于他的目的来说，只要他真正弄懂了上一讲的结论，认为它是真的，并把它保留在记忆里，以便把以后讲的与它联
(I,8,206) 系起来，那就完全够了。

假如他真正弄懂了这个结论，认为它是真的，并把它保留在记忆中，那就好了；而这个结论就是：人类的生活不取决于盲目的机遇，也不像浅薄之辈常常认为的那样，是一成不变的，因而在过去总是像现在这样，在将来仍然永远是这样，相反地，人类的生活是迈着阔步，按照固定的蓝图不断前进的，这蓝图一定是靠必然性得到实现的，因而肯定会得到实现。这蓝图就是：人类在这种生活中自由地把自己造就成理性的纯粹摹本。人类的全部生活划分为——假如大家未能确切理解或已经忘记这种划分的严格推导——五个主要时期或时代：理性作为盲目本能占统治地位的时期；这种本能变成外在专断权威的时期；这种权威的统治与理性本身的统治一起被毁灭的时期；理性及其规律被清晰的意识把握的时期；最后，通过完善的技艺，按照理性的那些规律，类族的一切关系得到调整和安排的时期。为了用感性手段把这种阶段发展的顺序同你们的记忆牢固地结合起来，我们使用了对于伊甸园的尽人皆知的描绘。其次，假如大家还知道这样一种情况，那就好了；而这种情况就是我们所处的现时代——我们作出的全部考察实际上都适用于这个现时代——必定属于这五个时期中的哪一个；这个时期的基本概念相对于其他四个时期的概念来说，必定显得尤其

突出，而关于其他四个时期，除了我们需要用它们说明所选的时期，我们是不涉及的；从这一基本概念将推论出现时代的一切现象，它们是现时代的必然结果。我们的第二讲就应该从这个地方开始。

现在我们就来作第二讲，并且从阐明下述问题开始，即按照我的看法，我们的现时代正处在人类全部世俗生活的哪一个阶段？——我个人认为，现时代正处在全部时间的中点，如果大家愿意把我们上述五个时期中的头两个时期，即理性首先直接通过本能、然后作为本能间接地通过权威来统治的那两个时期，描绘为盲目进行的理性统治的一个时期，而把我们上述五个时期中的后两个时期，即理性首先进入知识，然后借助于技艺进入生活的那两个时期，描绘为明察秋毫的理性统治的一个时期，那么，现时代就把两个根本不同的世界——黑暗世界与光明世界、强制世界与自由世界——的两端联结起来了，但又不属其中的任何一端。或换个相同的说法，依我的看法，现时代处于这样一个时期，这个时期是我们早先列举的五个时期中的第三个，我已经用这样的词汇描述 (I,8,207)
过它：一个直接摆脱外在专断的权威、间接摆脱合理本能和任何形态的理性的统治的时期，即对任何真理都绝对漠不关心、不要任何领导而完全放纵的时期——恶贯满盈的状态。我认为，我们的时代处于这个时期——不言而喻，它带有我以前作过的一些限制；我想用这些限制说的，并不是现时生存的一切个人，而只是那些既是这个时代的产物、又把这个时代表现得最清楚的个人。

这就是我已经说明的看法，我说过这一次，以后就不再说了。我之所以必须说一次，是因为我的这个得到说明的看法，是我就我

的阐述过程恰好把握住我将把握的原则，而撇开其余四个原则的唯一根据；否则，我要么必须阐述所有五个原则，要么至少必须把任意的另一条原则作为选择的原则加以阐述。我对这个原则也只能说明，而不能证明。这样的证明超出了哲学家的范围，它是研究尘世人类的专家们的事情，我不希望越俎代庖。我说过一次，以后就不再说了。从现在起，我要平心静气地、不带偏见地，像一个哲学家应做的那样，开始阐述我们在上面已经从世俗生活概念推导出来，而绝不是由我们臆想出来的更高原则，把它当作对任何一个时代都必要的基本原则，并由它得出可能由它得出的各种生活形态和现象。至于你们所看到的现实生活，是否与我仅仅以逻辑推理规则为向导，a priori〔先验地〕由我确定的原则得出的生活相吻合，正如我已经提到的那样，则应由你们作出判断，这属于你们自己的责任。不管你们对此想说什么或不想说什么，我起码不想参与其事。假如我的阐述根据你们的判断来说是正确的，那就再好不过了；假如我的阐述不是正确的，我们至少也进行了哲学思考，即使不是对于现时代，也毕竟对于一个可能的和必然的时代进行了哲学思考，所以我们的努力并没有完全白费。

我未作进一步的规定，直截了当地说明了现时代；如果这个词汇未加进一步的规定，就被理解为恰恰表示我们现在这些一起思考和交谈的活人存在和生活的时代，这在目前是完全充分的。我的意图也完全不在于划定我视为现时代的那段时间由以开始的特定世纪。(I,8,208) 显然，要对时代作出评判和认识，只有跃居其时代的文明之巅的那些民族才可能做到。但由于文明是从一个民族到一个民族传播的，所以与这种文明一起，同一个时代也可以很容易从一个民族到一个民族传播开来，尽管气候和土壤会千变万化，但时代的原则始终不变；因此，由于要把所有民族联合为一个大家庭的目的使然，这就可以使概念中的时间通过相当可观的编年史的时间，而停留在同一个地方，仿佛可以迫使时间的长河停顿下来似的。像我们现在描述的这个时代，也许尤其如此。在这个时代里，截然对立的世界相互遭遇，进行斗争，力图慢慢地走向平衡，从而走向旧时代的自愿消亡。关于这个过程，要从现实世界的历史中提出必要的、不致产生误解的实例，只有当我们很细心地领会了时代的原则，并在这种情况下学会了应该如何真正向世界史求教，学会了应该在世界史中寻求什么以后，才会有用和适宜。问题不在于我们前面说过的话是否描绘了若干世纪之前的实际情况，假如它在那时已经有人说过；也不在于它是否会同样描绘若干世纪之后的实际情况；而是仅仅在于它是否描绘当前的实际情况，对这个问题的最终决断将属于你们。

我们当前的课题是阐述假定的时代的原则；关于这个课题，我们就先作这么多说明，而现在就来着手解决它。我把这条原则规定为摆脱那种由合理本能变来的盲目权威的强制的解放，因而是这样一种解放，这样一种状态，在这种状态中，人类才逐渐使自己变得自由，时而这一个体获得自由，时而那一个体获得自由，时而摆脱受权威束缚的这一客体，时而摆脱受权威束缚的那一客体，但绝不是彻底自由的，充其量说，也不过是，或以为是这样一些人获得自由，这些人居于时代首位，引导其他的人们，试图把他们提高到自己的水平。概念就是这种摆脱权威束缚的工具；因为与概念对立的本能的实质恰恰在于，它是盲目的，它在以往的时代借以进行统治的权威的实质恰恰在于，这种权威要求盲目的信仰，盲目的服从。所以，那些居于现时代顶峰的人们的基本准则，亦即现时代本身的原则，就是这样的：只有大家完全懂得和理解清楚的东西才能看作是现实存在的和有制约作用的。(I,8,209)

这个基本准则恰好与我们已经说出，并且不作进一步的附加规定就已经选择的准则是一样的，就这个准则说，我们所处的第三个时代完全类似于那个必将替代它的第四个时代，即理性科学的时代，并且正是靠这种类似为后一时代的到来作准备的。对科学来说，只有可理解的东西是有效的。可是这两个时代之间的对立却在这个原则的应用方面，因为我们想简称为空洞的自由的时代的第三个时代，是把它的不变的、早已存在的理解当作存在的尺度，科学的时代则相反，是把存在当作理解的尺度，这种理解绝不是对它早已存在的，而是它必须加以完成的。对于第三个时代来说，除了它此刻理解的东西，什么也不存在；后一个时代则想理解，并且也在理解一切存在的东西。这个科学的时代用自己的概念，毫无例外地钻研一切东西，甚至钻研剩余的、绝对不可理解的东西本身；前一个时代钻研可理解的东西，是为了能据此安排人类的关系；后一个时代钻研不可理解的东西，是为了确信所有可理解的东西都已经穷尽，因为不可理解的东西已占据可理解的东西的边界。那个空洞的自由的时代丝毫没有想到，人们必须付出辛劳、认真刻苦和讲究艺术，才能学会理解，可是，它在手头就已经现成地拥有一定数量的概念和人类共同理智，它们是它毫不费力、生来就有的，它把它们用作有效的和现存的东西的尺度。与科学的时代相比，它有一个明显的优越性，即它从不学什么东西，就熟悉一切事

物，它根本不需要预先作考察，就能对于在它面前发生的一切事情立即毫不犹豫地作出判断。空洞的自由说，凡是我用自己直接固有的概念不能理解的东西，都是不存在的；科学则说，凡是我用绝对的、业已穷根究底的概念不能理解的东西，都是不存在的。

你们看到了，这个时代依靠的就是现成的概念和天生的理智，这两者对它来说构成它的整个世俗信仰体系的无可争议的尺度；只要我们恰当认识这些天生的概念和理智，将它们视为一切其余的东西的根源，我们无疑便会一眼看穿它的这个信仰体系，剥掉它的一切外衣，将它生活中的最隐秘的精神公之于众。我们怎样获得这一认识，便是我们当前的课题，为此目的，我请你们与我一起 (I,8,210)
来理解一个更深刻的原理。

正是第三个时代能摆脱那种用专横独断的强制办法主宰它的合理本能。但如我们前面已经指出的，这种合理本能完全是指向人类本身的关系和生活，而绝不是指向单纯个人的生活。指向单纯个人的生活的，是自我保存和个人幸福的单纯自然冲动（自然冲动来自合理本能）。因此，一个正在与合理本能决裂，但没有另一种形态的理性替代它的时代，除了个人生活以及与这种生活有关的东西，就再没有任何实在东西。让我们进一步阐明这个重要的、对未来时代有决定性的结论。

我们说过，合理本能和任何形态的理性都只是以人类的生活和关系为对象。这就是说——这是一个原理，它在这里是不能加以证明的，而只是作为定理，从可以对它作严格证明的高级哲学中列举出来的——只存在一种生命，从现在生存的主体方面看，也是只存在一种生命；也就是说，处处只存在一种生动的东西，一种活的理性。这绝不像人们通常陈述和承认理性的统一体那样，意味着理性是各种理性存在者的统一的、到处自相等同、自相一致的力量和属性，于是这些理性存在者应当自为地持续存在，而理性的这种属性只是作为外来的成分附加于它们的存在的，好像它们没有这种属性也可以存在；相反地，这意味着理性是唯一能以自身为基础、以自身为载体的存在和生命，一切表现为现实存在的和生机勃勃的东西，只不过是理性的进一步的变化形态、特殊规定和独特造型。——尊敬的听众们，这个原理对于你们不是什么新东西，它已经包含在上一讲对于理性所作的描述当中，我曾经提请你们特别注意这一点，并试图请你们将它牢记在自己心里。——我虽然不能在这里证明这个原理，但还是要进一步分析它，以期至少从历史的角度说明它。当个人想象自己能自为地存在和生活、思考和行动时，当一个人以为他这个特定的个人是他的思维活动中的能思者——实际上，他只是出自统一的、普遍的和必然的思维的一个个别的所思者——时，那是一个很大的谬误，而且是玩弄这个时代的
(I,8,211) 其余一切谬误得以发生的真正原因。假如以为我用这个论断说出了一个惊人的怪论，那我绝不会对此感到惊讶。我很清楚，这种幻觉之所以会产生，仅仅是由于人们只能就现时代谈现时代，而这个时代的基本特点，如果我没有弄错的话，恰恰在于它不知道上述原理，或者，即便它会听说这个原理，也会认为这个原理是极其不可信的，是奇谈怪论。要反对这个原理，也只能以个人的自我感觉为依据，而绝不能以其他东西为依据；我们绝对不否认这种作为意识事实的感觉是现实存在的，因为我们与任何其他人一样，也在我们之内有这种感觉。但是，凡在谈论真理和真正的现实存在的地方，

我们都郑重地否认自我感觉在那里的有效性，因为我们坚信，理应对这些问题作出判定的完全是另一种东西，而不是全然不可信的意识的事实；我们依据相应的观点，完全有可能用重要的根据来证明我们何以持这种否认态度。但是，我们必须说出，并且从历史的角度讲明这个原理，因为只有借助于它，我们才能超越现时代。谁做不到这一点，谁就无法描述现时代或理解对现时代的描述。在我能以通俗的方式引导你们自己至少默然假定这个原理——这是下一讲的事情——以前，我必须请求你们暂且先相信这个原理。

理性的这种统一的、自相等同的生命——高级哲学同样也指出它的根据和方式——仅仅是由世俗方面，并且仅仅是在这个方面，被分解成许多不同的个体，这许多个体只有在世俗方面，并且只有借助世俗方面，才是具体存在的和现实存在的，而绝不是自在地、不依赖于世俗方面就这么存在的。你们看，这就是由统一的理性产生的许多不同的个体的真正起源，也就是一切没有凭借科学超越世俗方面的人们坚持相信这种个人的现实存在的必然原因。

(为了使这个原理不至于以一种完全违背我的本意的方式遭到误解，我还要在完全不涉及我当前的打算的情况下，顺便作如下补充：世俗方面作为永恒生命的基础和载体将继续存在，至少在记忆里将永垂不朽，这样一来，包含于世俗方面的一切东西就将存在下去，因而统一的理性借助这个方面被分解成的一切个人也将继续存在。因此，我的论断不会产生某种**反对**个人不朽的结论，反而给**支持**个人不朽提供了唯一能成立的证明。(I,8,212) 我的简明扼要的说法是：个人作为世俗方面的必然现象，将像他们在这里现实地存在的那样，永远存在下去，但他们永远不可能成为过去或现在从未成为的东西，即自在的存在者。）

加了这番离题的简短解释以后，我们再回到我们的计划上来。理性在世俗方面分解成许多不同的个体，因而在整体上表现为类族的生活；理性的统一的、自相等同的生活，按照以上所述，首先是由合理本能建立的，并且是由合理本能安排的，就像理性的生活应该按照它固有的内在规律存在那样。这种生活一直要延续到这样一个时刻，在这个时刻，出现了科学，科学认清了那个内在规律的一切规定，而且阐明和构造了那个规律；按照科学，技艺在现实中建设起理性的生活。在这个基本规律中，包含着一切高级的、只指向统一体和在这里作为其表现的类族的理念。这些理念超越了个体性，从根本上彻底消灭了个体性。但是，凡在这个基本规律并未以某种方式占统治地位的地方，就不可能达到统一体或类族，那里唯一存在的、占统治地位的仍然仅仅是个体性。在这种情况下必定会出现这样一个时代，这个时代正在摆脱作为类族生活的第一原理的合理本能，但还没有掌握作为类族生活的第二原理的科学；在这样一个时代里，除了单纯的赤裸裸的个体性之外，就完全不可能再有任何东西。对于这个时代来说，类族这个真正现实存在的唯一东西，变成单纯的、空洞的抽象，这种抽象只存在于靠某个人的力量人为地构成的那种关于他自己的概念中；这个时代除了具有一种由许多部分拼凑成的东西，就没有、也不能设想任何其他整体。但这种拼凑成的东西绝不是完整的、有机的整体。

给这个时代留下的这种个体的和个人的生活，是由自我保存和追求幸福的冲动决定的，在人之内，天性也不会超越这种冲动。这种作为自我保存和追求幸福的手段还赋予动物以特殊本能的天

性，使人在这方面几乎完全一无所得，而是让他诉诸他的理智和他的经验；因此，人的理智和经验必不可免地要随着时间的推移，在前两个时代内得到发展，渐渐变成一种现成的技艺，即尽可能促进自我保存和个人幸福的娴熟技艺。尊敬的听众，第三个时代遇到的将是这类理智，将是这些概念，即普遍的时代意识中包含的求得 (I,8,213)
生存和幸福的娴熟技艺的结晶；这种理智将成为共同的、健全的人类理智，第三个时代不费任何辛劳，就把它当作父辈的遗产，拥有了它，并且它与饥渴一样，是第三个时代与生俱来的，这个时代正将它作为衡量一切存在的和有效的东西的可靠尺度加以使用。

我们当前的课题已经解决：第三个时代的理智，如我们承诺的，已经被我们从它的掩体中拉出来，送到光天化日之下；这时，我们可以很确凿地也将它的世俗信仰体系给它再建造起来，就像它本身能将这个体系建立起来那样。首先，现时代的上述基本准则得到了进一步的规定；很显然，从它的那个业已制定的前提，即“凡是我不理解的东西，都是不存在的”，立即会得出如下结论：无论在什么地方，我只理解那种与我个人的生存和幸福有关的东西，所以，除了这种东西，就再没有任何东西存在，而整个世界之所以存在，实际上也只是为了我能够生存和享有幸福。无论什么东西，如果我不理解它怎么与这个目的有关，它就不存在，对我也毫无意义。

这种思维方式，要么是仅仅在实践中作为一种隐蔽的和模糊地意识到的、然而在现时代确实真正推动日常活动的基本力量发挥作用的，要么是上升到理论高度的。只要这种思维方式属于前一种情况，人们就不能真正把握和承认它，它总是有足够的逃之夭

夭的后路和托词；这时，它实质上还构不成一个时代，而只不过构成新的发展的起点。但是，一俟这种思维方式成为理论的思维方式，能理解和承认自己，能喜欢和赞赏自己，为自己自豪，并希望被视为至高无上的唯一真实的东西，它就明显地构成一个时代，表现于时代的一切现象，并能按它自己的表白得到理解。我们喜欢从事物最清楚的结尾来把握事物，所以，我们要从这里讲的最后一点开始描述第三个时代。

正因为如以前说过的，人没有像动物那样，被赋予一种特殊本能，作为自我保存和追求幸福的手段，而在这方面，那些只指向类族的统一的与永恒的生活的 a priori〔先验的〕理念也不能对他有所帮助，所以，人们在这个领域没有别的办法，而只有进行什么会有益、什么将有害的试验，或让别人依靠自己的费用，进行这样的
(I,8,214) 试验，并记住这些试验的结果。因此，一个把自己的整个世界体系都归结为个人生存手段的时代，宣称**经验**是一切认识唯一可能的来源，这是十分自然和必然的，因为唯独这个时代想要认识和能够认识的那些手段，只有通过经验才能加以认识。在单纯的经验——必须把观察和实验与这种经验细心区分开，因为观察和实验总是掺杂着 a priori〔先验的〕概念，即探究的东西——中，除了提供感性保存的手段，不提供任何东西，相反地，这些手段只有通过经验才能加以认识。由此可见，只有经验才给这个时代提供它的世界，另一方面，这个世界也暗示着作为它的唯一源泉的经验，这样一来，经验与这个世界便相互交错在一起了。所以，这样一个时代就必定要完全否定和嘲笑一切不依赖于经验的 a priori〔先验的〕东西，或否定和嘲笑这样一种论断，这种论断认为，新的认识不

掺杂任何感性对象,便能由认识本身产生出来。假如这个时代发现了一个高级世界及其秩序的理念,那它会很容易理解,这些理念完全不是以经验为基础的,因为它们超出了任何经验范围。或者,假如命运注定它有幸完全成为动物性的,那它会没有必要劳神费心,借助经验,去寻找关于它的世界的概念,即它的感性自我保存的手段,而是会以 a priori〔先验的〕动物本能具有这些手段。食草动物实际在草地上常常将不合它们天然需要的牧草弃之不食,但它们并没有尝过它,也没有通过经验发现它的害处,同样,它们吞食那些对它们有益的牧草,它们也并未预先经过任何品尝,所以,如果要说它们有什么认识,那么,它们无论如何具有一种完全 a priori〔先验的〕、不依赖于一切经验的认识。只有在人性与动物性之间的中间状态,我们的类族比不上动物的东西,即经验,才被颂扬为戴在人类头上的王冠和赐给人类的奖赏;人类在缺少这种东西的时期,如果没有对于永恒的世界的 a priori〔先验的〕认识,便必定会羡慕最小的昆虫。于是,这样一个时代便毅然登台,大胆挑战,质问众人:我们倒想讨教一下,不通过经验怎么可能有某种认识[3]?——仿佛这个问题会使人人感到害怕而退避三舍,仿佛对这个问题只能有这个时代要求得到的答案。

既然这个时代以不连贯的方式承认,有些超过单纯认识有形 (I,8,215)
世界的科学是可能成立的,而且由于这样的东西也存在于经验之中,是在学校中借助这种经验讲授的,所以,对这个时代来说最明智的做法是怀疑一切,对任何东西都既不表示支持,也不表示反对。这种中立的态度,这种毫不动摇的不偏不倚,这种对于一切真理的有主见的超然态度,会被这个时代视为真正的、完善的处世之

道，而指责某人有一个体系，这在它看来就是一种无可挽回地毁坏人的荣誉和名声的侮辱。那些在学术上吹毛求疵的做法之所以发明出来，只是为了让出身寒微、没有机会见大世面的青年人玩弄它们，发展他们适应未来生活实践的能力。为了这个目的，任何见解和任何论点，不论是肯定的还是否定的，都同样是好的[4]，如果将玩笑当真，将其中某个论点当作某种有意义的东西，对它发生兴趣，那会是一种可笑的悖理行为。

这样一个时代在对自然界发生作用、利用自然力量与自然产物方面，无论在什么地方，都只会考虑直接有实惠的东西，对吃、穿、住有用的东西，都只会考虑能贪便宜、过得舒适和赶上时髦——这出现在它能极大地抬高自己的地方；但它不知道对于自然界的更高统治，这种统治会不顾自然界的反抗，给自然界打上人类作为类族的庄严烙印，也就是我所说的理念的烙印，而文学艺术的真正本质就在于这种统治；倘若个别有才智的人提醒它注意此事，它就会嘲笑他们愚蠢和狂热；这样一来，还留在他们的非创造性部分里的技艺就对它变成一个追求时髦的新领域，变成一个追求变化莫测的因而绝不符合于永恒理念的奢侈生活的工具。在国家的法治和民众的管理方面，这样一个时代要么会出于它对旧事物的仇根，靠轻率的、空洞的抽象思考，着手建立国家宪法，用响亮的言辞，而不用坚实强硬的外在权力，着手管理一代代蜕化变质的
(I,8,216) 人们；要么会抱着自己的偶像，单凭经验，不论发生什么大小事件，都预先就认为自己不可能想出任何办法，而匆忙查阅古代的编年史书籍，看看古人在类似的情况下是怎么办的，从中汲取自己处理问题的准则；它会用这种方式，拿各种业已死亡的时代的五花八门

地相互交织在一起的碎片拼凑它的现实政治生活，从而供认了它对于自己的贫乏无知和微不足道本来就有明确的自我意识。在伦理方面，这样一个时代会把人们追求自己的私利视为唯一的德行，而它最多是附带地顾及他人的利益——不言而喻，这是在他人的利益不违背它自己的利益的情况下，这时也要么是为了名誉，要么是前后矛盾；它把忽视它自己的利益视为唯一的缺德行为；它会断定——它要给任何可能的行为找出一个不高尚的动机，对它都不可能很难，因为它根本不知道高尚的东西——甚至会证明，所有过去和现在的活人，的确都是这么想、这么做的，在人的内心里除了私利，根本不存在其他动机，它会把那些认为人心中还有别的东西的人们当作不谙世事的可怜傻瓜，表示惋惜。最后，至于说到宗教，那么，宗教对这样一个时代也会变成一种单纯寻求幸福的学说，而且明确地提醒我们，为了享受很长时间和很多东西，我们必须有节制地享受；上帝对它来说，只不过为了关心我们的幸福才必须存在，唯有我们的需要才呼唤上帝存在，才使上帝作出要存在的决断；它想从某种现存宗教体系的超感性内容中保留一些东西，但这种对宗教的宽容态度仅仅是因为对放纵的庶民需要进行控制——有教养的人是无须控制的——因为警察和法庭缺乏适当的补充手段。总之，用一句话说，当这样一个时代弄明白理性与一切超越人的单纯感性生活的东西都不过是某些游手好闲、被称为哲学家的人们的一种臆造的时候，它就正处于它的鼎盛时期。

对于第三个时代的概括描述，我们就讲到这里，它的各个基本特征我们将在以后的考察中单独提出并详细阐述。不过这个时代还有一个形式方面的特性，我们在这里不可忽视，那就是：这个时

代通过它的最重要的代表，对它自己的事情会很有把握，坚信不疑，以致连真正的科学都不能在这方面超越它。它怀着难以用语
(I,8,217) 言表达的同情和惋惜，俯视以往的时代，看到那时人们还很愚钝，以致让德行的幻影和对于超感性世界的梦想将已经送到他们嘴边的美食夺走；它俯视这些黑暗和迷信的时代，看到那时他们这些新时代的代表还没有出现，还没有从各方面探索和研究人类心灵的奥秘；它看到那时他们还没有作出、更没有大声宣扬和到处传播这样一个令人惊讶的大发现：这颗心灵原来不过是一团污泥。这个时代对于那些不赞同它的看法的同时代人，并不会进行反驳，而只会怜悯和善意地揶揄；它也不会让自己犯糊涂，抱着友好的态度，期望这些人在由于年龄的增长和经验的积累而变得成熟的时候，或者在他们同样详尽地研究了它的代表称之为历史的东西的时候，将来也能上升到它的观点上来。科学只在一件事情上胜过了这个时代的代表——当然，对这件事情他们是察觉不到的——那就是：科学完全了解他们的思维方式，用它的各个组成部分来重建它，如果它不幸地从世界上消失不见了，科学也能把它再现出来，并且甚至从科学的观点看，也察觉它完全正确。由此可见，科学阐明——如果我们能以科学的名义讲话——这种思维方式之所以不可动摇，恰恰是由于它从科学的观点看完全正确，而且无论科学如何反复审视它的推理的链条，也从未发现其中有一个纰漏。如果在没有类族和统一体的一切高级生活的情况下，除了个人的感性生存，就没有任何东西存在，那么，除了经验，便不可能有任何认识来源，因为显然只有经验才给予我们以关于感性生存的知识；正因为如此，任何其他假想的来源以及由此得出的东西，必然都是梦呓

和幻想；这样一来，就只须说明梦呓事实上如何可能发生，从头脑中如何可能产生出它根本不包含的东西；不过，这些代表都很聪明，不作这样的说明，而满足于经验，认为总有一天会做这样的梦。然而，他们之所以完全确信，除了个人的感性生存之外，实际上什么也不存在，是因为不管他们如何频繁地、深入地探究他们自己的内在世界，除了对于他们个人的感性生存的感觉之外，在那里从来都知觉不到某种别的东西。

因此，根据从以上所述的一切，这种思维方式绝不是基于思维和判断的错误，好像人们可以向这个时代指出它作出的错误推论，(I,8,218) 提醒它注意它违背的逻辑规则，从而纠正这种错误；相反地，这种思维方式是基于这个时代的整个不完善的存在和表现它的那些代表人物。只要这种存在是它本来那样，这些代表人物是他们本来那样，他们就必然要像他们思考的那样思考；如果他们以别的方式思考，他们首先就必须成为某种别的东西。

幸运的是——我们以这里唯一能给人慰藉的观点来结束这一讲——即使那些违背自己的愿望和意志，最坚决地拥护这种思维方式的人，事实上也总比空口说说的人要好；人内心向往高级生活的火花，不管它如何不引人注目，也绝不会熄灭，而是以静默的、隐秘的力量不断闪烁着微光，直到它获得可以点燃的材料，燃起熊熊火光。尊敬的听众，至少把这粒向往高级生活的火花点燃，尽可能给它以燃料，也是本讲的目的之一。

(I,8,219)

第 三 讲

尊敬的听众！

关于我们的研究，我们只能渐渐地阐述清楚，也就是说，一个个地阐明它的模糊部分，直到研究对象呈现为一道独一无二的发光的火焰。如第一讲中已经提到的，这种限制是基于一切阐述所遵守的不变的基本规律。讲演者在其技艺方面，除了有不可推卸的责任，将每个思想都置于它们本当占有的位置，为便于理解，也只能这么做：很仔细地研讨在阐述过程中遇到的那些关键问题，从它们出发，阐明过去的和后来的事情。

在我们着手进行的整个研究中，我们在前一讲已经涉及一个这样的关键问题，今天我们来更加充分地分析它，这是应该的和适宜的。人类自由地、合乎理性地建立自己的一切关系，这曾经被树立为我们类族的整个世俗生活的目的；而我们需加以描述的第三个时代的特征，被定为摆脱任何形态的理性。然而，什么是理性、特别是合乎理性的生活，什么是应当按照理性、通过合理的生活建立的关系，这个问题我们虽然从各个方面已有所涉及，但还没有在任何一个地方阐述清楚。在前一讲中我们说过，理性指向那表现为类族生活的统一生活。倘若从人类生活中去掉理性，那就只剩下个体性以及对个体性的爱。因此，合理的生活在于，个人使自己忘怀于类族，把自己的生活献给类族的生活，为后者牺牲自己；与此相反，非理性的生活则在于，个人除了想自己、爱自己和与自己有关的东西，就不想也不爱任何东西，这使他的全部生活只献给他 (I,8,220)
自己的个人幸福；但是，如果合理的东西同时可以称为善的，违背理性的东西同时可以称为恶的，那么，就只存在一种德行，即作为个人忘却自己，而且也只存在一种不道德行为，即只想自己。因此，在上一讲中描述的第三个时代的道德学说，在这里也像在所有其他地方一样，都是把事情颠倒过来的，把实际上是唯一不道德的东西当作唯一的德行，把实际上是唯一有德行的东西当作唯一不道德的行为。

以上所述必须严格地按其本来意义去理解。在这里，有人可能试图缓和矛盾，认为大家不应只想到自己，而同时也应想到别人，这完全是我们已经确定的第三个时代的道德学说，只不过这种学说还前后不一贯，而且在不能全然不顾羞耻的地方，力图遮遮掩掩。谁只想到他个人，谁不在类族之内和为了类族渴望生活、存在和个人享受，谁就根本是个庸俗的、渺小的和鄙劣的人，而且也是个不幸的人，不管他企图用如何不同的好事来掩盖他的丑行。如我们已经说明的，这就是我们的看法，对于这个看法是不可能提出任何充分理由加以反驳的。

这个时代的人从他们存在的时刻起就对此提出了反驳，而且只要他们还存在，就将继续提出反驳；这种反驳源于他们厚颜无耻地保证，人完全不可能忘却自己，个人的自爱与他的天性有最密切的不解之缘，并且不可根除地与他的天性交织在一起。我要问作出这类保证的先生们，你们究竟从何知道人能做什么和不能做什

么？很显然，他们的这种陈述不可能基于任何其他东西，而只能基于对他们自己的观察；很可能，在他们成为他们现在这个样子，而且想始终保持这个样子时，他们本人才有能力永远不忘却自己。然而是什么赋予他们以权利，把衡量他们有这种能力或没有这种能力的尺度抬高为衡量类族的能力的共同尺度的呢？高尚的人当然能够知道不高尚的人的心态，因为我们大家都是在利己主义中孕育和出生的，都是在利己主义中生活过来的，我们只有经过斗争和努力，才能消除我们自身的这种陈腐的天性；然而不高尚的人绝不可能知道高尚的人的心态，因为他从来都没有进入高尚的人的世界，并且像高尚的人必定已经历遍他的世界那样，历遍高尚的人的世界。高尚的人知道两个心态，不高尚的人则只知道他陷入的那一个心态。就像守夜的人能在守夜时设想做梦，有眼能看的人

(I,8,221) 能设想幽暗，然而睡入梦乡的人绝不能在做梦时设想守夜，生来眼

瞎的人不能设想光亮。只有在他们达到了高级境界，并在其中占有了位置以后，他们才能做他们现在不承认能做的事情，同时凭借这种所能，知道那是人能做的。

总之，我们认为，真正的、合理的生活在于，必须使个人的生活献给类族的生活，或者说，人们必须使自己忘怀于他人。使自己忘怀于他人——不言而喻，这些他人不是被理解为个人，因为要是那样的话，我们总是会停留在个人的个体性上，相反地，这些他人是被理解为类族。总之，请你们这样理解我的意思：我说的是一种促使我们减轻他人的个人痛苦，分享与增加他人的快乐的同情之心，一种使我们维系友人和亲属的亲善之感，一种使我们关注配偶和孩子的爱慕之情——所有这些往往与明显地牺牲自己的舒适与乐

趣结合在一起的东西，就是合理本能悄悄地、秘密地迈出的最初一步，为的是暂且打破最顽固、最粗俗的利己主义，开始发展一种正在传播和扩大的爱。但这种爱也总是只针对个人，远没有包容不作任何个人区分的整个人类；尽管这种爱无疑构成高级生活的前奏，而且任何一位在这个温情的领域感受不到庄严的人都不可能进入它之内，但它本身毕竟不是高级生活。高级生活包容的正是类族本身。然而类族生活是在理念中得到表达的，对于这些理念的基本性质和不同类别，我们将在这些报告的过程中充分予以研究。因此上述公式“把自己的生活献给类族”，也可以这样表达：“把自己的生活献给理念”；因为理念恰恰是以类族本身和类族生活为目的的；所以说，合理的因而公正、美好和真正的生活在于，人们使自己忘怀于理念，除了在理念中，在为理念牺牲其他一切生活享受的活动中寻找和认识理念，就绝不寻找和知道任何别的享受。

这个分析就到此为止。现在我们转入另一个问题。

我说，尊敬的听众，既然你们自己为某种内在力量所迫，对于以上所述的那种为理念牺牲自己的生活不禁要表示赞赏、钦佩和尊重，而且它为理念作出的牺牲愈明显、愈巨大，对它的尊重也就愈强烈，那么，从你们的这种赞赏中就可以看出，在你们的心中不可根除地包含着一个原则，它的内容是：个人**应当**为理念作牺牲，(I,8,222)
作出这种牺牲的生活是唯一的、真正的和完善的生活，因此，如果大家按照真理如实地来看这个事实，个人根本就不是现实存在的，因为他除了应当毁灭，没有任何意义，相反地，只有类族才是现实存在的，因为只有它应当被看作是现实存在的。这样一来，我们也许就履行了我们在上一讲为当前这一讲作出的承诺，那就是以通俗易懂的方式向你们表明，你们自己已经很妥当地了解和赞同我那时陈述的、最初显得悖谬的原理，并且向来没有作过任何一个不同于从这个原理出发作出的判断，只不过你们没有很清楚地意识到这个原理罢了。这样一来，我们或许就同时达到了我在这一次报告中抱有的两个目的。

你们对于以上所述的那种生活确实不能不表示赞赏和尊重，这是其余一切东西赖以存在和据以得出的第一环节；这取决于你们自己的考虑，我们无须再回到这一环节上来。因此，我的课题便是对你们，并且在你们心中进行一项试验，假如这项试验像我所期望的那样获得了成功，那就证明了曾经需要证明的东西。

我想对你们的心态进行一项试验，所以当然想在你们心中引起一定的效应。但我这样做，绝不是为了使你们感到意外，也绝不仅仅是为了引起效应，并且我不会一时利用这种效应达到我的目的，像有些演说家做的那样，而是要根据你们自己的明确、清楚的意识，说明它对你们是可见的，它不是单纯靠它的存在发生作用，而是你们在它的这种存在中察觉它，并由这种存在得出了进一步的结论。

哲学家使用的技艺的规则就已经使哲学家不得不完全采取诚实的、公开的做法；另一方面，哲学家还具有一种远远超过诡辩家的一切雄辩术的力量，能预先告诉自己的听众，他要在他们之中引起什么效应，而且只要他们能理解他，也必定能引起这样的效应。

这样一种自由地、公开地使用将要促成的结果的做法，同时也赋予我一项责任，那就是向你们更详细地描述我力图在你们心中展现的那个效应的性质，而为了我们能不断地有同样清楚的认识，我要在进一步阐述之前先作这种描述。这里，我只首先请你们记住若干尚不十分清楚的术语与公式，它们凭借进一步的阐述也会在今天完全弄清楚。

合理的生活必须爱自己，因为任何完全自我满足、自我充实的生活，都是享受自身。正如理性在人身上不可能完全被根除一样，理性对自己的这种爱也肯定不可能被根除；这种爱作为一切合理 (I,8,223)
的生存的最深根源，作为使人还能保持在理性链条上的唯一留存的火花，将恰好在每个仅想成为诚实的和毫无偏见的人身上是大家肯定都能指望看到的东西。

单纯个体性的非理性生活同样也爱自己，因为非理性生活毕竟总是生活，而任何生活必然都爱自己。但由于合理的生活和非理性生活是完全对立的，所以两者的那种对自己的爱和陶醉也是对立的，具有完全不同的特色。这种不同的特色很容易看得出来，并彼此加以区分。

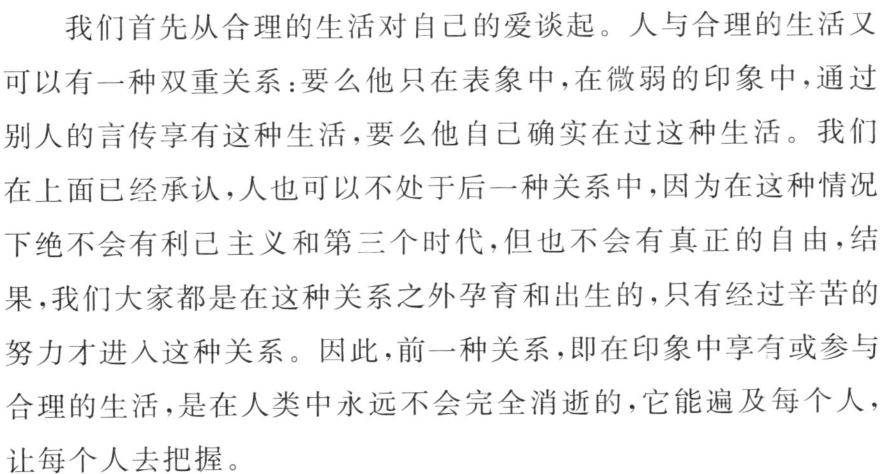

我们首先从合理的生活对自己的爱谈起。人与合理的生活又可以有一种双重关系：要么他只在表象中，在微弱的印象中，通过别人的言传享有这种生活，要么他自己确实在过这种生活。我们在上面已经承认，人也可以不处于后一种关系中，因为在这种情况下绝不会有利己主义和第三个时代，但也不会有真正的自由，结果，我们大家都是在这种关系之外孕育和出生的，只有经过辛苦的努力才进入这种关系。因此，前一种关系，即在印象中享有或参与合理的生活，是在人类中永远不会完全消逝的，它能遍及每个人，让每个人去把握。

非理性生活对自己的爱是众所周知的，也是最容易让人谈起的。不论一般而言还是特殊而言，其特点都表现为：自以为聪明而扬扬得意，自以为精明能干和不带偏见而自视甚高和沾沾自喜，而且——如果用相当不体面的措辞来描述不体面的事情——自以为诡计多端而津津乐道。所以在上一讲中，第三个时代在它的根本原则方面被描述为对于那些想通过做美德梦，让自己摆脱享乐的人们表示的蔑视，被描述为对于它摆脱了这样的事情，不让任何东西这么纠缠自己的现状表示的喜悦，用一句能够极其准确地说明它的真正本质的话来说，被描述为启蒙和解蔽的时代。正因为这样，谁不顾重重困难，操心自己的利益，谁最终感受到的至高无上、最有趣味的东西，便是他为自己如此诡计多端而感到的喜悦。与此相反，合理的生活作为一种合乎规律地得到规定和安排的生活

(I,8,224) 对自己的爱，就其特点而言，则不会表现为出乎意料的喜悦，而是具有赞同、高度尊重和敬仰的严格形态。

按前一种关系说，既然合理的生活在我们这里只是在印象中作为我们感到陌生的生活状况出现的，这个印象就会摄取和把握对自己的爱，并且会心满意足地停留在自身；因为在这种情况下，我们至少已经深入到合理的生活领域，因而我们对于这个领域应该怎样，就有了一个表象。（这将产生一种审美的愉悦——这是给熟悉哲学术语的人们附加的用语——它仅仅是对于表象的愉悦，而且是确实存在的最高的、审美的愉悦。）

然而这种愉悦和这种赞同——作为对一种陌生的、我们本身根本没有的东西的赞同——出于同样的理由，却给我们以深刻的印象，使我们感到尊重和敬仰。这种愉悦和赞赏在优秀人物那里

是与一种对于自己的不要求重视的回顾联结在一起的,是与一种也想这样形成的秘密渴望——由这种渴望才逐渐发展出高级生活——联系在一起的。按后一种关系说,合理的生活既然觉得自己是固有的真正的生活,那就充满了一种难以用言语表达的乐趣,如果它能让利己主义者享有,他就会对它的景象羡慕不已;这样的生活在对自己的爱之中就是一种极乐生活。因为所有难受的和讨厌的感觉,与渴望和空虚的感觉一样,都不外是高级生活在为自己的完善发展拼搏时表现出来的一种天生的痛感。如果这种生活业已得到发展,那它就是完全自给自足的,是靠它自己而不需要其他东西度过的,也就是说,它是一种靠自力更生维持的高度自由、轻松愉快的生活状况。在今天这一讲我们要研究我们本身的第一种生活状况,在下一讲我将力求对第二种生活状况作出一个简明扼要的描述。

为了我们当前的目的,我想作出如下的论断:构成我们当前的生存条件的基础和出发点的一切伟大和善良的东西,作为我们的时代能一如既往地从事其活动的必要前提的一切伟大和善良的东西,只有靠那些道德高尚和坚强有力的人们为理念牺牲了一切生活享受,才能真正产生出来;我们本身连同我们所有的一切,都是已往一切时代的人们,尤其是他们当中最值得尊敬的人物作出牺牲的结果。我要说明这些牺牲给你们带来的好处,是想引导你们对我们的这些先驱表示宽容,但我绝不想利用这个说明;因为如果那么做,我就又会在你们当中恰好唤起我想尽可能完全从世上消 (I,8,225)
除的思维方式,用它来达到我当前的目的;而且如果那么做,我就必定会指望从你们那里得到这样的回答:过去有这些傻瓜,累得满

头大汗，给我们聚积了财富，这对我们很有好处，我们可要尽量防止犯这样的傻气，当我们不再活着的时候，但愿未来世代的人们将好自为之。我也许应该赞扬这样的回答至少是一贯的。但我们已经看到，对于人类的那些一向进行得井然有序，在这方面本来不应受到指责的试验，有人却会大声疾呼，质问当今这一代人为未来世代的人作这么大的牺牲是否真的公平，他们怀着颇为得意的目光这样提问，好像他们说出了某种内容非常深奥、绝对无法反驳的真理。然而我却只想知道，对于这样的思维方式和行动方式，完全不问你们是否认为它明智——关于这个问题，现在不要求作出判断——你们是否已经不得不表示莫大的敬意和钦佩？

请你们和我一起看一看我们周围的世界。你们知道，时至今日，地球上还有许多地带布满藏污纳垢的沼泽和难以穿行的森林，它们那寒冷而潮湿的环境滋生着许多有毒的昆虫，以致造成各种毁灭性的瘟疫蔓延。这些地带几乎全都成了为数不多的野蛮人的住所，他们都过着郁郁寡欢的生活，没有自由，没有技巧和尊严。我们从历史上知道，我们现在居住的这块地方，从前绝大部分也是这样的形态。如今沼泽变干了，森林被砍伐了，变成了肥沃富饶的平原和盛产葡萄的丘陵，它们使空气清新，弥漫着宜人的芳香；河流被引入固定的河床，一座座坚实的桥梁建筑起来；一个个乡村和城市拔地而起，那里有牢固、方便和宜人的住房，有已经经历了好几个世纪的公共建筑，以发展和提高精神生活。你们知道，至今还有一些部族在一望无际的荒野游荡，靠那常常为数不足、肮脏恶心的食物勉强维生；不仅如此，他们还要为争夺这点可怜的食物，争夺他们那猎取食物与奢侈品的简陋工具而相互残杀，仇恨的怒火甚至可以发展到毁掉他们的同胞的地步。很有可能，我们都出身于这样的部族，至少我们有一代祖先经历过这种状态。如今，人们 (I,8,226) 都脱离了森林，联合成为人数众多的群体。这时，每个家庭如在野蛮状态中一样，必须直接为自己的多种多样的需求操心，必须自己制作生产工具，以满足每一种需求，而这就要耗费大量时间和精力，所以现在形成的人类群体就划分为各个阶层，其中每个人从事一门专业，他把自己的一生献给这门专业的学习及操持，同时把他的劳动产品供给所有其他阶层，也从其他阶层获得他的其余一切生活必需品；与自然力量相对峙的，是由纯净的理性力量组成的一种尽可能巨大、具有教养和严格有序的群体。对于自然力量的相互断杀与相互掠夺的肆虐，法律及其维护者设置了不可冲垮的堤坝。任何争端都要通过不流血的方式加以解决，犯罪的情欲受到严厉惩罚的警戒，退到了内心的隐秘处，由此便产生了内心的平静，每个人都稳当地在给他指定的界限内行动。与一些相当可观、往往来自不同部族、几乎不知道怎么联合在一起的人群相对峙的，是一些同样相当可观、同样神奇地联合在一起的人群；他们当中的每一方都不知道对方的实力，相互产生了畏惧，因而人们有时也能享有外在的和平，而且如果爆发战争，甚至连实力占优势的一方也会由于与实力同样可观的对方对抗而疲惫不堪，变得十分脆弱，以缔结和平代替原来暗中总想消灭敌人的意向，所以，在各个独立的民族之间也形成了一种国际法，而且各个原来分离的少数民族也形成了一种民族共同体。你们知道，时至今日，一切自然力量还在奴役或毁灭那些惊惧不安、不知自身力量的野蛮人。科学为我们揭示了我们固有的精神本质，从而在很大程度上使外在的、感性的

自然力量服从于我们。力学使人的微薄力量几乎无限地增大，并且现在还在继续增大这种力量。化学在很多地方把我们引入自然界的秘密工作场所，使我们能够再现它的许多奇迹，以服务于我们的目的，并利用它们来防止它给我们造成的巨大破坏。天文学征服了太空，测量了太空轨道。你们知道，而且全部古代史和对于现在还存在的野蛮人的描绘也向你们证实，那些民族，甚至最有教养的民族也不例外，在逃脱外在自然界中可怕的东西而躲避到他们
(I,8,227) 秘密的内心深处时，正是在那里发现了最可怕的东西，即神灵——他们的敌人。于是，他们靠卑躬屈膝，苦苦哀求，靠牺牲他们最珍贵的东西，靠心甘情愿地折磨自己，靠给神灵献人祭，必要的时候还靠供奉独生子的鲜血，力图博得这个对人的一切幸福都嫉妒的存在者的好评，使它迁就他们的出乎意料的机遇，乞求它宽恕他们。

这就是古代世界和迄今还存在的野蛮人的宗教，而我则要求每位史学家在这个领域指出另一种宗教。对于我们来说，这种可怕的景象早已消失，在某种学说体系中谈到的赎救和赔罪[5]，不管我们相信与否，都是明显的事实，并且我们越不相信，就越真有其事。与惧怕神灵相距甚远的我们这个时代，通过它的代表人物甚至将神灵变成满足自己享乐的仆人。我们在这个地方对于它这种不畏神灵的缺点还不能加以指责，倒不如说，应把这种缺点视为它的一个优点。即使这个时代的代表人物不能真正信仰神灵，即不能敬爱神灵，在神灵中生活并获得极乐，我们也可以对他们的不畏神灵表示由衷的高兴。如果他们愿意，就让他们完全摆脱神灵吧，或者，只要他们乐意，就让他们改变对神灵的观念吧。

尊敬的听众，我首先说的是人类从前有过的和现今部分地还

有的形态；我最后说的是目前至少在我们当中存在的那种人类的形态。这种新的创造是以什么方式，通过什么人，靠什么动医完成的呢？

首先，是什么人赋予大地，特别是赋予新的欧洲国家以适于居住和与开化的人们相称的形态的呢？历史回答说，是那些笃信宗教的人。这些人坚信，引导森林中惊惧不安、颠沛流离的人过一种文明生活，对仁慈的上帝有一个令人愉悦的认识，是上帝的意志；于是，他们离开文明国家及其一切感性享受与精神享受，离开他们的家庭和亲戚朋友，到荒芜的地区承受极度贫困的生活，肩负起最繁重的工作；不仅如此，他们还孜孜不倦，以坚韧不拔的耐心将一些追捕他们、抢劫他们的粗野部族吸引过来，赢得他们的信任；他们往往在达到苦难的一生的目标时成为殉道者，死于他们为之牺牲的那些人的手里；他们也是为了我们，为了这些人的子孙后代而成为殉道者的；他们高兴地期望，在他们死难地的上面，将茁壮成长起更值得尊重的一代。这些人无疑将其个人的一生和享受都献给了自己的理念，并通过这种理念又献给了类族。倘若有人反驳 (I,8,228)
我说，他们牺牲今生今世是期望享有一种无限高尚的天国中的极乐生活，他们希望通过受穷和劳作求得这种极乐生活，所以毕竟总是以牺牲一种享受换取另一种享受，并且是以小换大，那么，我请这样的人与我一起，严肃认真地考虑下列情况：不管这些人将彼岸世界的极乐生活表述得多么不恰当，也不管他们使这种极乐生活的描写具有什么样的感性形象，我却只想知道，他们这种用牺牲精神表示的对彼岸世界的坚定信仰是怎么产生的，这种信仰作为精神活动究竟是什么。难道这种抱着虔诚态度，把彼岸世界作为确

实存在的世界加以把握的精神，在它单纯这么做时就不舍弃此岸世界么？难道这种信仰本身不是一种牺牲的决心，它在心中一旦抱定，便始终不渝地要去实现，然后才在具体的生活事实中作为现象表现出来么？一俟他们信仰了永恒生活，他们就牺牲了一切，尽管对于他们的这种做法采取设身处地的态度绝不是什么怪事，而是完全可以理解的，并且对你们这类提出上述反驳的人本身也是完全可以理解的，但是，认为他们曾经相信过那种既绝不能忽视今生今世，也绝不能仿效他们的利己主义者还会进入这种境界，确实是一件怪事。

是谁将野蛮的部族联合到一起，迫使他们的反抗受到法律与和平生活的管束呢？是谁使他们维持这种现状，保护现有的国家不致因内部混乱而解体，因外力威胁而毁灭呢？——任凭这些人叫什么名字，他们都是远远走在他们的时代前面的英雄，是在体力和智力方面超群出众的巨人。他们曾经使那些因此而憎恨他们、畏惧他们的后代，服从于他们关于应该存在的事物制定的概念；为关怀这些后代，他们度过无数个不眠之夜，他们放弃自己本来可以充分享受的一切，不知疲倦地驰骋于一个个疆场，他们总是冒着生命的危险，经常洒下自己的滴滴鲜血。他们如此不辞辛劳，追求的是什么呢？他们为此得到了什么报偿呢？唯一鼓舞他们的是一个概念，一个关于需要由他们加以创造的状态的纯粹概念，但这样一个概念绝不应该为了在它之外的任何其他目的而予以实现，他们由这一切辛劳得到的奖励和报偿，就是对这一概念感到的不可言状的乐趣；这个概念构成他们的内在生活的根基，而同时使外在生
(I,8,229) 活黯然失色，将它作为不屑一顾的东西予以放弃；这个概念的力量

在于把一个与周围的人们生来平等的人变成在体力和智力方面的巨人；个人为了这一理念而甘愿牺牲自己，只有这一理念才安排个人去作一种有价值的牺牲。

是什么促使那本来能稳坐世袭王位，靠现有的疆界就足够享受的国王，例如，促使一位马其顿英雄[6]——我以一个众所周知的、常常被敏感的侏儒之辈作错误解释的史实为例，说明我的问题——离开他继承下来、业已靠父王变得强大而富足的王国，奔赴异国他乡，通过不断进行的战争穿越和征服那样的地方呢？是他想用这种办法吃得更饱、变得更健壮吗？是什么促使他连战皆捷，所向披靡，把那些在数量上占有巨大优势的敌人从自己面前吓跑呢？这是纯粹偶然的吗？不，促使他出发远征和引导他取得胜利的，正是一种理念。懦弱的半野蛮人对于那时在阳光下成长起来的最有才华的民族，由于它人口数量少而表示过蔑视，还竟敢抱有征服它的念头；而他们也确实征服过分散在亚洲居住的、与他们有兄弟般的关系的部族，使有教养的和自由的民族服从粗野的和没有创见的部族的法规，受到这类部族的令人愤慨的惩罚。这种丑恶行径不应不受惩罚；在出现正义的时候，关系就颠倒过来了，有教养的民族应该进行统治，野蛮人应该效劳。这一理念早在古希腊思想家中就已经萌发，到亚历山大时代曾经成为决定和支配个体生活的旺盛火焰。即便有人不向我指明在他的征途中倒下了千千万万的兄弟，即便有人不提到他自己英年早逝，然而，莫非在实现这个理念之后，他还能作出比死亡更伟大的事业么？

(I,8,230)

第四讲

尊敬的听众!

在上一讲中,我们阐明了一个原则,即合理生活的原则,这个原则是同我们描绘的第三个时代的生活原则截然相反的,它的实质在于:将个人生活献给类族的生活,或者像我们进一步规定的,献给理念。这一点是我们整个研究中最清楚的一点,对它进行更细心的探讨,我们认为是适当的。首先,我想向你们本人指出,对于为了实现理念而牺牲个人生活享受,你们不可能不赞赏,不钦佩,不深表敬意,因此,你们本身就必定不可根除地具有一个使你们自己作出这种判断的原则,它的内容是:个人生活必须献给理念,个人生存真正说来完全是子虚乌有,因为它是必须予以放弃的,相反地,只有理念中的生活才真的存在,因为唯有这样的生活才应当予以肯定和贯彻。我是根据下述原理来说明我假定你们具有的这种赞赏感的:任何生活都必须自爱,因而合理生活也必须自爱,而且是作为真实的、公正的生活自爱的,它超过其他一切的爱。但合理生活对人来说可以以两种方式存在和显现:或者作为对外在状态的描绘仅仅在表象中存在,或者它直接就是他自己的生活。在前一种情况下,合理生活正是在这种表象中自爱和自我欣赏的,因为这种表象至少是合理东西的表象,本身就是合理的,由此便产

生出那种赞赏、敬重和钦佩；在后一种情况下，合理的生活是在无限的自我享受中把握自己的，这种享受便是极乐生活。在上一讲中，我试图在你们那里引起前一种状态，即赞赏状态，并许诺在今天对后一种状态作粗浅的描绘。

在达到前一个目的时，为了不致在我的一大堆材料中发生紊乱和无所适从，而是用一个井然有序的统一的观点统帅我的考察，我说过：我们的时代据以建立和存在的一切伟大、美好的东西，都只是靠我们的先辈为理念作出的牺牲而实现的。我回顾了以往的变迁：大地由荒野状态变为可以耕种的状态，人类由战争状态变为 (I,8,231)
和平状态，由无知状态变为科学，由盲目畏惧神灵变为不畏惧神灵；在作了这些回顾之后，我已说明，前一种结果是由笃信宗教的人——至少在我们居住的国家是如此——造成的，后一种结果则到处都是由英雄造成的，不论是笃信宗教的人还是英雄，他们都为他们的理念牺牲了自己的一生和一切享受。当我正想就后一点可能提出的异议作出回答时，时间的流逝打断了我们那一讲的思路，现在我恰好又从这地方开始谈起。

人们可能会反驳我说，正是荣誉鼓舞英雄造成这样的结果；正是在同代人和后代人心中对于英雄的荣誉能够留下的那种强烈的印象推动他去努力拼搏，赴汤蹈火，并且用他的价值连城的钱财，为这样的荣誉慷慨付出他奉献的整个一生。我对此回答说，就算这个看法能够成立，但这种荣誉本身究竟是什么呢？别人对我们作出的评判的这种想法究竟从何而来？特别是，未来的世代对我们作出的评判的想法从何而来？因为未来世代的褒贬都将回荡在我们的坟墓上，我们不会听到；这个想法要用以抹杀英雄的个人生活的可怕力量从何而来？英雄的生活只有在全人类一致承认它有价值的条件下，才能对他具有价值，才能让他过下去，难道这条原则不是显然给英雄的信念奠定了基础吗？既然这样，难道这个信念不就已经直接是族类的想法，是类族本身对个体作出的评判中的想法吗？不是承认只有类族才能对真正的价值作出最终评判吗？难道这不就是一个前提，说这种最终评判有赖于对个体是否把自己献给类族的问题的回答吗？不是对来自这个前提的这种评判默默采取的尊重态度吗？扼要地说，这个信念不正是我们已经认为合理的生活本当抱有的那种信念吗？不过，还是请允许我们更进一步深入地研讨这个问题吧。

有人说，英雄的行动是为了在同代人和后代人中获得荣誉；我要补充说，他无疑是以确定的方式行动的，肯定没有预先询问过他们是否赞赏他的行动方式，也肯定不可能就这个疑问使用某种方式，从经验中得到劝导，因为英雄的行动既然是按照一种理念完成

(I,8,232) 的，就是一种崭新的、前所未闻的，因而还从未让人评判过的行动方式。然而有人说，英雄这么行动，肯定是想得到荣誉，所以他打定这个主意，不惜拿自己的生命作赌注。但是，他从何知道自己在这方面不会失算呢？既然他在行动，并在心中断然下定决心，要牺牲自己的一生，那就只有他本人，而没有任何别人，评判和赞赏过他的行动方式；他从何知道同代人和后代人将赞赏他的行动方式，使他享有流芳百世的荣誉呢？他怎么能如此勇敢地将他自己衡量可尊敬的事物的尺度加给整个类族呢？然而，英雄正是像你们说的那么做的；这就证实了一个唯一可能的说明：在他们对他作出应有的评判时，他之所以给同代人和后代人留下了他们必定会赞赏

和敬重的东西，绝不是靠得到他们赞扬的希望的策动，而行其所行，倒不如说是凭他那纯粹出自他自己前面的荣誉之源的事业；在他们的评判不反映他自己的那种永远令人欣赏的评判时，他创造的事业直至遭到毁灭，都会蔑视他们本人及其评判。由此可见，不是荣誉感创造了伟大的事业，而是伟大的事业才在人心中创造了对于人们愿意敬重的世界的信仰。诚然，一种表现于日常形态的、我们在这里不拟谈论的荣誉感，完全产生于畏惧耻辱的心理；这种荣誉感不求有功，但求无过，一俟可望无人知晓它有什么声名狼藉、遭人蔑视的事情，也就自行消失了。同时还有我们在这里同样不拟谈论的另一种荣誉感，这种荣誉感在一些古老的编年史书籍中才查到了过去备受赞扬的事迹，力求让我们仿效它，以期再受到赞扬；这种荣誉感没有能力创造新东西，而只是力求再现当年能生活得自由自在、健壮有力的干尸；这种荣誉感虽然也愿奉献自己，但它为之捐躯的东西不是理念，而是突然出现的怪念头；这种荣誉感达不到自己的目的，因为已经死去的东西绝不会生还，而且这种把自己视为创造者的模仿者即使没有遭到痴呆麻木的同代人的蔑视，也肯定会遭到后代人的蔑视。

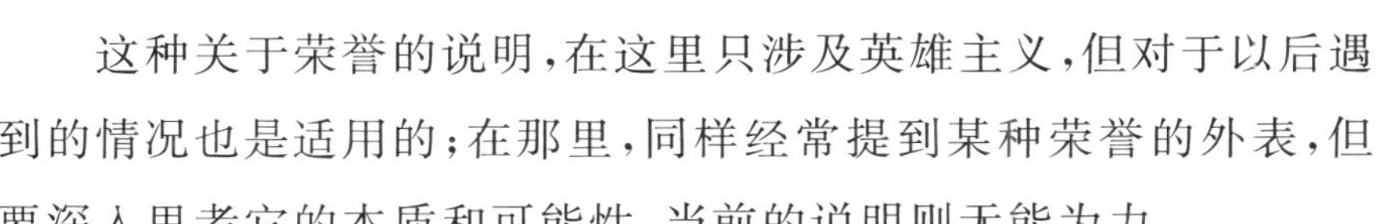

这种关于荣誉的说明，在这里只涉及英雄主义，但对于以后遇到的情况也是适用的；在那里，同样经常提到某种荣誉的外表，但要深入思考它的本质和可能性，当前的说明则无能为力。

我们在前一讲中说过，科学给先前胆怯的、受一切自然力量束缚的野蛮人揭示了他的内在本性，使他周围的外在自然服从于他。是谁发明和发展了科学？他们不付出辛劳，没有献身精神，能做到 (I,8,233)
这一点吗？为这样的奉献给过他们什么奖励呢？

当他们周围的人都在欢乐地享受自己的人生的时候，他们这些开拓者却正在为了发现某个规律、某种引起他们的惊异的联系，而沉溺于孤独的冥思苦想之中，他们在这样做的时候，除了发现规律和联系，再没有任何别的希求；他们牺牲种种享受和财富，而不关切自己的外在事务，他们耗尽自己生存时期最美好的精神力量，而被众人嘲笑为傻瓜和空想家。——像我们提到的，他们的那些发现在各个方面都对人类生活大有裨益，可是他们享受过他们辛勤得来的这些成果吗？他们看到或猜想到这些成果吗？确切地说，当别人以这样的眼光对待他们的工作，打断他们的精神展翅高飞的进程时，他们对于亵渎神圣事物，使之用于世俗生活——他们当然始终不清楚，这种生活用途同样必须被赋予神圣的目的——的行径，就没有发出真正引人注目的怨言么？只有在他们的那些发现经过他们的努力，变得很容易理解，得到很广泛的传播，以致连天赋不高的人都能加以应用以后，他们才在这个方面绝对不会受到这些抱有完全不同的观点的人们的蔑视；这些把他们的发现应用于生活需要，从而把人类武装得胜过大自然的人们，应当认识到自己并不具有他们那么高的禀赋。由此可见，无论看到，还是猜想到他们的发现的有用性，在过去都不能使他们得到补偿，但究竟有什么东西补偿过他们作出的牺牲呢？如果在今天还有人作出同样的牺牲，不为此要求得到某种东西，屡遭众人的嘲弄和讥笑，而完全把自己的目光盯住永不枯竭的真理源泉，在今天还会报偿他什么呢？——这种报偿在于，这些人完全沉浸于清晰和透明的精神新生活氛围中，因而不能在另一种氛围中享受生活。他们发现了一个更高的世界，这个世界首先以其固有的、内在的光芒深深地吸引着我们；这种光芒具有令人心旷神怡的外观，从而吸引了他们的目光，所以，他们除了向往这个在深夜中唯一闪光的顶点，永远不可能向往任何别的东西；这种光芒使他们的整个一生都倾心和专注于他们的这种目光所及，所以，他们的其他一切官能都悄然消逝了。他们不需要任何报偿，他们创造了一项不可估量的收益。

我们说过，一个仇视人类的神灵的可怕怪影消逝了，人类摆脱
这个怪影，获得了平静和自由。是谁消除了这个普遍流行、在一切 (I,8,234)
民族中如此根深蒂固的幻想的呢？消除这种幻想，不要作出牺牲吗？对这样的牺牲报偿了什么？

唯独基督教实现了这个奇迹，它通过它的忠实门徒和受它感召的人的每次牺牲体现了这个奇迹。我不想提到，在世纪演进的漫长序列中，这种宗教与其崇高的创始人有什么作为，他的最直接的见证人与其直接继承者，直至他们的诺言传到我们这些后生晚辈，又有什么作为；我也不想提到，他们在那些愚钝、迷信的民族——唯有能带来幸福的真理使它们振奋，进入了它们内心，支配过它们的生活——当中忍受过什么。诚然，现时代很喜欢回想这类事情，也常常谈论这类事情，为的是嘲笑他们的幻想只有靠基督教，靠它产生和引入世界的非凡奇迹，才实现了转变。自从真理被宣示出来，经过无数追随者的支持也成了权威之后，人们可以通过冷静的思考追寻它的基础，用他们固有的理智重建它，并且以这种方式在一定程度上再发现它，这是完全可以解释和可以理解的。但是，第一个人是从什么地方得到勇气，敢于审视那个无所不在的、全人类迄今都一致视为神圣的怪影——仅仅有这个想法就足以把人吓得呆若木鸡——肯定这个怪影不存在，而认为只有爱和

极乐生活才存在，这却是个奇迹。至于具体地说到现时代的代表人物，那么，从他们的作出判断的想象力和机智的其他试验来看，完全可以肯定，他们之所以至今还没有对呆板的偶像呈现出自己难受的面部表情，没有把自己的孩子抛入火海，充当莫洛赫神的祭品，这不应当归因于他们的这种机智，而应当仅仅归因于他们在他们的迟钝目光所及的一切地方，没有察觉他们嘲笑过的传统的影响，连猜想也没有猜想到这种影响[7]。

尊敬的听众，你们是否能不对所有这些事例表现出来的那种为了理念而牺牲个人生活享受的作为表示赞赏，这正是由你们自己回答的问题，同样，从这些现象得出依照我们先前的分析得出的结论，也是由你们完成的工作。

依照这种分析，这种赞赏就是以单纯的表象把理念中的生活
(I,8,235) 作为外在状态加以看待的直接结果；这种生活本身的存在，如我们补充说的，提供了一种无限的自我享受，它便是极乐生活；我们曾答应对这种状态给予描述，当然，它也像对于活生生的东西的任何描述一样，可能只是得出脆弱的、苍白的结论。

理念作为理念，就其真正的本质说是什么？这里正是首先要更明确地解释清楚的地方，我们先前的解释都是想为这种解释作准备的。

我断定，理念是一种**独立的**、**在自身有生命的和赋予物质以生气的思想**。

首先，它是一种**独立的**思想。第三个时代的错误观点以及所有一般的错误观点恰恰在于，它们把独立性，即以自身为依据和存在于自身的性质都归于僵死的存在，然后又把多余的思维附加物，不知为何，也不知从何而来，加给这个存在。不，思维本身是真正的、唯一的独立东西，是以自身为依据的东西；不言而喻，它不是那种需要具体的、能思维的个体——这种个体确实不会独立——的思维，而是唯一的和永恒的思维，一切个体在这种思维中都不过是被思维的东西。世界的根源不是死，这种死必定是通过渐渐减少死的程度才被乔装为上升到生的，不如说，世界的根源是生，一切看来是死的东西只是程度较小的生。第二，它是一种有生命的思想，这是不证自明的，因为思想就其本质说是活生生的，犹如独立的东西就其本质说是活生生的一样；因此，思想只能被设想为独立的，独立性只能被设想为属于思想的，因为独立性和思想都带有生命。第三，它是一种赋予物质以生气的思想，这有两重意思。其一，所有物质中的生命都是理念的表现，因为物质本身在其具体存在中都只是我们的肉眼见不到的理念的映现，由此产生了寓于物质本身的活跃性和生动性。然而，如果理念发生断裂，以显而易见的、可以理解的方式表现为理念，把自身裂变为固有的、以理念本身为依据的生命，原来隐蔽的理念中的低级生命便逐渐消失，而油然产生出高级生命；只有这种高级生命才萦回于个人的心中，在个人之内促成他自己的生命。一句话，这就产生出在我们所有以往的叙述中都出现过的一种现象：牺牲个人的生活，即牺牲理想模糊 (I,8,236)
的生活，以成全明确的、作为理念表现出来的理念的生活。所以我说，生命不是肉体，而是精神[8]，这就是生活或生命的实质所在；任何一个以某种形式把明确的理念当作生命的人，都以他自己的生存验证和阐明了这个由思辨哲学家用逻辑必然性的方法证明的基本真理，即使他没有清楚地意识到这一点。把这个以自己的生存

得到的直接证明上升到意识，使每个人都确信它的真理性，是通俗哲学报告的任务，而在这里就特别是我的任务。

我们曾说，凡在理念表现为一种固有的、独立的生活的地方，低级生活、感性生活便完全溶于理念，在理念中被吞没和消耗了。这种低级生活对自己的爱和对自己的关切确实被消灭了。然而，一切需求只产生于这种关切的存在，并且一切痛苦只产生于对这种关切的损害。理念中的生活永远获得了保障，不受对这个领域的一切损害，因为它已经退出了这个方面。对这样的生活来说，绝不再有什么自我否弃和牺牲：必须否弃的自我和必须牺牲的客体，都已从它的视线中消失，不属于它的爱的范围。只有那些还看重客体的人，才会对这种否弃和这种牺牲感到惊异，因为他们本身还没有放弃这些客体；但是，只要我们放弃它们，它们就变成子虚乌有，而且这时我们发现，我们什么也没有丧失。对于理念中的生活来说，严肃地要求执行的职责命令已被扬弃；这种命令以愉悦为前提[9]，它之所以存在，只是为了把欲望从一开始就吓得退入秘密的内心深处，以便理念赢得发展其生活的地盘。只是迈出这第一步是要付出代价的。一旦人们迈出了这一步，先前作为严肃的职责具有威慑作用的事情，此刻就成为人们唯独还想从事、唯独还想为之生存的事情，即成为一种愉悦、爱和极乐生活。所以，只有无知，人们才会相信一种深刻的哲学打算复兴那种主张苦行禁欲和上十字架的蒙昧伦理学。呵，不！这种哲学是想恳请大家丢开那种不提供任何享受的东西，以便一种给予无限享受的东西能够来到我们这里，感动我们。

理念是独立的、自己满足自己的和自己产生自己的。它要生

活，它要生存，完全是为了生存而生存；它鄙弃它的生存中的一切可能处于它自身之外的目的。因此，它珍视它的生活，热爱它的生活，绝不以它的生活会带来的某项功利、好处或利益的外在尺度为依据。正如在整个人类中它绝不追求世俗福利，而只追求绝对尊 (I,8,237) 严——不是作为福利条件的那种尊严，而是完全自为的尊严——一样，在它表现于个人生活的地方，它自身完全满足于这种尊严，而无须考虑成败。它不以成败为转移，它如同放弃感性欲望那样放弃功利，所以，对成功的毫无把握就绝不可能搅浑它的内在清晰性，而真正的失败也从来不可能引起它的痛苦。悲伤、痛苦或干扰怎么能进入这个自我封闭的生活圈子呢？

理念对于生机勃勃的、积极主动的生命是独立自主地存在的，这种生命在理念那里永远源于自身，不需要某种别的东西，不允许某种别的东西对自己发生影响。这种永远直接在眼前的独立性的自我感，这种对于永远不间断地从自身产生的活动的自己满足自己的自我感，——这种永远消耗自己、永远靠不变的力量支持的火焰的威力是合理的生活对自己的爱，是它的自我享受和极乐生活，而绝不是在观察和直观它自己的优势中产生的那种空虚的苦思冥想，因为在这里，观察已被存在吞没，而现实生活的不断熊熊燃烧的火焰则要把一切以往的东西扫除殆尽和置诸脑后，为的是在每一瞬间都能重新再生，因而既不给这样的观察留有时间，也不给这样的观察留下依据。

关于理念中的极乐生活的诸如此类的叙述和描绘，对于一个理念还没有以某种形式浸透其生活的人说来，必定完全不可理解，觉得都是来自另一世界的声音——因为这样的人除了自己的世界，必然否定任何另外的世界——都是梦幻、蠢话和空想。可是，难道在有教养的社会中就不能有若干把握指望每个人都以一定的形式受到理念的触动吗？

正如理念的本质一样，理念中的极乐生活也到处是一样的和不变的，即对纯粹的和完全从自身产生的原初活动的直接感受。只有在各个客体的方面才有统一的理念的不同形式，这种原初活动是在我们的感受和我们的意识的范围内流入和表现于那些客体的，而这些不同的形式可以叫作不同的理念。我要明确地说，这种
(I,8,238) 流入和表现是在我们的感受和我们的意识的范围内发生的，因为只有在意识之内才有理念的各种表现，而在意识之外理念则只有一种表现。

这种原初活动在人类中过去发生得最早、现在传播得最广的第一种流出方式，是它借助我们固有的物质力量，流入我们之外的物质的方式；这种流入物质的方式即构成**文学艺术**。我说的原初活动的流出，仅仅发诸自身，自己满足自己，而绝不以外在世界中的经验和观察为依据；这种观察只提供个体的，因而并不高尚的和丑陋的东西，这种东西在现实中存在那么一次也就太多了，因此，人为地重复和复制它，就会作出一件不妙的工作。我说的我们之外的物质，不管是哪种，反正都一样有效；或者是消失于理念的人物的有形表现被固定到大理石上去，被描绘到画面上去，或者是受理念鼓舞的内心活动被表现在声音中，或者是这种人物内心的感受和想法被完全如实地用言辞表述出来——这一切都是原初活动流入物质的方式。

我们所说的意义上的真正的文学艺术家，在从事他的文学艺

术创作的活动中一定会沉浸于对上述极乐生活的最高享受，因为在那时，他的本质已经化为自由的、自己满足自己的原初活动，化为对于这种活动的感受。无论对什么人，条条道路都敞开着，使他能共享文学艺术家的作品；由于这样，他就以某些方式，在很大的程度上成为参与创造这种作品的人，至少，他以这样的方式认识到有一种享受远远超过任何感性享受。

理念的另一种更高的、浸透到少数人的生活中的形式，是原初活动流入人类的社会关系——这是世界公民理念的源泉；这在生活中是英雄主义的生身母亲，是人与人之间的一切法权和秩序的创始者。这种理念能赋予何种力量，我们已经说明；它能使忠于它的人心感到何种极乐，从以上所述就可以得知；在你们当中，谁能想到整个人类和祖国，谁能忘掉自己而报效它们，这是他可以亲身体验到的。

理念的第三种形式，是原初活动完全出于自身，即出于思想，而流入建造和重建整个宇宙的工作，或者说是科学，因为在科学出现于人们中间的时候，科学在其本质方面恰恰就是我刚才谈过的东西，而且将永远是这样的东西。这种科学给促进了它的发展的 (I,8,239)
人们提供了何种高度的享受，上面已作了叙述；这里仅仅还需要补充说明，与任何其他来自理念的享受相比，对于科学的享受更有智慧，因而也更为深入和高尚，因为理念在这里不仅是存在的，而且是作为理念，作为显然源于自身的内在思想被感受和被享受的；这无疑就是极乐生活，这种生活尘世的凡人都能享有。科学只有在它对外的影响方面，不如文学艺术：文学艺术以隐而不显、合人心意的魅力在精神世界中也能把非文学艺术家顷刻间提高到自己的

水平，让他们预先领略文学艺术的享受，而科学的奥秘则谁也无法掌握，除非他本人揭开了这个奥秘。

最后，理念的包罗万象、能容纳一切、把一切都完全带给每个心灵的形式，是一切活动和一切生活都有意识地汇入一个可直接感知的生命之源，即上帝；这便是宗教。谁直接地、确信无疑地领悟了这个意识，在心灵中形成了他的一切其他知识、思维和知觉，谁就获得了永远不会失去光泽的极乐生活。不管他的遭遇如何，它总是出于生命之源的生命形式，它在任何形态中都是神圣的、美好的，他不可能不爱它；如果他用另一个说法来表达，它就是上帝的意志，他的意志与上帝的意志永远是一个东西。不管他的事业如何，它多么艰难，看起来多么微不足道和平庸无奇，它总是生命之源在他身上体现的生命形式，能够成为生命之源的表现，构成他的极乐生活；它是他体现的上帝意志，能够成为这个意志的工具，使他感到愉悦。谁以这样的信念、这样的爱耕耘自己的田地，谁就较之不抱这个信念移山的人无比地高尚、无比地幸福。

尊敬的听众，这就是用来描绘统一的合理生活的一些素材。这种合理生活的草图，我们在前一讲和这一讲中已作了勾画。现在请允许我把这些素材归纳起来，构成一个统一的整体。

对于统一的、永恒的原初活动的印象已经在我们意识之内分裂为各种不同的形态，我们已经指出其中的一些最重要的形态，然而它们在这种直接意识之外却完全是同一个统一的原初活动，这是我们说过的。凡在这种统一的活动以它们当中的某一形态表现于生活的地方，它总是以这种形态和通过这种形态完全包容自身，
(I,8,240) 完全钟爱自身，完全发展自身，只不过它本身是无意识、无意志的；

这种统一的活动在所有的地方都不是不同的，而总是同一个活动，以所有这些形态多次重复出现；这种统一的活动无论在什么地方都是同一个源于自身的生命，不断地在其统一中重新产生，在其运动中通过统一的时间之流逐渐展开。出现于文学艺术的形态的这种统一的理念，给我们周围的生活环境打上沉醉于理念的人类的外在烙印，而它这样做的目的——它是否意识到这个目的，无关紧要——只是为了使未来世代的人们刚一步入生活，在周围就会有庄严的事物，这种事物通过某种合人心意的力量培育他们的外部官能，从而有力地促进他们的内在世界的形成；因此，在文学艺术的形态中，整个理念都是全力以赴，作为整体为其自身工作的。或者，这种统一的理念出现于宗教形态，出现于使一切世俗事务都沉湎于统一的和永恒的、永远纯洁、美好和极乐的生命之源的形态，那它又会抱有什么目的呢？哪个高尚的人在不再受尘世生活的引诱，因而完全认识到这种生活毫无价值以后，还会下定决心，不涉及宗教展示给他的那个统一、永恒、常在的东西，而继续过这种生活吗？所以，正是统一的、完整的理念在这种宗教形态中呈现出它自己和它的最后的基地，并且完全解决了它所引起的各种信念之间的通常不可解决的矛盾，解决了它不能不分派的各种任务之间的这类矛盾。我们提到的理念的每个具体形态和可能的形态，也是如此；我想把这个课题的完成留给你们自己去思考。

所以我说过，永远能完全包容自身、入乎自身之内生存和出乎自身之外生存的统一的理念，是通过统一的时间之流展开的。我还要补充说，它在这个时间之流的每个瞬间，都完全包容和贯穿自身，如同它在整个无限的流动过程中一样；它是永恒的，并且总是

无时不在的。在这个理念中每个瞬间发生的东西之所以存在，都只是由于业已消逝的东西**在以往存在过**，和将来不断生成的东西**应当存在**。在这个系统中没有任何东西会丢失。一些星球造就另一些星球，一些时代孕育着一些新的时代，新时代可供考察以往的时代，揭示其中隐藏的因果联系。这时坟墓打开了——不是人们用土堆积起来的坟丘，而是难以看穿的黑暗的墓葬群，在我们最初的生活的周围遍布了这样的墓葬群，理念的各个强有力的官能就是由这种生活产生的，它们用新的眼光看到，它们开创的东西正在(I,8,241)完成，它们理解得片面的东西是完整的；每项还很不引人注目的业绩都产生出来了，它是由于相信永恒东西而完成的[10]；过去在这里受到束缚、被禁锢在大地上的秘密渴望，现在依靠丰满的羽翼一跃而上，在新的以太中翱翔。

总而言之，这就像僵硬冰块的每个原子在不久以前还牢牢地封闭在自身，严格地排斥每个邻近的原子，当春天的气息使大气变得生机盎然时，它就不再能保持不变了，而是融入了一条唯一的、能够穿透的和自身运动的暖流；这就像过去被分割开、在分割中只表示死亡和毁坏的自然力量，现在相互合流、相互拥抱与相互渗透，在相互渗透中给所有的感官都敷上了化瘀活血的香膏；因此，整体不会由于精神世界散发的那种表示爱的香气而分崩离析，因为在这个世界里从来没有冬天，相反地，整体是，而且永远是深藏在这个世界中的。任何单个的东西都不能自在自为地生存，而是一切都生存于整体中，这个整体本身为求得新生，不断地在不可言说的自爱中死去。精神世界的规律是这样的：凡是感觉到了自己的具体存在的存在者，都应当为那种需要无限地增强的存在而牺牲；这个规律是不可阻挡地起着支配作用的，而无须期待任何人的同意。差别仅仅在于，要么我们甘愿像动物那样，让人捆绑着脑袋送上断头台，要么我们是自由的和高尚的，充分享受着根据我们的情况发展的生活，在永恒生命祭坛上献出自己的生命。

尊敬的听众，这就是我们必然的归宿。不管愿意与否，不管有无疑问，我们大家都受这神圣的立法的支配；如果利己主义者相信他可以仅仅为自己活着，那只不过是他在发高烧时头脑里做的一场噩梦；他并不能用这场噩梦改变事实，只不过是他自己做了错事。但愿昏睡的人们在抚育我们成长而走向永恒生活的摇篮中有时能靠这种生活清醒过来，做一场令人愉快的梦！但愿有光明和白昼的消息能不时地传入他们的耳际。

(I,8,242)

第五讲

尊敬的听众！

我们过去偏离开直路，希望从岔开的地方阐明我们的观点，现在我们从这个地方返回来，又走上了从事我们的研究的那条直路。让我们再一次整个地综观一下这项研究的课题。

人类的尘世生活的目的，是自由地、合乎理性地建立自己的一切关系。如果这是通过自由，通过一种被类族意识到的、被视为类族自己的自由活动的自由完成的，那么，在类族的这个意识中就假定了一种还未有这种自由的状态。这绝不是说，这时的类族关系一般都不是被合乎理性地建立的，因为如果这样，类族就不可能存在，而只是说，这种从属关系不是通过自由实现的，而是通过作为盲目力量的理性，即通过合理本能实现的。本能是盲目的，因此必定存在着同它对立的自由，即一种关于理性规律的科学，类族本该按照这些规律，使用自由的技艺来建立自己的关系。而在这种情况下，类族为了能达到理性科学，为了能由此达到理性技艺，就必须首先摆脱合理本能的盲目冲动。然而，既然这种本能是作为人类本身的盲目力量起支配作用的，人类就不可能不爱它，也不可能想要挣脱它。所以人们希望，这种本能不在人类本身起支配作用，至少不普遍地起这种作用，而是仅仅作为个别人的罕见本能由外在权威和外在力量强加于人类的，人类这时要反对这种外在权威，要直接使自己摆脱这种权威，同时也间接摆脱以本能形态出现的理性，但由于这种理性还不是以其他形态存在的，所以人类也就要 (I,8,243)
摆脱任何形态的理性。

于是我们根据这个原理，得出五个唯一可能的、能穷尽人类的整个尘世生活的主要时期或时代。(1)无须进行强制，不必付出辛劳，人与人的关系仅仅依靠合理本能加以安排的时期；(2)这种本能已经变弱，只表现于少数出类拔萃的人身上，被这些少数人变为一种对大家有强制作用的外在权威的时期；(3)这种权威同那种采取迄今存在的唯一形态的理性一起被否弃的时期；(4)采取科学形态的理性普遍传播于人类的时期；(5)技艺与这种科学被结合起来，以便确有把握地按照科学塑造生活的时期；这时，通过这种技艺，人与人的关系的合理安排得以自由地完成，整个尘世生活的目的得到实现，而我们的类族也进入了另一世界这个更高的领域。

刚才在第三点提到的时期，是我们在这几讲中作为主要课题加以描绘的时期；按照我们的假定，现时代就正好属于这时期；至于作出这个假定的根据充分还是不充分，我只好留给你们去评判了。

这第三个时代公开反对一切盲目的合理本能和一切权威，它提出了这样一个准则：除了它理解的——当然是靠已经存在的、它不费任何辛劳就继承下来的健康人类理智直接理解的——以外，绝对不承认任何东西。要对这个时代的整个思想观点体系有一准确的概述，必须阐述它当作衡量其一切思想观点的尺度使用的这种理智。

这一点我们已经做过了。理性不论表现于何种形态，本能的形态也罢，科学的形态也罢，都始终以类族本身的生活为目的；理性在被扬弃和消除以后，剩下的也不外是单纯个体的、个人的生活；因此，对于摆脱了理性的第三个时代来说，就只剩下了这样的生活；凡在它自身真正成熟，获得了连贯性和清晰性的地方，它就什么也没有了，而只剩下一种纯粹的、赤裸裸的利己主义；由此可
(I,8,244) 以极其自然地看出，第三个时代生来就有的、持续存在的理智完全不可能是别的，也不可能包含别的，而只不过是增进它个人的利益的机智罢了。

维持个人生活、使这种生活过得舒适的那种手段，只有通过经验才能取得，因为不论是动物固有的本能，还是以类族生活为唯一目的的理性，都不会传授这种手段。由此便产生了这个时代的一个典型特征：过分赞颂经验，把它视为知识的唯一源泉。

由此也进一步产生了对于科学、技艺、人与人的社会关系、道德和宗教的观点，而我们已经把这些观点作为在这个时代同样占主导地位的特征推论出来了。

总而言之，这个时代始终具有的基本特性和主要特征是：这个时代的任何真正的产物，它所想的一切和所做的一切，都只是为了它自己，为了它自己的利益；但是，一种合理生活的原则却在于，每个人都应把自己的个人生活奉献给类族生活，或者说，在后来发现类族生活进入意识并在个人生活中变成力量和冲动的方式叫作**理念**的时候，每个人都应把他的个人生活、他的一切力量和一切享受献给理念。为了通过与合理生活的这种对比，把我们对第三个时代的特征完全描绘清楚，我们在前两讲中已经对这种合理生活作了较为详细的描述，现在我只需要在这方面再补充以下几点说明。

第一，在生活只着眼于个人还是奉献给理念的上述差别中，包含着反理性生活与合理生活之间的一般差别。在这里，就合理的生活来说，完全无关紧要的事情是：这个理念是在第一个时期作为模糊的本能从内部显示出来的，还是在第二个时期被外在强制权威引起的，或是在第四个时期鲜明、清楚地存在于科学中的，还是在第五个时期作为同样清楚的合理技艺起支配作用的。第三个时代不是在这方面同其他任何一个时代对立的，而是作为在内涵方面完全反理性的时代同所有其他时代对立的，其他的时代就其内涵说也同样合理，只不过总是采取了不同的外在形式。

我们在上两讲中指出的理念的一些特殊表现和作用，都仅仅是以模糊本能的形态出现的，因为我们这里所描述的是先行于第三个时代的、使第三个时代的存在成为可能的那个时代；而以往所有的时代都还没有上升到理念能以清楚的意识得到表达的阶段。(I,8,245)

为了避免一切误解，这个差别必须予以明确。

其次，有人也许会仇视关于这样一种为理念牺牲一切的思维方式的描述以及这思维方式本身，在内心里对它表示愤怒，因而就试图诽谤它，把它宣布为矫揉造作——这显然总是对于他本人而言——难以置信的幻想。去同这样的人做斗争，我们无能为力，即使我们有能力，我们也不愿意这么做。这样的呼声愈多、愈响亮、愈公开，人类非这样那样经历不可的思维方式就发展得愈充分、衰落得愈迅速，我的那些论断的正确性——我可以补充这一点——也就愈清楚。不过我期望，这种意见能真诚坦白、毫不掩饰、毫不含糊地表述出来，我愿尽我的所能，消除对方借以掩盖其本来意图和实际行动的一切托词。所以，为了打破那种认为我的演讲不好理解，如果讲得明确，就可以得到赞同的托词，我愿作一切努力，而且我意识到，迄今为止，我为此已经作了一切努力。这些讲演完全像我作过的那样摆在这里。德语的词意，思想的格局，对每一思想用其他思想所作的全面规定——无论一篇演讲的清晰性有赖于哪个部分——都有其十分明确的规则，而这些规则是否得到遵守，什么时候检查都为时不晚；我个人以为，我在这里除了我恰好想说的东西以外，没有说过任何别的东西。不用说，对一个有意真正说出点什么的口头报告，必须从头至尾，把它的所有部分都听下来。在听讲者可能没有听清楚的地方，他只要愿意，重听一番，也总能听懂讲课者的意思。——这时肯定在整体上听不懂，而只是摆脱了一切老生常谈，就像打谷场上扬弃糠秕一样。我想用两个有幸选中的虚拟事例说明这一点。首先，如果有人满脑子都是荒诞的、在现代才产生的混乱术语，按照这种术语，任何想法随便变换花样，

也都可以称为理念，而且从这样的角度出发，对某条板凳或长椅的理念都不让提反对意见；如果这样的人认为一切进入人的感官的
(I,8,246) 东西便是理念，因而对于我们会如此推崇为理念而牺牲生命，对我们会据此说明两类完全不同的人的特征表示惊奇，那么这当然表明，这样的人对于迄今所讲的一切仿佛一无所知，但这不是我们的过错。因为我们已经尽一切努力，严格区分了通过经验途径进入单纯强调感性的人的理智中的**概念**，与完全无须经验而靠独立自主的生活，在受到鼓舞的人心中激起的**理念**。

其次，如果有人仍然沉湎于某个关于个体性、关于美妙的、可爱的个体性的口号，这个口号对于另一类人来说同样很难说清，但又是由包括另一类人在内的概念模糊、想得美妙的能人传播开来

的，如果这样的人不可能把我们无条件地摒弃任何个体性的要求同个体性概念中终究还可能有的真东西结合起来，那么，这样的人就仿佛完全没有察觉，我们把个体性理解为个体的感性存在，而这个词也当然只表示这个意思；这绝不是否定，而是明确地提示，在每个具体的个人中表现于生活的那个唯一的、永恒的理念，完全以崭新的、从未有过的形态显现出来；而且这是完全不依赖于感性本性，而由理念自身和它固有的立法规定的，因此，这绝不是由感性个体性规定的，而是消除这种感性个体性，唯独由它自己规定理想的个体性，或更准确地说，规定独创性。

最后，我们还想就这个课题谈一点看法。我们在这里绝不敢俨然以教育者的腔调讲话，也绝不敢采用强迫人们同意的演示形式，而是对不抱偏见的听讲者只限于采用通俗讲演这个简单的名称，并且对他们只限于提出适当的要求，即通过这种讲演，以得体的方式为他们消愁解闷。然而，倘若有人出于某种原因喜欢争论和评判，想在这里施展这套做法，那就让他记住：尽管我们的讲演看来似乎很容易，我们已经用一连串的论据围住了他，面对这一连串的论据，他还必须好生想一想，他想首先突破其中的哪个环节。假如他信口开河，说所有这种为实现理念而奉献生命的精神，似乎都是我们自己一厢情愿地臆想出来的虚构，那么，我们已经从历史上证实，自古以来任何生活都是在理念中度过的，现在世界上存在的一切伟大和美好的东西，都是这种生活方式的产物。或者，假如 (I,8,247)
他信口开河，说即便情况果真如此，那也只是一种过时的愚蠢和狂热，已经被我们的启蒙时代所抛弃，那么，我们也已经证实，如果唯有他不禁违背自己的意志，对这样的行动方式违心地表示惊异和

尊重，他自己作出这种判断的根据就必定是这样一个原则，其内容为：个人生活必须为理念作牺牲；所以，按照他们自己的这种认可，这样的行动方式是受到直接在我们内心表示的理性呼声的赞同的，因此绝不是什么狂热。既然这两种情况都是不可能的，他就没有别的办法，只好大喊大叫地承认：他自身从来没有发觉像尊重感和惊异感这样特别的感觉，他从来没有遇到需要尊重的事情；只有这样，他才可能取消那个在此构成我们的首要前提的原理，从而取消由这个前提得出的一切结论，而我们也许就完全对他满意了。

详细叙述第三个时代是我当前的课题，在这个过程中，我也许应当按照大多数思考过这问题的人的意见去做，从而阐明这个时代对前一讲中描述的唯一的理念的各种特殊形式的关系；在第二讲中差不多也是按这样的方式作了对于这个时代的总的描述的。

然而我还在那时就已经提出，今天也仍然要再次提到，这个时代的基本准则，是除了它理解的东西以外，什么也不承认；所以，这个时代的立足点便是概念。那时我也指出过，只要这个时代只是模糊地按照这个准则办事，它就还没有真正构成一个时代，还没有意识到自己是一个特殊时代；只有在它自身按这个准则弄清和理解了自己，意识到自己是最高的时代之后，它才能真正得到理解。因此，这个时代在其本来的、孤立的具体存在中是一个**概念的概念**，并且具有科学的形式；当然，这只是空洞的科学形式，因为它完全缺乏唯独能赋予科学以内容的东西，即缺乏理念。所以，我们要从根本上理解这个时代，首先必须谈到它的科学体系。在描述这
(I,8,248) 个体系的过程中，同时也阐明它对于理念的基本形式的观点，作为这个体系的必要部分。

为了使你们立刻详细展望你们要在这里期待的东西，我想补充说明我迄今尚未提过的下列划分根据。除了现时代理解——当然是通过单纯强调经验的经验概念——的东西以外，什么也不承认，这就是它的准则；所以，在它足以强而有力地、首尾连贯地立足于自身的地方，它也会把这个准则制定为它的科学原则，也会按照这个准则评价一切科学方法。然而也可能不乏这样的情况，那就是另一些人并不那么强烈地为现时代所吸引，同时也没有看到新时代的曙光，他们感到这个准则无限的空虚和肤浅。他们以为，为了获得真理，必须把虚假的东西恰好颠倒过来，因而就把明智定为不可理解、弄不清楚的东西本身。这些人在其全部看法中也是从现时代出发的，他们只不过是这个时代对自己的反作用，所以，尽管他们有直接对立的原则，也同样像以前我们研究过的这个时代的代表一样，是这个时代的产物，虽然在另外的条件下他们也许是旧时代的残余；谁想把握这个时代的科学，他就必须制定两个原则，并像我们往后做的那样，从中得出结论。

不过，还缺少一个概括的说明，在描述现时代之前，我必须先作出这个说明，那就是：我所谓的第三个时代是否恰好就是我们的时代，我从这个时代的原则经过严格的推论得出的那些现象是否在我们眼前发生，像多次说过的，我已经交给你们当中的任何一个人去判断。不过，有人在作这种判断时，也许需要摒弃这样一种想法：即使不能否认事实当然会如此，这也终究不是我们时代的根本特征，因为事实从来就是如此。在这个方面，我将就人们可能这么设想的现象，提到当时事实并非如此的时代。

我们对第三个时代的科学状况的描述，将从描述它的形式，即 (I,8,249)

它的持久的基本特性开始，它的一切本质仿佛都体现于和作用于这些特性。现在我们就来推导这些基本特性。

理念在它表现于生命的时候，能提供不可估量的力量和优势，是力量的唯一源泉；因此，一个缺乏理念的时代会成为一个软弱无力的时代；它还在从事的一切，表现它的生命象征的一切，都完全是苍白的、虚弱的和无精打采的。而且——就我们这里专门谈到的这个时代的科学而言——它既不受任何一个对象的强烈的吸引，也不强烈地钻研任何一个对象，而是像受一时的情绪或其他的激情的支配那样，今天抓这个对象，明天抓那个对象，都只谈某种表面的东西，而从来都啃不透任何一个对象，把它的内在本质展现出来。它对于这些对象的看法，受各种联想的盲目倾向的支配，时而倒向这里，时而倒向那里，总是停留在这种一般表面的和可变的现象上；它的基本原则是：真正的明智就在于这种轻率从事的态度。被理念的科学形态所吸引的人则不是这样。科学给他展示出一个统一点，使他的整个生命和全部力量都专注于这个点，直到他完全明白这个点，从他那里对整个知识世界放出新的光芒；至少，从前有过这样的人，而科学从来也不像第三个时代必然会使它成为的那样，就这么肤浅，这么脆弱，这是古代的数学发现起码可以证明的。最后，在这个时代的书面或口头的叙述中，也暴露出这种平庸和脆弱的性质。在这个时代作出的表述中，从来也未能显示一个有机的整体，它的各个部分都发源于一个中心点，同时又回归到这个中心点，相反地，这类表述如同一盘散沙，其中的每一粒沙本身就是一个整体，所有的沙粒都仅仅是由空气结合在一起的。也许，按照字母顺序来表述科学，就算得上是表述这个时代的杰作

了[11]。——因此，在这种表述里绝不可能有明晰清醒的语言，要替代它的是令人乏味的解释，而这种解释就在于反复讲同一件事情。(I,8,250)当这个时代真正有了力量的时候，这种表述方式甚至也会理解自己，把自己树立为典范，以致从此以后，既不必给读者提供什么思考的东西，也不必唤起读者用某种方式从事自己的活动——这似乎是强加于人——就被看作是一种文雅；这时被视为经典之作的是这样一些作品，这些作品是任何人不管其教育程度如何，都能读得懂的，而且他读了之后，能依然故我，同读之前完全一样。然而，那种必须表述理念的人，那种受理念的促使而作出表述的人，则不是这样。不是他自己在说，而是理念在他之内以其寓居的全部力量在说或在写；而且，只有这样一种报告才是好报告，在这种报告中不是报告人要叙述对象，而是对象本身在表述自己，并通过报告人的器官用语言刻画自己。从前至少有过这样的报告，人们从来都不怕使读者或听者兴奋起来，这是迄今还保留的古希腊罗马时代的作品可以证明的；当然，具有连贯性的第三个时代是拒绝研究古希腊罗马时代的作品的，并力图使钻研这些作品的语言的风尚变得不时兴，以便它可以靠它的作品独领风骚和享有盛誉。

理念，唯有理念，能充实人心，能满足人心，能振作人心。一个时代缺乏理念，必然会感到莫大的空虚，这种空虚表现为无穷无尽、永不根绝和周而复始的无聊；这个时代注定要经受这种无聊，也铸成这种无聊。这种令人不快的感觉促使它去寻求它以为能克服无聊的唯一东西，即寻求诙谐[12]；这或者是为了它自己能享有这种诙谐，或者是为了能不时地用诙谐打断别人的无聊，能在它的紧要关头有时向那茫茫荒漠撒下一粒开玩笑的种子，而别人的无聊是它有意通过自己的叙述引起的。事实上，它的这种打算必然会失败，因为只有能把握理念的人才能做到诙谐。

诙谐是深刻的真理，即包含于理念领域中的真理在其直接的逼真形象中的表述。我说的是理念的直接的逼真形象，就此而言，诙谐是同严格的推理链条中对同一个真理的表述相反的。例如，如果哲学家一步一步地把一个理念分解成它的所有组成部分，循序渐进地用每个部分特有的边际概念规定每个部分，把每个部分都与另一个部分区分开，以致整个理念都得到穷根究底的研究，那
(I,8,251) 么，他走的就是表述方法的道路，并且是间接地证明他的理念的真理性的。如果他还作出决定，用一种独一无二的眼光把握整体的绝对统一，而这种眼光犹如闪电，仿佛能照透和劈开绝对统一的整体，使每个有理智的听者或读者不禁惊叫起来，“对呀，这个整体的确是这样，现在我一下就把它看清楚了”，那么，这就是所说的理念在其直接的逼真形象中的表述，或者说，是它的借助于诙谐作出的表述，而且在这里是借助于直接的或正面的诙谐作出的表述。但真理也能间接地得到证明，那就是证明其反面是愚蠢的和荒谬的；如果这种证明不是使用方法间接地作出的，而是以直接的逼真形象作出的，那么，这就是间接的、相对于理念而言的反面的诙谐，它在听到它的人们那里会引起笑声；这是一种令人发笑的诙谐，因为荒谬性在其直接的逼真形象中就是可笑的。

现时代追求的并不是第一种意义上的诙谐，它的理论对这种诙谐一直保持沉默，相反地，它追求的是第二种意义上的诙谐，这种诙谐以讥笑的形式令人发笑；因为笑声是一种由天然本能自身规定的手段，其目的在于重新焕发那种被过度的无聊弄得枯竭的

精神，通过笑声在停滞的部分引发的波动，使这种精神稍稍振作起来。然而，即使是这种形式的诙谐也仍然是现时代必然达不到的，因为要自由地运用和摆出荒谬的东西的逼真形象，人们就必须亲自从荒谬中摆脱出来。不是**他们**，不是代表这个时代的人们，有什么诙谐，而是当他们以自己的方式表现得非常诙谐的时候，**诙谐**往往在很大的程度上操纵着**他们**；换句话说，他们凭他们固有的个性，在料想不到他们有丝毫恶意的情况下，就向有理智的目睹者表现出了最明显的愚蠢和荒谬的姿态。谁想准确地描写他们的生活，他本来就该把他们常常突然摆着极其威严的架势说出的某些东西塞进他们的嘴里；这样，他就可以夸耀自己成为一个说话诙谐的人物了。

第三个时代要拥有它那种诙谐的讥笑和它那种笑声的范围，会采取什么办法呢？[13]它假定：**它的**真理是真正的真理，与这个真理相悖的一切都是虚假的，因为要假定相反的东西，它的真理就会不正确，而这是荒唐的；接着，这个时代的代表们用引人注目的例 (I,8,252)
子说明，相反的见解与他们的见解如何惊人地不同，在任何一个部分都不能同他们的见解统一起来（他们在这点上确实没错），于是就这一结论发出了笑声；当然，只要他们求教于合意的人物，不可能没有引起共鸣的笑声。按照通常的方式，这个时代的原则要具有科学形式，也会立即用概念加以理解，并且被独断地建立起来；而且会出现一条定理，其内容为：可笑的东西是真理的试金石；如果我们可以按照上述方法对这条定理开个玩笑，它的内容就是：不用费时间做别的检验，就可以立刻看出某种东西是虚假的。

你们看，这种最初显得微不足道的臆想，给一个时代带来多么大的好处！首先，凭借这个臆想，它牢牢拥有自己的智慧，因为它会谨防把自己评判可笑东西的试金石用于**自己的智慧**，或者，假如像通常做的那样，这个试金石是由别人用于它的智慧的，它也会谨防受到引起共鸣的嘲笑。其次，采用这种手段，它就永远不必劳神费心，检验那种针对它提出的异议；它只须说明后者多么不想与它取得一致，多么不想遇到它的正确观点，就可以使后者成为可笑的东西，而且在有人心血来潮提出那种异议时，还可以使后者成为可疑的、可恨的东西。最后，这种笑声本身是一种十分惬意和健康的活动，更何况有了它，还常常能排解如此令人烦恼的无聊呢。

不，尊敬的听众——毫无例外，我指的是所有在座的人，在你们当中，我相信不是与第三个时代的代表讲话，我绝不愿意与他们对话，我指的也不是随便哪个时代的代表，而是像我假定的那样，是你们这些与我一起超越一切时代，俯视他们的人——不，诙谐是神圣的火花，而绝不会降为愚蠢。它永远寓于理念之中，而绝不会离弃理念。在它的第一个形式里，它是精神世界中的光辉的极好向导，靠了这个向导，智慧从产生出自己的那个统一点开始，传向精神世界的其余各点，夺取它们。在它的第二个形式里，它是理念复仇的闪电，这闪电定然会击中一切愚蠢，并将它们都打翻在地，哪怕是在其朋友中间。它是不是有意借一个举世无双的人的手抛出去的，都无关紧要；即使在无意的情况下，它也无疑会击中目标，这是隐秘的、
(I,8,253) 必不可免的命运。珀涅罗珀的一些求婚者已经四面楚歌，还在阴暗的王室里喧闹，强颜嬉笑[14]；同样，这些人也在强颜嬉笑；因为在他们的笑声中是世界精神的永恒诙谐在取笑他们本身。我们都想把这种乐趣留给他们，我们都谨防把他们的遮眼布撕掉。

第六讲

(I,8,254)

尊敬的听众！

对于我们描述的第三个时代的原则，我们已经够熟悉的了，这就是：只承认它所理解的东西的意义。所以，它把概念看得高于一切；由于这样，它按其形式而言是科学的，而且对它的根本性描述必须从描述它的科学状况出发，因为正是在这种状况中它对自己的意识最清楚、最透彻，也正是从这个最明亮的点出发，可以最好地推断出它的所有其余的特征。

我们在前一讲里已经首先从形式方面描述过这种科学状况，也就是从某些见之于它的一切表现的共同基本特性方面描述过这种状况——主要是依据它的一个基本特征，即它不能致力于理念的事业。但理念是力量的源泉，因此这个时代必然会是软弱无力的；理念是令人完全感到满足的源泉，因此，这个时代必然会感到空虚——它力图用诙谐填补这个空虚，然而诙谐对于它也同样是没有能力做到的。今天，我们打算扼要地描绘这种科学状态独自具有的实质和独自发挥的作用。

首先我们看到，每一个可能有的时代都力图包容和遍及整个人类——这个道理已经在另一场合顺便提到过，但将在这里予以强调，并首次加以应用——唯有它在这件事情上获得成功，它才把自己表现为一个时代，因为否则，它就不过是一些单个的人的特殊信念而已。

第三个时代也是这样。它的本质是科学，因而它必须努力工
(I,8,255) 作，无条件地把所有的人都提高到科学的水平。概念作为最高和最终裁判，对这个时代具有价值，并且具有决定其他一切价值的最高价值。因此，人之所以能对它有价值，仅仅是由于人易于接受概念或善于领会概念，仅仅是由于人易于应用概念或善于构成判断，而这个时代在教育人方面的一切努力都只能按这个目的进行。即使有个别声音不时地呼吁“行动，行动——这就是有助于我们获得纯粹知识的事情”，也起不了任何作用；因为在此种情况下，要么只把这种行动理解成了另一种学习方式，要么那种声音是这个讨厌自己空虚的时代对自身的反作用，这种反作用我们在上一讲中已经谈过，而且经常伴随着这个时代所有的具体表现。对于这个问题作出判断的关键是民众教育，而这种教育是一个特定时代力求一般地给出身于任何阶层的、特别是给出身于民众的儿童提供的。在我们所描述的时代，如果教育一般在任何阶层中都是打算教儿童们学习某种东西，尤其在民众中是打算教他们能流利地阅读，并且在办得到的情况下也能书写，如果民众能掌握从事民众教育的那个阶层的科学，比如，在民众教育被委托给神职人员阶层时，这种教育是在教义问答的名义下掌握系统的、表格式的教义——如果是这样，我说，那就在经验中证实了我刚才论述的主张。即便有时民众教育的其他准则被制定出来了，也部分地得到了执行，那也只是一种反作用，我们论述的主张则是一个基本规则，没有它，也就不可能有什么反作用。

这些从一切方面和一切方向影响时代的努力，不可能毫无成就。每一个人，甚至最微不足道的人和文化水平最低的人也会在某种程度上做到自我理解，这就是说，由于这个时代的启蒙具有完全否定的性质，他们就会通过独立思考，摆脱一些在年轻时灌输给他们的东西，不再会让自己受到许多早先能束缚自己的东西的束缚。这样，每个人就都在独立地思考，靠自己的力量理解某种东西，而整个时代也变成形式科学的一座永久的兵营，在这座兵营里，当然有许多等级非常不同的人，但每个人都以自己的方式进行武装训练。

尊敬的听众，我不希望你们当中有谁把上述内容误解为我似 (I,8,256)
乎在无条件地谴责这个时代的那些特征，从而把我列入这样一个派别，这个派别是披着不同的外衣出现的，不久前也出现在哲学里；但不管披哪种外衣，它都被公正地称为蒙昧主义者[15]。这个时代力图使所有的人都无条件地掌握科学，假如它的科学通常能在内心里对此采取正确态度，那是无可指责的；但是，它的代表人物却想把他们的智慧留给自己，特别不愿让这种智慧在广大群众中传播，这就从一个新的方面暴露出他们的不彻底性[16]。接着第三个时代而来的第四个时代，一个具有真正的实在的科学的时代，也将致力于科学的普及；因为要使理性规律通过可靠的技艺在整个人类中普遍得到实现，这个类族的每一个体对于这种规律都至少必须掌握一定程度的认识，因为每一个体都得靠自己的内在技艺去支持同样也影响着他的外在技艺。所有的人必定会毫无例外地迟早拥有理性科学；因此，所有的人必定会首先毫无例外地挣脱对于权威的盲目信仰。第三个时代抱有这个目的，就此而言是做得完全正确的。

独自理解作为一种理解，我说过，对这个时代有价值，而且具有决定其他一切价值的最高价值；个人尊严和个人功绩都是建立在理解的基础上的。因此，在这个时代面前，只要作过独立思考，就是一种荣誉，哪怕这种思考只是对某种东西的设想；只要提出某种独创的东西，就是一种荣誉，哪怕这种独创性属于明显的错误。这个时代并不打算得出最终判断，通过这种判断达到永远应该坚持的真理，因为它对此过于气馁；它只打算给发表意见积累丰富的资料，它在什么时候需要作出判断，就可从中进行选择；因此，谁能增加这种资料的储备，谁就会受到它的欢迎。这样就发生了一种现象，那就是有个别人不仅不感到羞愧，而且抱着某种自鸣得意的态度出来宣布，“你们瞧，这就是我的意见，你们瞧，我个人是怎么看这件事情的；而且我很乐意承认，任何其他的人又可能对它有不同的看法”。这样的人还认为自己这么做是非常谦虚的。但在真正科学的思维方式面前，认为我们个人的意见有什么意义，认为有人会有兴趣知道我们这般重要人物怎么看待某种事物，这却是极端的狂妄自大；在这种思维方式的法庭面前，无论是谁，如果他未

(I,8,257) 确信他的论断不是他的，而是纯粹理性的，如果他未确信任何一个理解他的论断、想维护理性存在者的地位的人必定会察觉他的论断是真的和正确的，他就无权开口发表言论。

独自理解作为一种理解，对这个时代是至高无上的东西，所以它具有超乎一切的权利，成了不受任何其他权利限制的最初的、最原始的权利。由此产生了关于思想自由、关于学术评论自由和关于言论公开的那些能制服一切的概念。人们向某一个人指出，他

的看法是平庸、可笑、不道德和有害的；他回答说，这无关紧要，我毕竟**思考**过它，而且我完全是独自把它想出来的；作过思考总是一项成就，因为这往往要付出一些辛劳；人必须具有随意思考的自由。——对于这样的回答，当然不可能再有什么异议。人们向另一个人指出，他不了解艺术或科学的最基本的概念，他对艺术或科学的产品作过长期、广泛的评论，但这个领域对他来说完全是模糊不清的。他回答说，那么，你们是想悄悄地用这种说法暗示，我在这种情况下本来就完全不应作出评论吗？你们毕竟完全没有关于学术评论自由的任何概念；如果为了评论，必须首先学习和理解评论的对象，那么，这就会使无条件的评论自由受到很大的制约和限制，这样一来，就会极少有人能进行评论，可是评论自由却在于每个人不管是否了解评论的对象，都可以对一切进行评论。——这也许是某个人在少数朋友们之间脱口说出的一类言论，他们猜想，他看到公布这类言论是令人不快的。过了几个星期，印书馆干得满头大汗，以期把这个引人注目的事件在世人和后世面前公布出来。报刊分为两派，赞成的和反对的；它们进行仔细的分析和研究，看那个人是否说过这类话，他实际上是在何人面前说的，用的什么措辞，在什么条件下他还会不再讲错，或会必不可免地受到谴责。肇事者都必须向法庭投案，如果过若干年后他的案件由于发生另一个案件而被众人遗忘，那就算他幸运。人们应该避免在这里讥笑，因为这种讥笑只会说明，他们完全不懂言论公开的崇高意义。如果有人被召到这种言论公开的法庭面前，拒绝投案，那些朋友就会完全莫名其妙，而且直到他们临终都会对这种不能尊重法 (I,8,258)
官的反常的人感到惊奇。要知道，他们思考过他们所说的东西，至

少有一种看来思考过它的模样。一个有理性的人怎么能拒绝抱着敬畏的态度服从他们的这种思考呢?

当然,尊敬的听众,依靠自己的思维,摆脱外在权威的一切束缚,上升到理性规律的权利,是人类至高无上的、不可出让的权利;这个权利是人类尘世生活的一个不可更改的规定。但没有任何一个人有权利在毫无根据的意见的荒漠中无目的地游荡,因为这样的游荡会完全取消人类的根本特征,即理性。也没有任何一个时代会有这样的权利,因为这种在权威和荒凉的虚无之间的自由游荡没有构成我们人类的一个必要的过渡阶段;而在这样的阶段,我们人类首先应该摆脱盲目的强制,然后受那种压抑的空虚感的推动,走向理性科学。如果那些人对于无条件的思想自由、评论自由和言论公开的要求无非是想说,只要他们本人愿意,谁也不应阻碍他们出卖灵魂,阻碍他们做可笑的事情,那么,人们便不能不同意他们这么做。究竟谁想阻止他们这么做呢?不是国家,至少不是懂得自己的真正利益的国家。国家监督其公民的外在行动,使这种行动服从于强制性法律,只要这些法律符合于国情,毫无例外地得到遵守,它们就是在不折不扣地确立和维护预期的秩序。公民的各种意见不等于行动,哪怕这些意见看来是危险的;只有对违法行为才该严惩不贷,所以,即使意见相左,也不会发生违法行为。或者,国家为了自己的利益,想改变人民的意见,于是,它一方面采取了某种无法执行的措施,另一方面却暴露了它的法律没有考虑到包括民意在内的现有国情,暴露了它的管理和监督不完备,它不能靠自身的力量,而需要一种它从来都没有得到的外来支援。或者,国家也许抱有最纯正的目的,出于它的管理者对于促进理性统

治的真正热忱，借助外来力量同占统治地位的意见做斗争，于是，它就做了一件自己永远无法做成的事情，因为所有的人都感觉到，国家这么做从形式上看不公正，并且那种遭到法律追究的意见在其权利受到侵犯的条件下，由于遭到不公正的对待而获得了许多新的拥护者，由于感觉到自己的权利而获得了更强大的反抗力量；事情的结局是，国家不得不作出让步，因而只会再一次暴露它软弱 (I,8,259)
无力。同样，为数不多的尊重真正科学的人也很少会阻碍那些人对无条件的思想自由、评论自由和言论公开提出那类要求。他们不可能这样做，即使能这样做，他们也不愿意。只有理性证明是他们的武器。他们对一切世人的要求无非在于，依靠自己的自由活动坚定自己的信念。这些尊重科学的人作出的一切论断，都一定会被认为是真的，是唯一真的；他们所说的任何东西都一定不会单纯从历史中学到，一定不会凭信仰加以接受；因为不然的话，人类就会又被送回权威那里，只不过这是一种新的权威；而代替预期的进步的，是接踵而来的一种倒退，只不过这采取了另一种方式。倘若那些人看清了尊重科学的人作出的论断，他们本来是会同意它的，因为我们并没有责备他们违背自己的良知而否弃自己的信念的荒谬做法。但正由于他们没有看清它，他们本来是怎样也还是怎样，而且只要他们看不清它，他们将仍然是这样；他们一俟成为他们那样，就不可能有所改变，因而就得作为不可改变的必然性的组成部分来承受了。

第三个时代的思维方式，我原先已经说过，将力求普遍推广自己；它将在一定程度上得到推广，整个第三个时代将变成形式科学的一座兵营。——在这座兵营里谁来指挥和领导这里的群众呢？

显然，人们会回答说，是最富于表现时代精神的时代英雄，即先进战士。可是谁是这样的英雄和战士呢？凭什么一下能认出他们呢？也许是凭他们进行的研究的重要性，或凭他们的论断中出现的那种照亮每个人的心灵的真理性？然而，既然这个时代一般没有对重要性或真理性作出判断，而只是积累了大量意见，供未来作出判断，我们怎么能做到这一步呢？有鉴于此，谁只要有自己的见解，靠他的这种见解，给那种蕴藏量巨大的意见库作出自己的贡献，他就会适于做群众的领袖。但在这个时代，正如已经提到的，这么做并不能取得什么优势；因为每一个生活在这类氛围中的人，终归会想出某种东西，形成了自己独有的见解。可惜，这种形成意见的能力遇到了厄运：一个头天晚上形成的新见解，第二天早晨就被一切世人，包括提出这个见解的人本身遗忘了，这样一来，对意见王国的这种新的充实便消失得不见踪影。也许只有发明这样一种手段，这个时代才能摆脱困境，通过这种手段，既使构成意见的活动，也使意见本身尽可能记录下来，不至于第二天早晨就被遗忘；这样的手段能给任何视力健康的人证明存在过什么意见，而提
(I,8,260) 出意见的人本身也会留有一种防止他遗忘的常备记事工具，表明他有过什么见解，比如，已经发明的书写和印刷技巧就是这样的手段。有了这样的技巧，谁若发表过什么见解，用白纸黑字记录下来，谁就会属于时代的英雄，这些英雄的崇高团体就是知识里手们的共同体，或者像他们更喜欢听的——因为他们的全部实质性的知识毕竟只是经验——就是**学者**共同体。

在作这样的评估的时候，这个时代绝不会让人把自己弄糊涂，以为跨入人类的这个光荣的元老院的门径通常是由最先遇到的出

版家开辟的；出版家对于其所印的东西比著作家对于其所写的东西知道的更少，他只希望别人的印刷出来的钞票换取他印刷出来的著作。

学者共同体就是以这种方式形成的。它靠印书馆的力量将自己跟群众分离开，群众没有东西可供付梓，他们在形式科学的兵营中扮演着读者的角色。由此便产生出各种新的相互关系，产生出兵营中这两个主要阶层的相互联系。

著作家让人印刷东西的首要目的，当然在于公开记载自己的精神的独立性；由此就出现了在科学方面追逐新的或显得新的见解的现象，在文艺方面寻求新的形式的现象。谁达到了这个目的，谁就能赢得了读者，而不问在前一情况下他的意见是否真，在后一情况下他的形式是否美。但是，一俟印刷业真正发展起来，甚至这种新奇性也就不讲究了，而且让人印刷东西本身成了一种收入。这时，在科学领域出现了一些编纂者，他们将已经写了上百次的东西稍加修饰，又让人印刷；在文艺方面出现了一些赶时髦的著作家，他们模仿他人或自己的某种受到欢迎的形式，直到人人都对它生厌为止。

这种发表著作的潮流经常更新，不断涌现出来，每个新的浪潮都会排除先前的浪潮，以致最初印刷著作的意图的实现会受到阻碍，印书馆要把各种创见载入史册的工作会被取消。不掌握不停地发表见解的技艺，就没有办法公开发表自己的意见，因为一切过往的东西都会被遗忘。究竟谁还会把这种东西留在记忆中呢？不是真正的著作家，因为既然每个人都只想成为新的，那就谁也不会 (I,8,261)
听别人的，而是各走各的路，各弹各的调；同样也不是读者，读者感

到高兴的是他好容易脱离了旧的东西，因此他急切地追求新的东西，而他选择新的东西，大多受偶然性的支配。在这种情况下，没有任何一个让人出版他的某种作品的人能够肯定，除了他自己和出版家以外，还会有其他什么人知道他写的这种作品。所以，就不可避免地需要再特别开辟和建立一种公开的和通用的文献记忆手段。这样一种手段就是学术期刊和丛书，它们将著作家早先公布过的东西再公布于众，而每个作者也能在过了半年以后，根据它们再听到自己说过的东西；利用这样的场所，他写的东西也就同样可以使广大读者知道，哪怕他们只读学术期刊也罢。可是，单纯报道其他著作家的见解，这对这种出版物的编者来说会有失自己的尊严，把自己在其他著作家中的地位贬得太低。于是，在作这种报道的同时，他们又对其他著作家的思想进行思考，作出自己的评论，从而用文字表明自己的独立思考；但这项工作的基本准则是：在所有作品中找出某些不足，对每个事物比原作者知道得还好。

如果这种评论以通常发表的著作为对象，这是不会有什么问题的，如果某个著作压根儿就是扭曲的，经过评论者的重新改编，又从另一方面遭到扭曲，这也是很平凡的事情。那些真正值得阐述明白的著作，不管是在科学方面，或是在文艺方面，总是表现了一种完整的、以崭新和独创的方式奉献给理念的生活；在它们没有掌握和浸透了时代，没有按自己的观点改造了时代以前，对它们作出一种评论是不可能的；因此不言而喻，对于它们的透彻的评论绝不可能在它们发表的半年甚或一年之后由最优秀的评论家写出来。但同样不言而喻，通常的图书评论员都不作这样的区分，而是对出现于他们眼前的一切，毫无顾忌地随便加以评论；所以，这样的评论对于真正有独创性的著作就会造成最不好的结果。然而，即使这种违反准则的行为，除了对于那些图书评论员本身以外，也不是什么坏事。随着时间的推移，真正好的东西，不管它如何长期遭受诋毁，被人误解，而得不到重视，也不会销声匿迹；终将到来那么一个时刻，那时它就会给自己开辟道路。但是，如果有人由于别人对他的著作的看法错误而认为自己在人格上受了侮辱，因而感到痛苦，而不是抱着同情的态度微笑，这就只会证明他的对手们在一定程度上是正确的，他的个体性还没有完全溶于理念，溶于对真 (I,8,262)
理的认识和热爱，所以这种个体性也还可能在他的著作中表现出来，而且理念在这种个体性的附近留下的印迹愈纯粹，它在他的著作中的表现就愈不讨人喜欢；这样的人本当由此接受一种最迫切的要求，那就是反省自己，完全净化自己。——这种内心完全净化、态度始终如一的人会认为，假如别人错误地看待事物，那是他们的遗憾，不是我的遗憾。他们的看法不对，不是他们心怀恶意的过错，而是他们缺乏眼力的后果；如若他们能获得真理，他们就会自得其乐。——最后还必须提到建立书评制度所带来的方便：谁没有特别的兴趣或太多的闲暇时间读书，便不必进一步读书，只消读一读学术期刊，便可掌握当时出版的全部文献。在这种制度下，图书仅仅是为了能加以评论才予以印刷，倘若没有书也能进行评论，那就会根本不需要什么图书。

这就是对于形式科学的兵营中的那个活动部分，即著作家的描绘。感受部分，即读者群是按照著作家的观点塑造自己的，以便成为著作家在对面的精确映象。就像著作家在不倦地和不停地写作一样，读者在不停地阅读；他们竭尽全力，力争以某种方式浮在不断出版著作的洪流上，并且像他们说的，随着时代的步伐前进。他们对自已勉强念完旧的东西感到高兴，而力求念到新的东西，因为最新的东西已经出现；他们没有任何一刻时间再回想一下旧的东西。在这种无休止的忙乱中，他们绝不可能在什么地方停下来，亲自想一想自己究竟在读什么东西，因为他们的事情不容拖延，而时间却不多；因此，在这个匆忙阅读的过程中，会给他们留下什么东西，留下多少东西，这种东西会怎样影响他们，给他们形成了何种思想形态，这就始终完全取决于偶然的机遇了。

这种阅读方式本身就是一种与其他一切兴致特别不同的兴致，它包含某种极其适意的东西，会很容易变成不可或缺的需要。所以，也像其他麻醉剂一样，这样的东西使人陷入一种介乎昏睡与清醒的惬意状态，无须人们做什么事情，就使人陶醉于甜蜜的忘我状态。我总觉得，这种状态酷似抽烟，也许作这个比较能得到最好
(I,8,263) 的说明。谁一旦尝到了这种状态的甜头，谁就想不断地再享受它，在生活中再也不愿干别的事情；他甚至全然不想了解文献的实质，不想随着时代的步伐前进，仅仅为读而读，活着即读，他本人成为一个**纯粹的读者**。

这就是著作家没完没了的写作和读者没完没了的阅读所达到的结局。这种活动是在内部消解的，而且以其最大的成果毁灭了自己的一切结果。那种纯粹的读者依靠读书的方法，已经再也学不会什么，已经不能掌握某个清晰的概念，因为所有印刷出来的东西都立即使他陶醉于内心的宁静和甜蜜的忘我。由于这个缘故，他也就切断了其他一切求知的道路。所以，借助不断的演说或学术讲座进行的口头交流，同借助死板的字母进行的文字交流相比，

一直具有无限的优越性。而古代人发明书写,仅仅是为了替代口头交流,使那些听不到口头交流的人能够阅读;一切书面的东西最初都是口头叙述过的,都是口头叙述的复制;只有到了近代,特别是自印刷术发明以来,印刷品才要求成为某种独立的东西;这样一来,忽略了演说中的生动修辞的那种风格也陷入了这种衰落过程。但是,即使对于这种口头交流,以上所述的那种读者也是首先衰落的。

这种习惯于绝对被动的忘我的读者,怎么能掌握整个演说的前后联系呢?哪种联系能主动地加以把握呢?当整个演说分为一些阶段,定期进行——每个好的演说都应如此——的时候,他们怎么能把各个时期讲的东西理解和概括为一个统一体?他们以为,只要能把白纸黑字的东西呈现在他们眼前,他们就好办了。然而他们错了。即使这样,他们也不会把各个时期讲的东西理解为一个统一体,只不过眼睛会盯着他们占有的范围,不停浏览黑字白纸,依靠这黑字白纸掌握各个时期讲的东西,以为这样,仿佛他们就领会了它们。

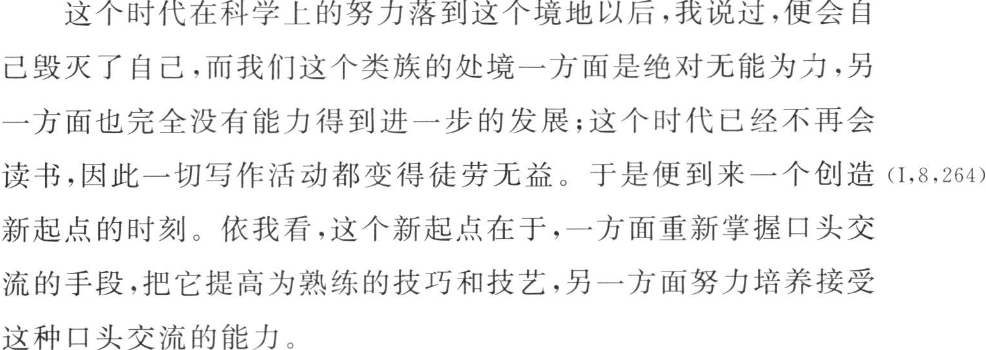

这个时代在科学上的努力落到这个境地以后,我说过,便会自己毁灭了自己,而我们这个类族的处境一方面是绝对无能为力,另一方面也完全没有能力得到进一步的发展;这个时代已经不再会读书,因此一切写作活动都变得徒劳无益。于是便到来一个创造新起点的时刻。依我看,这个新起点在于,一方面重新掌握口头交流的手段,把它提高为熟练的技巧和技艺,另一方面努力培养接受这种口头交流的能力。(I,8,264)

如果要让人们还能阅读,就至少应该用一种不同寻常的方式做这种事情。为了使我今天本当在你们眼前作的不讨人喜欢的描述以某种讨人喜欢的东西来结束，尊敬的听众，请允许我向你们说明，什么样的阅读方式我认为是正确的。

大家能够靠写出的字母阅读的东西，要么是科学著作，要么是文艺作品。既非前者也非后者、既不涉及前者也不涉及后者的作品，总是不读为佳，这类东西本来就一直无法写成。

首先，至于说到科学著作，那么，阅读它们的首要目的是要弄懂它们，用历史的眼光认识作者的真正思想。在这里，读者不必迁就他的著作，以致抱着被动的态度，迷恋于作者，就像想靠机遇和运气那样让他影响自己，或者任他想对我们说什么就说什么，毫无争辩，记住他说的。相反地，正如自然研究中应当使自然界接受实验者向它提出的许多问题，迫使它回答这些问题，而不信口开河一样，作者也应当接受读者提出的那种巧妙、周密的实验。这种实验应该用下述方法来进行：先将全书大致浏览一遍，为的是对作者的目的预先有个大致的了解，然后找出它的第一原理、主要分段和主要章节，而不管它是以什么形式撰写的。当然，这个原理即使从作者本人的观点看也必然仅仅在一定程度上是明确的，在其余方面则是不明确的；因为假若它已经完全明确，这本书便到此为止，无须继续写下去了；而要继续写下去，当然只是为了把尚不明确的东西进一步加以明确。只有在它明确的范围内，它才是可以理解的；在它不明确的范围内，它就暂时还不可理解。判定可理解性与不可理解性的这个尺度必须以下述方式加以阐明：“作者所谈的概念，就其本身而言，并且不依赖于作者，可用如此这般的方式予以规定。”对于作出规定的可能性预先估计得愈多，作出的准备就愈

好。"作者从这些规定的可能性中给其原理提到的是如此这般的规定；具体地说，他在这方面作了如此这般的规定，它同这里也可能存在的其他定义方式有这种明确的对比。在这个范围内我可以理解他。可是，作者的原理还在某些方面不明确；他对此持何看法，我暂时还不知道。我牢牢地掌握了可以理解的基本点，而在周围是我确实知道的一个现在还不可理解的事物的领域。但是，作者对此作何想法，即便他一次也没有说过，从他由前提得出结论的方式也能看出。他对他默认的前提的利用，会使他的想法暴露出来。我要继续读下去，直到作者进一步作出规定；这个新规定无疑会使先前不明确的部分消除，清楚的部分扩大，不可理解的事物的范围缩小。我要重新弄清楚可理解性的这个尺度，把它铭记在心，并且继续阅读下去，直到作者又一次作出新的规定——我按照这个规则，一直阅读下去，直至不明确性和不可理解性完全消失，溶于一个明亮的光点；这样，我才能把作者的整个思想体系，无论向前或向后，无论按哪个次序，无论从它的哪个规定推导它的一切规定，都创造出来"。——为了在这种对作者作的独自思考中严格照管自己，也为了不把已经确定和清楚的东西又遗失掉，拿起笔来，把这整个操作记在纸上，也许甚至是有用的；而且就像在最初的确会发生的那样，对于一印张的内容本来就必须写另外二十印张的叙述[17]。在这里节约稿纸大概不是地方；只是不要把这些稿纸以注释的名义匆忙拿去付印！这种注释产生于我赖以研究作者的那种教育水平，实质上只是供我看的注释；而每一个真正想了解事实真相的读者，想必会利用我的那些注解，进行同样的操作。无论怎么做更合适，我们都宁可让这样的读者不管我过去必须怎么做，而 (I,8,265)

对原作者本人进行这种操作。

显然，我们用这样的方式——特别是在我们一开始就比作者本人从一个更清楚的概念出发时——就常常可以对作者比他对他自己理解得好得多。他有时在其推理中发生混乱，有时作出错误
(I,8,266) 的结论，有时措词不当，而且写的完全不是他想写的东西。我从什么地方知道这一切呢？我是从他要作出推论和陈述的方式中知道的，因为我把他的整个著作都钻研过了。他那些缺点都是由人的弱点造成的，高尚的人不会责怪它们，如果他在主要的方面肯定作出了贡献。

同样显然的是，如果作者没有掌握他想论述的科学，不了解当时这门科学达到的水平，或者，如果他思想混乱，我们采取这种阅读方式，就会立刻发觉这些问题。在这两种场合，我们都可以把他的著作置于一旁，不必再读下去。

这样也许就会达到当前的目的：理解和以历史的眼光认识作者的思想。阅读的第二个目的，即评判作者的这个思想是否符合于真理，经过这样透彻的研究之后，就会容易达到，如果在研究过程中没有像可以预期的那样，已经对这个问题作出判断。

其次，至于谈到阅读文艺作品，那么，读它的真正目的在于人可以分享这种作品所能提供的勃勃生机、高尚情趣和精神素养。从容不迫地投入文艺作品而忘却自己，就完全足以达到这个目的，因为要揭示整个审美方面的愉悦的源泉，甚至在每个场合找到这种源泉，并不是每个人都能做到的事情；虽然人人都有权分享艺术，但要进行艺术创作，哪怕揭示艺术的奥秘，却只有少数人能做到。但是，哪怕为了艺术作品能传到我们这里，而我们能接触它，

它也必须预先得到理解；这就是说，我们必须完全理解文学艺术家的目的，理解他通过他的作品究竟想提供什么，并且能把这个目的作为他的整个作品的精神用它的各个部分构想出来，同时又把这些部分用他的整个作品的精神构想出来。当然，这还不是艺术作品本身，而只是它的平淡无奇的部分；只有当我们从这个观点看艺术作品的时候，强烈吸引我们、感动我们的东西才是艺术的真正本质；然而，为了能享受艺术作品，我们必须先掌握这个平淡方面，彻底认识作品的有机统一。这种有机统一像一切天才的东西一样，虽然总是无限的和不可穷尽的，但是，哪怕在一定程度上逐渐接近它，也是一种享受。我们将回到我们从事的严肃工作，而忘掉那种直观，但它却会潜移默化地留在我们的内心深处，在我们不知不觉的情况下不断地得到发展。过了若干时间以后，我们将再回到这种作品上来，看出它的另一种形态；这样，它对我们来说就永远不会变得衰老，而是我们每次重新察看它，它都会变得年轻，展现一种新的生命，我们将不再渴望某种新的东西，因为我们已经找到了 (I,8,267)
把最古老的东西变为最有活力和最有朝气的新东西的手段。

我们首先必须理解和掌握的艺术作品的这种有机统一究竟是什么，这个问题不应该由任何一个对此一无所知的人向我提出；对于这种人，我根据刚才说的东西，或者没有仅仅重复他本人的想法，或者至少没有很清楚地说出这种想法。关于科学著作的统一，我完全可以向你们说明，并且已经根据我的所知这样做过；关于艺术作品的统一，我则不能这样。我所说的统一，至少不是虚构的故事的统一和它的各个部分的联系，也不是它的存在的可能性，不是它的心理效果和道德教益；这些东西都是通常的理论和文艺评论提到的，是一些喜欢胡编乱造、迷惑艺术鉴赏能力的野蛮人的废话，可供另外一些让人把自己的艺术鉴赏力迷惑住的野蛮人去听！我所说的统一是另一种统一；只不过通过具体的事例，按照那种精神对现有的艺术作品进行真正的剖析和综合，就能向外行人阐明艺术作品的统一。但愿立刻出现一位人物，他能在人类面前完成这项崇高的业绩，因而至少在青年人的心中重新唤起几乎完全泯灭的艺术鉴赏能力：不过，这样的人不应当是年轻人，而应当是经过充分考验的和业已完全成熟的人物。只要这样一位人物还没有出现，其他人就可能索性不读和不看真正的艺术作品；他们难以理解这些作品，因为它们的内容无限深刻，他们也无法享受这些艺术作品，因为享受它们是以理解为前提的。但他们读另一类文学艺术家的作品，则会得到很大的满足，而这些文学艺术家幸运地保护了当时最令人喜欢的思想倾向、奇谈怪论和百音盒，并且把人人都想过的生活，把他们实际上过的——可惜是经常被打断的——生活压缩到一起，写成用很短的时间就可以读完的东西。于是，不管我们本来是否同意他们读这类作品，读这类作品的现象就像迄今发生的那样，实际上将会在今后继续发生。

第七讲

(I,8,268)

尊敬的听众!

在像前一讲向你们所作的那种描述中,我们应该特别预料和考虑到下述两种异议:第一,一切都可以用人的一般天性来解释,而绝不可以用一个特定时代的特点来解释,因此,一切自古以来大致就可以是现在这样;第二,那种描述中的整个观点都是片面的,人们只突出了坏的东西,说明了它的害处,但对于实际上也毕竟存在的好的东西则只字未提。如果我们提到那些曾经存在过不同于当今的情况的时代,并且用历史的眼光说明这种情况是怎样产生的,由于什么原因产生的,第一种异议就会被很好地对付过去。只要我们不忘记我们现在的全部研究的实质,第二种异议就会完全伤害不到我们。因为我们没有作过任何一个以经验为依据的论断,而是纯粹从一个原则推导出我们那种描述的各个组成部分。只要这里做过的推论是正确的和严密的,我们就根本不问实际上情况是否如此。如果情况不是如此,那么,我们就不是生活在第三个时代。连我们那种描述的各个组成部分也构成了人类的一个必然的发展阶段,我们的类族也恰好必然经过这个阶段,这种应有的合理解释绝没有对这类现象失灵。此外,也不要忽视早先所作的一个概括说明,即在同一时期可以有完全不同的时代的组成部分

同时并存、相互交叉和混合在一起;按照这个说明,我们的打算总是这样:我们不是从经验方面认识了现代的著述状况本身,而是进行哲学思考,推导出了第三个时代的这种状况;这就得出了我们阐述的东西,而不是相反;所以,我们只能谈我们阐述的东西。如果在现时代还包含其他成分,这便是以往时代的残余或未来时代的预兆,我们在这里是不谈这些东西的。

然而,为了尽可能防止发生各种误解,特别是为了防止认为我们时代的一切好东西都将被否定这种最令人讨厌的误解,也为了

(I,8,269) 真正精确地、清楚地区分各个不同时代的基本特征,最合适的做法是表明科学的状况将会怎样。我们打算在今天这一讲中解决的,是两个课题,即后一个课题和起先已经提到的课题。

起先提到的课题是,表明情况并不总是像我们在前一讲中描绘的那样,并说明这种情况是怎样产生的。在我们比较熟悉的两个典型的古代民族、即希腊人和罗马人那里,写的和读的都比我们这里少得多,可是他们听取演说和进行商谈的活动却普遍得多。古代人的所有作品最初几乎都是口头阐述的,因而都是所作演说的记录,是给那些未能听演说的人看的;然而这也说明古代人同多数现代作家相比在文风方面的巨大优势;因为后者的作品都奢望有某种独立意义,大部分都失去生动演说的准确性。在古代,在民众中间推广科学教育还未予特别关注,而民众还可以享有的那种教育,多半都是偶然得到的,而且艺术教育多于科学教育。

基督教问世了,人们对普及教育发生了全新的兴趣——为了人人都皈依的宗教。按照我们的看法,基督教有两种极为不同的形态,即约翰福音中讲的基督教和圣徒保罗讲的基督教,其余大多

数福音派，特别是整个路加派也属后一派。约翰讲的耶稣不知道别的上帝，只知道真正的上帝，我们所有的人在这位上帝之内能够存在、生活和获得极乐，而在这位上帝之外则只有死亡和非存在；不管推理怎么完全正确，根据这个真理，耶稣都不诉诸这种方法，而是诉诸人的内心的、需要在实践中加以发展的真理感；他除了这种内心的真理感，就不知道任何别的证明。他声明，“谁想实现派遣我者的意志，谁就会知道这个学说是否来自上帝。”至于说历史方面，那么，他的学说对他来说就像世界一样古老，而且是第一个原来的宗教；对于犹太教，他绝对否定，毫不宽容，认为它是一种后来的蜕化。他对犹太教徒们说，“你们的父亲是亚伯拉罕，我的父亲是上帝”；“在有亚伯拉罕以前，就有了我；亚伯拉罕欢欢喜喜地仰望我的日子，他看到了我的日子，并且高兴起来”。我说，亚伯拉罕见到耶稣的日子，无疑发生在**至高无上的**上帝——这位至高无 (I,8,270)
上的上帝在摩西五经第一卷的整个前几章里明显地同属下的神、后继的造物主耶和华相对立——的祭司麦基洗德向耶和华的教士亚伯拉罕祝福，并接受其十分之一的所得的时候。根据这个情况，给犹太人写信的作者非常详尽而敏锐地证明基督教远比犹太教古老和名望高，而且按规矩明确地称耶稣是麦基洗德的祭司，从而把耶稣描写成麦基洗德教的复兴者，而这完全符合于在约翰那里耶稣自己说的意思。在这位福音教派那里有一点始终是个疑问：耶稣是否源于犹太族，或者，如果是这样，他的出身究竟如何。保罗的情况则完全不同。从基督教会一开始存在，他就把约翰排挤到次要地位。保罗虽然成为基督教徒，却不愿承认自己以前做犹太教徒的不对，因此，两个体系就得统一起来，相互交织在一起。这

一点终于被做成了，尽管是用不适当的方式，被做成了另一种样子。保罗的出发点是犹太教的那位强有力的、热心的和有忌妒心的上帝，这位上帝早先曾被我们描绘成整个古代的上帝。照保罗的看法，犹太教徒同这位上帝订了一项契约，而这正是他们胜于异教徒的优势；在这项契约有效的时期，他们只须守法，在上帝面前**得到辩护**，即是说，不用怕来自上帝方面的惩罚。但由于耶稣的被
(I,8,271) 害，他们便废除了这项契约；自那以后，守法已经再也无济于事；耶稣死后，反而立了一项新契约，二者——不论犹太教徒还是异教徒——都被吸收到这项契约中来；按照这项新契约，他们必须只承认耶稣是神赐给的救主，从而得到辩护，就像犹太教徒在耶稣去世以前用守法得到辩护那样。这样，基督教教义就变成了一种在当时才产生的、代替旧约的新约，或者说，基督教就变成了一个这样的新社团。同时，耶稣当然也应当被说成犹太教的救主，而且按照预言，也必须被说成大卫王的一个儿子。宗谱找到了，他的诞生和童年的历史找到了；然而它们以两种形态进入我们的正式经文，这是极其引人注目地相互矛盾的[18]。——我不说保罗那里根本没有真正的基督教；当他丢开他生活中的主要问题，即丢开两个体系的统一时，他说得很出色、很正确，他对真正的上帝就是耶稣的了解也很深入，以致我们以为在听一个全然不同的人说话。但是，凡在他回到他所喜欢的题目的地方，事情的结果就会像我们刚才描述的那样。

保罗的这个体系企图消除犹太教徒的精雕细琢的推理提出的异议，但对这种推理来说，其首要的前提，即约翰讲的耶稣完全否定的那个认为犹太教曾经是真正的宗教的论断，在这里不应加以

否定，而应得到承认，所以，这个体系导致的首要结果在于，它必须求助于精雕细琢的推理，把这种推理当作法官；具体地说，既然基督教是给所有的人准备的，所以它必须求助于所有的人的推理。保罗实际上是这样做的：他在一位主的面前，进行推理和辩论，夸耀自己沉迷于一切理性，也就是说，运用一切理性[19]。所以还在保罗那里，概念就已成了最高法官，而他是一个基督教体系的创始 (I,8,272)
人，必然也要在这个体系中大体上成为这样的角色。然而，这种做法也已经为基督教的瓦解打下了基础。因为既然你自己要我作推理，那么经你自己的允许，我就可以独立地作推理。当然，你已经默然假定，我的推理不可能得出与你的推理不同的结论；但假如我得出的结论不一样，与你的结论相反——这种情况无疑会发生，如果我遵循的是现时的另一种盛行的哲学体系——那么，我认为我的推理比你的好，而且如果你是前后一贯的，这也同样是经过你自己的正式允许的。——在基督教会存在的前几个世纪，人们也作出很大的努力，利用这种允许；那时，对于那些唯独由于保罗所作的调解工作才能保存下来的教义，他们不断地作出理智的思考；于是在统一的教会中产生了极其不同的意见和分歧，这些意见和分歧全都来自一个准则，即概念是法官；基督教中的这个体系，我想一劳永逸地称为诺斯替教派学说。——在这种条件下，教会就绝不可能统一，而且由于那时的基督徒还远没有从那种最初离开基督教的朴素生活而偏爱犹太教的倾向中看到恶的真正根源，所以就只能采取一种很勇敢的手段，即禁止作任何进一步的理解活动；并且规定，真理受上帝的特别安排，淀积于书面文字和现有的口头传说之中，人人都必须相信这个真理，不管理解也罢，不理解也罢；

后来还作了必要的规定，说这种一贯正确性是由宗教会议和它的多数代表的意见决定的，因此大家对它的决议也应当像对《圣经》和传说那样，无条件地相信。从此以后，基督教方面就不再要求独立思考和独自理解，相反地，它们在这个领域成了一种严厉禁止的和受到教会的各种惩罚的行为，谁要是不能放弃思考，谁就只得冒生命危险。

这种状况一直持续到爆发教会改革；在此以前，发明了这项改革的一种极为重要的工具——印刷术。这项改革也如最初确立的
(I,8,273) 教会一样，远不能揭示基督教蜕化的真正原因；此外，它在抛弃诺斯替教派学说方面，在要求人们即使不理解也要无条件地相信方面，仍然同旧的教会保持一致；差别仅仅在于，它摒弃口头的传说和宗教会议的决议的一贯正确性，相信另一个对象，仅仅坚持书面文字的一贯正确性；但这种书面文字的真实性本身毕竟又以口头传说和宗教会议——它收集和封存了我们的正式经文——为依据，对于这种不一贯性在当时是没有看到的。这样，一本已经写成的书就在世界上第一次被完全正式地宣布为一切真理的最高判据，宣布为通向极乐生活之路的唯一向导。

改革派依据这本被抬高到唯一判据的著作，驳斥由其他两个来源得出的结论，他们在此采取的证明显然是一种循环论证，并且毫无顾忌地要求反对派承认他们那个被反对派否定的原则；反对派则说，没有口头的传说和宗教会议的决议，就完全不可能理解这本著作，因为它们都是这本著作的真正解释。由于改革派的事业具有这种性质，由于这项事业在学养有素、了解争论实质的公众看来也绝对不能成立，改革派就只有诉诸民众。因此，就必须将《圣

经》译成民众的语言，把它交到民众手里，并要求他们读这部《圣经》，由他们自己去判断，这部《圣经》是否没有真正极其清楚地包含着改革派在其中找到的东西[20]。采取这种手段不可能不取得成功；民众由于获得这样的权利而感到满意，并且尽一切可能，利用这个权利；完全可以肯定，假如不是当权派起来反对改革，采用唯一可靠的对抗手段，即不允许把新教的《圣经》译本和新教的著作传到民众手中，改革本来就会夺取了整个信仰基督教的欧洲。

只有靠新教引起的这种对于基督教的关切，文字才通过传播《圣经》的途径获得了高度的普遍的价值；它成了通向极乐生活的几乎不可缺少的手段，而不会阅读的人已不再适合当真正的基督徒了，他在一个基督新教国家里也不可能被容忍了。由此就产生了关于民众教育的各种盛行的看法，产生了阅读和写作的普及。随后，真正的目的，即传播基督教，就被遗忘了，早先只是手段的东西倒成了目的；对于这类情况我们不必感到奇怪，因为这是一切人类设施在延续了若干时间以后的共同命运。

(I,8,274)

还有一种情况特别助长了这种以手段代替目的的事情，对于这个情况，我们出于其他原因而不能不提到，那就是坚持旧信仰的教会，在顶住改革的首次冲击的时候，也找到了对付改革的种种新手段，这些手段可以使它不对改革有任何惧怕，而且由于新教本身在这方面可以与它携手合作，这就更使它取得了成功。因为在新教内部很快产生了新的诺斯替教派，它作为新教是坚持《圣经》的，而作为诺斯替教派则提出一个原则，认为《圣经》必须用理性加以解释；这里所谓的理性，当然是指这种诺斯替教派本身所持的理性，但他们具有的理性恰恰就是最坏的哲学体系，即洛克体系所具有的理性。他们除了驳斥保罗的某些思想，例如关于赎罪可以代替、对这种赎罪的信仰可以构成极乐，等等，就再也没有提出什么东西，而仍然保留着一个根本错误的思想，即相信有一位随意行动、订立契约和因时因地改变契约的上帝。然而，由于这个缘故，新教几乎丧失了实定宗教的一切外观，让坚持旧信仰的教会顺理成章地宣称它绝对不是基督教。坚持旧信仰的教会在对付自己的反对派方面有了这样的保障以后，就不必再害怕著作家不停地写作和读者不停地阅读了，而这种活动也就能在自由哲学思考的名义下，不断地由新教国家出发[21]，传入天主教国家了。

尊敬的听众，我之所以必须说这么多，是为了解答一个业已提出的问题，即关于文字的最高价值的真正来源问题。在这方面，我必须提到一些事情，它们对于许多人来说，都与具有绝对价值的东西，即宗教密切相关，因而有很高的价值；我谈过天主教和新教，人们可以看出，我在最重要的事情上认为这两者都不正确；起码在我没有说清自己的真正观点之前，我不愿意放过这个题材。

依我的看法，这两派都同样立足于一种自身完全不能成立的
(I,8,275) 论据，即保罗理论的论据；这种理论哪怕为了承认犹太教具有暂时的意义，也必定要从一个随意行动的上帝出发。这两派都完全同意保罗理论的真理性，对此没有感到丝毫的怀疑，而仅仅对于维护这种保罗理论的方法有分歧。在这个问题上绝不能设想它们会取得一致与和平；如果为了有利于这个理论而达成和平，那甚至会很糟糕。但是，如果我们让这整套理论完全垮台，而回到基督教在约翰福音中具有的那种原始形态，和平立刻就会出现。在那里，除了依据自己的真理感和宗教经验作出的内在证明，没有任何别的证

明;对于耶稣本人曾经是谁或不是谁的问题,只有保罗派会发生兴趣[22],他们想把耶稣看成在上帝的名义下同上帝废除旧社团和建立新社团的人[23];当然这么做必须有重要的认证;纯粹的基督徒既不知道同上帝有任何结社,也不知道同上帝有什么中介人,而只知道一种古老的、永恒的和不变的关系,那就是我们生活、行动和存在于上帝之中[24];这样的基督徒根本不问谁说了什么,而是问说的是什么;甚至已经记载了这种说过的东西的书对他来说也不是证明,而只是阐述的手段——他把证明藏在自己的心中。这就是我对这件事情的看法,我把这个看法告诉你们,它看来不包含任何危险因素,也绝没有超出新教徒对宗教课题进行哲学思考的自由的界限;这样,你们就可以凭你们自己的宗教和宗教史知识来评价这个看法,研究它是否给这样的知识整个带来了条理和联系,使之变得清楚明白;但我绝不打算就这个课题挑起神学家们的争论。我本人受过他们的学校的教育,非常了解他们掌握的武器,知道他们在他们的土地上是不可战胜的;我同样也非常了解我自己的、刚才提到的理论,所以我不应回避,它要将整个神学与其现有的要求完全消灭,要将神学研究中一切有价值的东西注入历史学和语言学领域,而不对虔诚信仰和极乐生活有任何影响。所以,我怎么也不能跟这样一些神学家合得来,这些神学家想永远当神学家,却不愿当民众道德教师。

关于我们的第一个课题,即以历史的眼光说明我们所描述的第三个时代的著述状况实质上是怎么产生的,就讲这么多。现在,(I,8,276)我们来研究我们的第二个课题,即说明科学状况应该是怎样的。

首先,所有现在存在的实际生活关系只有在臻于完善的理性技艺时代，并且只有通过这个时代才能加以消灭，所有这样的关系仅仅要求少数人把自己的生命献给科学，而要求多数人把自己的生命献给其他目的，因此，学者——或更确切地说，懂科学的人——和不懂科学的人的区分还要长期延续下去。两者必须使自己上升到科学的实质，即真正有决定性的理性的高度，完全摒弃不包含理性的单纯概念的形式主义。尤其是，必须使民众上升到真正的，即纯粹的基督教的水平，如前所述，它是首先可以把理念灌输给民众的唯一手段。所以在这里，懂科学的人和不懂科学的人就完全一致了。他们的区分在于：懂科学的人是在一种相互联系的思想的体系中获得理性及其一切规定的；对于他们来说，整个理性世界，如我们在另一个地方说过的，都纯粹是由思想本身发展而来的。他们把用这种方式得来的结论传达给不懂科学的人，但不带有那种在思想体系中作出的严格证明，因为这会使传达变成学术性的和推论性的，相反地，他们是直接根据不懂科学的人本身的真理感验证这种结论的，正如我们在这些预告的通俗讲演中做的那样。我在这些讲演中阐述的结论，当然都是在一种相互联系的思想中得来的，但不是在这种相互联系的思想体系中传达给你们的。在前几讲里，我要求你们检验一下，你们能否不理会一种写思维方式的著作，理性是否因此就不在你们心中直接发出认可这种思维方式的话语；在最近的两讲中，我曾这样阐明这种倒过来讲的东西：这种倒过来讲的东西必定会使你们直接明了，只要你们懂得了我的意思，你们这些有特殊才能的人就会在内心里微笑。我在这里没有作过其他证明。我在科学哲学的演讲里也在讲同样的东西[25]，但加了一些完全不同的证明。此外，我宣布这些讲演是为有

教养的公众作的哲学通俗讲演，所以我是用大家熟悉的书面语言 (I,8,277)
叙述的，并用了给书面语言奠定基础的隐喻说法。我本来也可以作为教会的传教士，从布道坛上专为民众作内容完全相同的讲演，但在那种场合我必须用《圣经》语言；例如，同样的内容我在这里叫作“把自己的生命献给理念”，在那里就必须叫作“在我们心中忠于上帝的意志”，或“禀承上帝的意志”，如此等等。学者向没有受过教育的人这样通俗地传播知识，可以用口头方式进行，也可以用出版物进行，如果后者具有起码的阅读技能的话。

其次，在整个科学王国的塑造中，因而在学者共同体的设置中，需要有计划、有秩序和有系统，需要从纯粹理性科学或真实哲学出发，完全审视整个科学领域，规定每门科学必须完成的任务。一切要求获得学者称号的人，都必须掌握这门纯理性科学；因为否则，即使他们认为自己对某个专门的科学很精通，但由于他们对一切知识的最终基础，对他们自己的科学依据的最终基础一无所知，他们也无疑不会认识这门科学的各种最终根据，实际上也就不能深入理解这门科学。每个人都能由此清楚地看到，在科学领域里还存在哪些缺陷，它们的实质何在，并且能从中选择某个问题亲自进行研究。这样，他就不会再有一种想法，要去重新完成已经完成的事情。

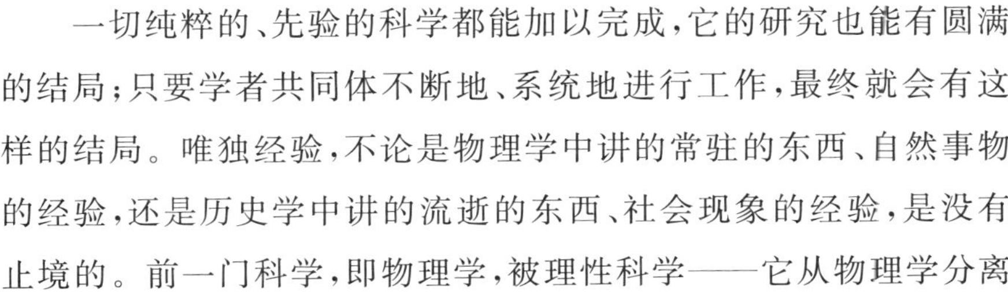

一切纯粹的、先验的科学都能加以完成，它的研究也能有圆满的结局；只要学者共同体不断地、系统地进行工作，最终就会有这样的结局。唯独经验，不论是物理学中讲的常驻的东西、自然事物的经验，还是历史学中讲的流逝的东西、社会现象的经验，是没有止境的。前一门科学，即物理学，被理性科学——它从物理学分离出一切先验的组成部分，在它的各个特有的学科中把这些组成部分完备地提出来——移交给实验领域，而物理学则从理性科学那里获得了一种正确理解所作的实验的技艺，获得了一种应当如何进一步审问自然的范导。从后一门科学，即历史学那里，理性科学首先去掉关于人类起源的神话，把这种神话归于形而上学，而历史学对于自己真正研究的问题和范围，则从理性科学那里获得了一个明确的概念，获得了历史真理的逻辑。这样，甚至在这个没有止境的领域里，准确可靠、合乎规则的前进运动也取代了瞎摸索、碰运气的盲目活动。

(I,8,278) 正如任何科学的内容都有其特定的规律一样，任何科学的学术性的和通俗性的阐述也有其特定的规则。如果一部著作犯了违背这些规律或规则的错误，这种错误就会由别人揭露出来，由新的著作加以纠正；如果没有什么错误，或者，我们不可能纠正它，我们何必要对它作另一种阐述呢？在每门科学中，最佳学术著作和最佳通俗著作在有真正更好的著作替代它以前，都是出类拔萃的；它在被替代时，必定会消失不见，而替代它的著作则会成为出类拔萃的。诚然，没有学养的读者是变化的，因为可以设想，由于学者们合目的地普及知识，他们的教育程度将有进一步的提高；但不管怎样，他们不会让人再向他们反复讲他们已经知道的东西。所以，尽管可以设想，某部完全符合于表现时代的通俗著作，后来不再符合于已经变化了的时代水平，必定会被另一部著作取代；然而这个前进的步伐无疑不会迈得很快，以致读者在每次图书博览会上都必定会得到某种新的著作。

我们在前面已经说过，整个知识领域要从理性科学出发，加以审视。每个学者都必须掌握这门科学的知识，哪怕只是为了随时认识整个科学事业的现状，知道他的著作在哪方面可能有用。一种定期出版的专门著作跟踪和综述当时的科学状况，一方面向同时代人作出报道，一方面留作未来的文献史料，这种著作是不应受到阻碍的。在我们对第三个时代的描述中，期刊和图书通报担负起了这类任务。因此，假如我们说明了在理性科学时代这样的综合述评应当怎样写，那么，我们同时也就说明了期刊应当怎样办，如果将来会有这样的期刊的话。通过对比，也许可以看出，这些期刊现今以其通常的形式为什么没有，也不可能有什么用处。把今天这一讲同我们的上一讲作充分对比，使我们几乎不得不作这样的描述。

每个时期的科学状况都应该按照业已提出的理念加以描述；前提是这种状况能在这个时期的一些著述中表现出来。这些著作摆在每个人的眼前，谁对上述问题有兴趣，无须我们的帮助，就可以从我们无须他的帮助已经从中得出答案的同一种资料中得出答案。不必深究我们在这方面为何必不可少。如果我们想成为真正必需的，我们就必须做某种事情，它要么是别人完全不能做的，要 (I,8,279)
么是只有在我们担当其中的部分工作时，他们才能做的。首先，作者说过的东西，我们不能再向读者重复，因为这东西既然作者已经说过，我们的读者就能以各种方式从他那里得知。我们应该向读者说出的，恰恰是作者没有说过，而他们由以领会他的其他一切说法的东西；我们应该揭示的，是作者本人也许闭着自己的眼睛就在心里**存在的**东西，由于这种东西，所说的一切就对他如实地出现了。我们必须从他的字里行间吸取**精神实质**。如果一个作者的这

种精神同时就是时代的精神，也就是说，如果我们仅用这个时代的一本书——很幸运，仅用他最清楚地说出自己的思想的一本书——就说明了这个时代的精神，那么，我就不理解，我们何必要用其他的书又重复做这项工作，亲自写出同样的东西呢？这些其他的书在内容方面是与那一本书一模一样的，尽管有偶然的外在差别。要知道，问题根本不是辛普罗尼乌斯、卡尤斯或提图斯处在何种发展阶段，而是时代处于何种发展阶段；我们曾以辛普罗尼乌斯为例说明这个阶段，我们至多能补充说明，卡尤斯和提图斯也是这类人物，为的是让谁也不要期待对他们还会有什么特别的说法。除了有时代的根本的、占主导地位的倾向以外，在科学中也许还有某些独特的次要倾向。我们应当彻底地阐明这些倾向，把其中的每一倾向通过它的最引人注目的代表作品作适当说明；对于属于同一类型的其他倾向，我们则至多作出刚才所作的说明。

对于现时代的艺术的评价也同样是这种情况；在这里，我们只限于对文学艺术的评论。价值的尺度是清晰、透明和真纯——不受个人的特性或非艺术的关系的干扰——的程度。如果我们已经按照这个时代的最伟大的杰作将这些指标达到的程度展示出来，酷爱艺术的年轻人所作的种种努力对我们有什么意义呢？艺术大师的习作对我们有什么意义呢？除非我们利用这些特性，是为了借助它们更深刻地理解和钻研艺术家的个人特性——它本身不是感性的，而是理想的——和借助这种特性更深刻地理解和钻研艺术家的作品。简言之，我们所说的这些综合述评无非应当成为和希望成为记载科学精神和艺术精神的年鉴[26]；一切不能被视为精
(I,8,280) 神的一种变化和其他形态的东西，对这样的述评来说都不应当作

事件，也不应纳入它的范围。用这样的眼光看问题，并不是在每天都会在历书上记下当日出版的东西，也不是在每个月和每次图书博览会都会出版一卷新书；这种情况实在无关紧要，而只会有利于节约纸张和减轻读者的负担。要是连续出版的东西中断了，那就是一个信号，表明在精神领域里没有出现什么新的事情，而仅仅还在谈旧的一套东西；假如出现了什么新的事情，《年鉴》是不会不报道它的。

只有对于艺术，大概还可以允许有一种不遵守上述严格的规则的例外。这是因为，人类距离艺术要比距离科学遥远得多；人类要达到艺术，比达到科学需要经过一系列更长的准备阶段。在这方面，甚至根据某些不完善的艺术作品作出微小的尝试，阐述这些作品，并把它们归结为一个统一体，使广大读者熟悉一点理解艺术作品的技巧，这也会受到欢迎，虽然这样的尝试不是记载精神的《年鉴》的那些要描写活生生地前进的东西的部分，但毕竟是一种普及的辅助手段。通常的评论组织只要有时也能作出这样的尝试，就总能得到某种感谢。但在科学方面，我们的严格规则没有任何例外；因为有中学和大学可供这个领域的初学者掌握科学规则。

(I,8,281)

第八讲

尊敬的听众！

第三个时代在其根本特点方面被描述为这样一个时代，这个时代除了它理解的东西以外，不承认任何别的东西；我们在理解它的过程中已经充分地描述了它的主导概念，即单纯感性经验的概念。根据这个时代的这种性状，我们已经得知，在这个时代存在着学者阶层与非学者阶层之间的差别，同时也得知这两个阶层不论单就其一方来看，还是就它们彼此的关系来看，都具有哪些性状。在前一讲中，我们已再充分不过地从历史上说明，整个这种关系不是自古以来就有的，而是在一定时刻产生的；我们也说明，它是以何种方式产生和获得这种性状的，它在以后的理性科学时代将会变得怎样。

在很早以前，我们在综观我们在这里本当讲的内容时提到，这样一个全凭单纯经验概念和空洞形式知识的时代，由于它的本质使然，就会引起对它自身的抗争，就会在自身带有它自己对自己的反作用的基础。请允许我在今天这一讲中拾起并进一步追踪这个提示。因为现在不会没有这样的现象：一些单个的人，要么确实对这个时代确立的原则造成的结果感到极端的荒凉，感到可怕的空虚，要么单纯希望把某种崭新的东西引上发展的道路——我们已经看到，这种愿望也是这个时代的一个特征——；这些人，我说，恰好在颠倒这个时代的原则，宣布这个原则恰恰是它的堕落，是它那种想理解一切的谬误的根源；与此相反，他们提出**不可理解的东西**本身，作为他们自己的原则，作为满足急需的唯一东西，作为医治一切弊端的良方的真正来源，而且这是为了这个原则的不可理解性起见。这种现象虽然看起来正好同第三个时代相对立，但正如我那时说过的，也仍然属于这个时代的必然现象，它的整个特性都 (I,8,282) 是不应忽视的。首先这是与这样一个准则矛盾的，按照这个准则，一切被承认为真的东西，都必须是能理解的；这个矛盾在这个准则本身得到表述之前，是不可能被提出来，并在理论上予以论证的，而只有在同这个准则的论争中才会产生；这个矛盾必然是在这个准则盛行了一定时间，变得成熟以后才出现的；这个矛盾清楚地表明，这个准则的追随者已经不断地认可了很多东西，可是这些东西，不论是他们还是其对手，都很少能理解。其次，提出不可理解的东西，把它定为原则，这绝不是应该由第三个时代发展而来的新时代，即理性科学时代的开端和组成部分，因为理性科学时代绝不指摘可理解性的准则本身，倒不如说，也承认这个准则是理性科学自身的准则；相反地，理性科学时代仅仅指摘被当作这种理解活动的基础和衡量一切有效性的尺度的那个坏的、不适用的概念。至于说到理解活动本身，那么，理性科学则制定了这样一条原理：所有的东西，甚至非理解活动，都绝对必须加以理解，非理解活动是理解活动的界限，是说明理解活动业已穷尽的唯一可能的证明；虽然在所有的时代都会有一种在当时还没有理解的东西，它是时代的唯一载体，仅仅被理解为没有理解的东西，但在任何时候都不会

有一种绝对不可理解的东西。所以,这种绝对不可理解性的原则比那种借助单纯感性经验概念把握一切事物的可理解性原则,更加直接与科学形式相矛盾。最后,这种不可理解性本身的原则也不是以往时代遗留下来的,这从我们迄今关于以往的时代所作过的论述中就已经看得很清楚。古代异教和犹太教所说的绝对不可理解的东西,是一位办事专断、永远无法捉摸,并总是令人恐怖的上帝,是人们只有凭好运气才能勉强忍受的上帝,他在他们根本没有寻求他的情况下,就违背着他们的意志,硬要给他们出主意,而他们是乐于摆脱他的。基督教会所说的不可理解的东西被确定为真理,则不是因为它不可理解,而是因为尽管它是偶然地以不可理解的形式出现的,却包含在书面的文字、传说和基督教决议中。但我们上面列举的准则却将不可理解的东西确定为最高的东西,并且为了它的不可理解性起见,而把它确定为不可理解的东西。因此,它是第三个时代的崭新的、前所未有的现象。

这么单纯推荐不可理解的东西,并没有了结这种东西的问题,
(I,8,283) 要是这样,每个人就都可以拥有自己的不可理解的东西;相反地,这种做法还会提供和传播一种特定的不可理解的东西,正如可以从这个时代的制定教义的活动中期待的那样。这种东西是怎样形成的呢?绝不是来源于旧迷信,因为这种来源对于有教养的公众已经枯竭,它的残余只在神学中还有保留;也不是来源于神学,因为像我们在先前已经说过的,神学是某种不同的东西。新体系是用认识现有体系的空洞性的方式产生的,也就是用理智推理的方式产生的;由于采用理智推理和自由思维——然而它在这里变成了臆想和虚构——的方式,新体系必定也产生出自己的不可理解

的东西;因此,这个体系的创立者和代表人物就称自己为哲学家。

用自由虚构的方式创造没有理解的东西和不可理解的东西,自古以来就被称为幻想;因此,要是我们能明确说明,什么是幻想,它的实质何在,我们就会认识到这个新体系的根源。

幻想与真正的理性科学有一个共同点,那就是它不承认单纯的感性经验概念是最高的东西,而是力求超越一切经验;由于在经验领域之上没有别的,而只存在一个纯粹思想的世界,所以它想建立一个纯粹由思想构成的宇宙,如我们已经看到的,这也是理性科学的任务。因此,那些维护经验、把经验视为真理的唯一源泉的人们,如果把每一个不管出于什么理由都要否定他们的这种经验至上的人干脆叫作幻想家,那就尽他们的所能,说中了要害,而且比他们自己知道的说得更好;因为他们通过自己的活跃的想象也会知道的东西,他们通过行动已经用经验细心地防范过的东西,即幻想,当然是超越了经验的;但超越于经验之上的另一条道路,即科学的道路,在他们心中则从未想到,他们也没有从这方面受到什么要去奋斗的诱惑。

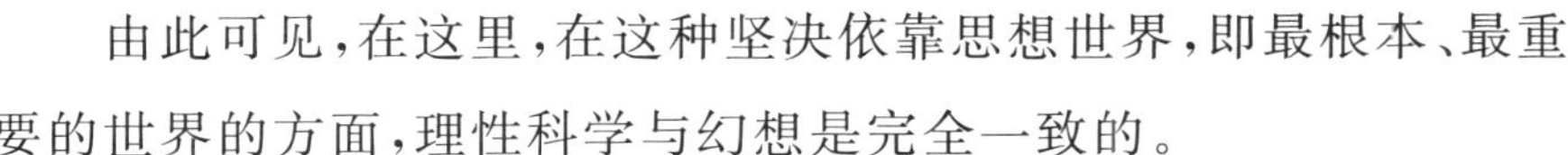

由此可见,在这里,在这种坚决依靠思想世界,即最根本、最重要的世界的方面,理性科学与幻想是完全一致的。

两者的差别只在于各方由以出发的思想的性质不同。科学的基本思想,正因为是基本思想,就绝对是统一的和自身完备的,对于这样的科学来说是完全清楚和透明的;科学以这种不可更改的清晰性看到,各种各样的思想和一切形形色色的物——因为物只 (I,8,284)
能出现在思想中——都是从这个统一的思想直接产生的,而且科学在这种产生的过程中把握它们,直到一切清晰的界限,即没有理解的东西，作为必要的界限，同样得到理解。这种基本思想不是科学自动地得到的，而是科学必须勤奋努力，仔细认真地探究这种思想；科学完全不会安于某种尚未完全理解的东西，而是要不断地上升到解释这种东西的根据，而且在看到一切事物都不过是来自一道唯一的、真纯的光以前，都要不断地上升到解释这种东西的根据。科学由以出发的思想就是这样。但幻想则在那些沉湎于幻想的个人当中大相径庭，甚至经常在同一个人身上也可以发生变化，所以，幻想能够由以出发的思想对于自己的更高根据从来都不清楚，因而甚至在其自身也只有一定程度的清晰性，唯其如此，这种思想就其关联而言，是一种绝对不可理解的东西。由于这个缘故，这种思想从来都不可能得到证明，或超越其原有的清晰程度，更进一步得到阐明；相反地，这种思想是悬设起来的，即使在利用真正科学的术语的地方，也是让读者和听者诉诸理智直观；然而理智直观在科学中一定具有某种完全不同于幻想中的意义。出于这同一个原因，关于人们得出这种思想的途径，就永远不能加以解释，因为这种思想实际上不像科学的原始思想那样，是通过系统的推论，上升到更高的清晰性的途径得出来的，而纯粹是一些偶然的猜想。

虽然崇拜这种偶然性的人绝不会解释它，但它究竟是什么呢？我们不想起码把它解释清楚吗？这是一种盲目的思想力量，它像一切盲目的力量一样，终归是自然力量，只有清楚的思想能摆脱它的支配；这种力量同一切其他的自然规定有联系，如健康状况、天赋禀性、生活方式和作业性质；由此可见，这些幻想家，尽管他们非常无视一切经验，尽管他们自视甚高，认为自己凌驾于大自然之上，但丝毫也没有猜到，他们的最引人入胜的哲学思维也不过是一些离奇的经验现象。

这种幻想的原则在于偶然的猜想，这个评论使我有责任把幻想同另一种在一定程度上类似的思想方法区别开，因此我也就有机会更清楚地规定这幻想本身。即使在物理学领域里，一些极其 (I,8,285)
重要的实验和一些广泛而透彻的理论，也都是依靠机遇，并且像人们可能说的那样，是依靠偶然猜想被揭示出来的；而且在理性科学得到充分推广，对物理学而言也完成了它那种在上一讲中确切规定的任务以前，情况一直会如此。然而，这些物理理论的创立者仅仅是在寻求能够概括现象的统一规律时，才经常从现象出发，他们一俟有了他们关于这种规律的想法，就又回到这些现象，用它们检验这个想法，他们毫不怀疑地确信，这个想法必须从它解释那些现象的可能性方面期待自己得到验证；如果这个想法不能这样验证自己，他们就下定决心放弃它。如果它验证不爽，这就证明，他们不是得出了某种臆想的结论，而是找到了大自然本身要求我们抱有的想法：因此这些实验家和理论家的天赋绝不应该叫作幻想，而是应该叫作天才。幻想完全是另一回事；它既不从经验出发，又不甘愿承认经验是评判其猜想的法官，而是要求大自然遵循它的想法[27]；当然，假如它首先具有正确的想法，假如它进而知道大自然的这种先验规定的界限有多大，在哪个领域完全不能应用，而只有实验能作出决断，那么，它就会做得正确。

幻想产生的这些猜想，我说过，既不具有自明性，也没有得到证明，或者说，不能从理论上得到证明，因为承认不可理解性的原则，也就放弃了这种证明的可能性；同时它们也不具有真实性，因而不能由自然的真理感加以验证，即使假定它们属于真理感领域。(I,8,286)

在这种情况下，怎么可能——哪怕是它们的创造者本人——相信它们呢？我有责任在我们继续往下讲之前，首先向你们解开这个谜团。

如我们上面已经指出的，这些猜想根本是思维中的盲目自然力量的产物，在特定的条件下，这种力量必然要通过特定的个人如实表现出来；我说必然要，其前提当然是指个人在上升到自由的和明晰的思维时没有超越思维中一切盲目的自然力量，也没有堵塞住发生这种现象的根源。要是个人不这样做，那就必然会发生下述情况：每个盲目的自然力量都在不断地活动，甚至在人不注意和没有意识到它的时候也是如此；因此可以预料，这种思维形式一旦成为这个人的基本天性，那么，在他身上就必然会发生许多分支，虽然这些分支不时地达于他的头脑，但他没有揭示它们的真正根源，或对它们的看法作出最终决断。总之，这个人是被动地服从或谨慎地听从他那不断进行思维的自然力量的；他对于他先前的猜想的统一、阐明、联系和验证突然全部传播开，也不乏惊奇；当然他并未预感到，这些猜想就是那个始终在促进生长的、只有现在才暴露出来的根源的分支，因而这些猜想与这个根源无疑应当是一致的。整体的真实性是依靠用整体解释各个部分的可能性给这个人得到验证的，因为他不知道，只有从这个整体出发，只有通过这个整体，才有各个部分，各个部分只是通过这个整体才存在的。他把他的虚构当成了真理，因为这种虚构同早先的许多琐屑的虚构是一致的，它们都来自同一个根源，虽然他未预感到这一点。

因为幻想产生的这种思维是进行思维的自然力量，所以它又返回自然界，以自然界为基地，力图在自然界中发挥效用[28]；简言

之，一切幻想都是，并且必然会成为自然哲学。我们有必要更细心 (I,8,287) 地阐明这个论断，而这同时也是为了清晰地将另一种常常被无知的人们看作幻想的东西同幻想区分开。我们说：或者，人的思维和行动的唯一动力是感性欲望，是求得个人的自我保存和身体健康的冲动，在这种情况下，思维只不过是欲望的仆从，而且只是为了发觉和选择一种满足欲望的手段才存在的；或者，思维是独立地存在的，靠自己的力量就是活生生的和能动的。前一种状况是第三个时代的全部智慧的基础，关于这种智慧，我们已经作过充分的描绘，在这里就不再赘述了。第二种状况又可以分为两种，如果有不同的看法，也可以分为三种。或者，那种独立的、活生生的和能动的思维只是人的感性的、单纯表现于思想的个体性，因而总是一种掩盖起来的、没有作为这样的个体性被认识到的感性兴致，这时它就是幻想；或者，它是完全没有感性根据，而纯粹起源于自身的思维，这种思维从不以单个人为对象，而总是包容了整个类族，所以也就是我们在第二、第三和第四讲中已经充分描述过的理念。如果它是理念，那么，它就像前面已经阐明的，又能以两种方式表现出来：或者，它表现于它的上述原始分裂过程，这时它就直接付诸行动，注入人的个人生活，消除人的一切感性冲动和欲望，于是人就成了文学艺术家、英雄、科学家或教团成员；或者，这种纯粹思维表现于它的绝对统一，这时它就被清楚地认识到了，所以是统一的、本身清楚的和透明的理性科学思维，它本身绝不付诸感性世界中的活动，而只是纯粹思想世界中的自由活动，即真正的思辨。与理念生活相比，幻想也不直接行动，而要根据幻想行动起来，还需要有一种由兴致决定的特别意志决断，因此，幻想本身仍然是思

辨;其次,它不以类族本身为对象,而是以个人为对象,因为它只从(I,8,288)个人出发,把注意力集中在保持个人生活的东西上,集中在感性自然事物上,因此,它必然成为对于自然的思辨。由此可见,理念生活——一些粗鲁的人也敢称之为幻想——必须同幻想严格区分开。在这一讲的前一个段落中,我们已经完全把幻想同理性科学,即真正的思辨区分开了。要能在自然哲学方面把真正的思辨同虚假的思辨,即幻想区分开,人们必须具有前者的知识,即理性科学的知识,而这绝不是没有学养的听众的事情。任何真正懂得科学的人绝不会想到向这类听众讲述这个课题,因而也绝不会向这类听众讲述自然的最终根据;思辨的自然学说必须以科学教养为前提,只能以科学形式加以阐述,没有学养的人是根本不需要它的。至于学者能够而且应当向广大听众讲述的那个知识领域,即理念领域,那么,甚至连这类听众也有一个正确无误的标准,能判断人们向他们讲的东西是不是幻想;这个标准能判断所述的内容是涉及活动,谈到活动,还是涉及静止不动的物的性质。尊敬的听众,我在这些讲演的开头向你们提出过一个主要问题,以后的全部讲演都是建立在我所设想的对这个问题的回答——它是这些演讲的真正原理——上的,而这个问题就是:你们自己能否不对一种完全奉献给理念的生活表示赞赏、尊重和钦佩;现在,这个问题完全涉及行动,涉及你们对行动的判断;这虽然会使你们超越于一切感性经验世界之上,但绝不会使你们耽于幻想。我还可以举出一个更明确的例子,比如,关于这样一个上帝的学说,这个上帝绝不随心所欲地行动,我们大家都是靠他的最高力量生活的,并且在这种生活中每时每刻都能够,而且也必定会成为极乐的人;一些缺乏理智

的人称这种学说为神秘主义，他们以为能完全摧毁它，但它绝不是什么幻想，因为它着眼于行动，具体地说，着眼于那种必定会活跃和推动我们的一切行动的最内在的精神。只有给这种学说附加上一种说法，佯称这种洞见来自某条内在的、神秘的光，它并不是人人都可以企及的，而只有上帝选出的少数出类拔萃的人才能分享，这种学说才会变成幻想。神秘主义的实质就在于这种佯言，因为这种佯言暴露出对自身价值的自命不凡，也表现出对于感性个体的高度傲慢。总之，幻想除了具有内在的、只有真正的思辨才能彻底阐明的标准之外，还具有外在的标准，那就是：它从来也不是道 (I,8,289) 德哲学或宗教哲学，倒不如说，它从内心深处仇恨这两者的真正形态（它称之为宗教的东西，只不过是自然的神化），它始终是自然哲学，也就是说，它竭力从自然的根据中探究某些内在的、不可进一步理解的属性，或以为已经探究出了这些属性，力图利用它们得出一些超越井然有序的自然发展过程的结果。幻想按照它的原则来说，我认为，必然就是这样的东西，而且它从来也确实是这样的东西。我们不应该让它的某些做法把自己弄糊涂，比如，它经常许诺把我们引入神灵世界的奥堂，要给我们揭示一些祈求天使、天使长，甚至上帝本身的方法；为了用这样的知识在自然中创造一定的结果，这类事情是屡见不鲜的；所以，那些神灵不是被看作神灵，而是被看作自然力量。它的主要目的永远是找到魔法。如果人们像我做的那样，为了至少用这个例子充分说明问题，而在这里经过深思熟虑，十分严肃地对待这件事情，那么，甚至上一讲中描述过的宗教体系——这个体系从随意行动的上帝出发，假定在上帝与人之间有一个中介，以为根据已经签订的契约，或者依靠遵守某些随

意作出的、就其目的而言不可理解的决议，或者依靠一种就其目的而言也同样不可理解的历史信仰，便可以凭其他方面受的损害向上帝赎罪[29]——甚至这个宗教体系，我说，也是这样一个幻想的魔法体系，在这样的体系中，上帝不是被视为这样一位至高无上者，只要同这位至高无上者分离，在没有什么进一步的后果时就已经是最大的不幸，而是他被视为一种可怕的、势必造成有害结果的自然力量，人们在对待这种力量方面已经找到了使它无害的手段，甚至找到了按照我们的意图驾驭它的手段。

(I,8,290) 尊敬的听众，整个幻想就是我们描述的这种东西，我以为，我们已经给它作了精确的规定，把它与所有类似于它的东西区分开了；它在它表现出来的地方，都必定是带着我们指出的根本特征表现出来的；它在它单纯是自然力量的地方，都是以我们同样指出的方式出现的。在我们谈到它是第三个时代对于自身的反作用的地方，它不单纯是自然力量，而且在绝大多数场合是人为力量。它发端于对第三个时代的原则的深思熟虑的抗衡，发端于对这个时代的那种看得很明显的思想空虚和软弱无力的反感，发端于这样一种看法：针对这种思想空虚和软弱无力，人们只有与普遍盛行的可理解性相对立，才能拯救不可理解性；它发端于由此产生的那种要拥有不可理解的东西的决断。但除此之外，在第三个时代，在由这个时代出发的一切人之中，也很少有可以从事幻想的能力。那么，这些人究竟是怎么炮制出他们的不可理解的东西和他们那部分幻想的呢？他们的做法是：他们坐下来冥思苦想，以期就自然界的隐秘的根据——因为幻想的一个不可更改的习惯在于，它总是把自然界当作自己的对象——想出某种东西，他们喜欢怎么想象就怎

么想象，然后从这些突然产生的想法中选出他们最喜欢的一个想法；如果那些想象进行得不够顺利，他们就用一种兴奋剂——在野蛮民族和文明民族中，这是古代和近代的一切幻想家都知道和普遍采用的——给自己鼓劲，而使用这种兴奋剂，就会毁掉要求高度清醒的真正思辨的那种明晰、审慎和自由，并且仅仅用它来进行创造，就可以肯定地得出结论说，他们从事的不是思辨，而是幻想。如果用这种辅助手段还不足以使他们的脉络顺畅，他们便求助于从前的幻想家的作品——这些作品越罕见，越声名狼藉，就越可 (I,8,291)
爱，而且按照这些幻想家的原理，一切东西越偏离占统治地位的时代精神，就越妙不可言——并且在无法把他人的这些偶想充当自己的偶想时，就用它们粉饰自己的偶想。我顺便指出这种情况，绝不是要否认这些遭到诋毁的古代幻想家的偶想有许多卓越的思想和天才的提示；我们同样也不想否认这些现代幻想家作出好些卓越的发现；但是，这些天才的火花总是被谬误包裹起来，而且永远都不是清晰的。要在这些幻想家那里找出这些火花，人们必须先把它们带给他们，所以，任何一个不比他们聪明的人在着手读他们的作品时，将不会从他们那里学到什么东西。

一切幻想的目的都在于得到某种魔法，这是它的固定不变的特性。我们这里所谈的那种幻想究竟想创造哪种魔法呢？它的性质是纯科学的；极而言之，我们这里只是谈到现时代的科学幻想，尽管艺术和生活还可以有另一种幻想，我们也许将在另一个时候描述这种幻想。因此，这种科学幻想必定在科学方面想用魔法做到在通常的自然发展过程中不可能做到的事情。该怎么办呢？科学要么是 a priori〔先验的〕，要么是经验的。先验的东西一方面创造理念王国，另一方面规定自然界；为了从后一方面把握先验的东西，就必须有一种冷静的、不断自相争辩、纠正自己和阐明自己的思维；而要在这方面取得某些显著的结果，就要花费时间和精力，耗费半辈子的生命。这是人人皆知的道理，所以未必有人会在这里想到魔术；因此，幻想家们都尽量躲开这个先验的领域；他们用来装饰自己的作品的东西，他们可以从别人那里挪用，并按照自己的方式改编，做得让任何人都察觉不出来，如果他们在剽窃被剽窃者时却辱骂被剽窃者，他们就可以轻而易举地指望得到掩蔽。所以，在他们那里剩下的就是经验的东西。这种东西在一切先验东
(I,8,292) 西都从自然分离出去以后，只是**纯粹**经验的，所以就有一种习以为常的，也可以说是正确的看法，认为这种经验的东西只有通过作出的实验才能加以研究，每个研究者都必须首先从历史上熟悉已有的实验，细心地重新进行这样的实验，而只有对全部积累的经验作出有独到见解的综合考察，据此进行新的实验，才能有创新的希望。这项工作也同样进行得极其缓慢，要求作出不懈的努力，耗费很长的时间；此外，从熟练的同行得到的东西也太多，他们可能走在我们前面，已经发现很多东西，以致有人苦干一辈子，到头来也不会成为有独创性的人。要是这里有魔法可用，那就有了克服困难的办法。于是，人们试图径直依靠偶然出现的想法，深入到自然界的内部，免得再去刻苦学习，免得再去做那种令人厌烦的、可能与我们的一切既定体系相矛盾的实验。

单凭人的本性中具有一种普遍喜欢神奇东西的癖好，这种打算就不可能不引起普遍注意，唤起某种希望。尽管那些已经走过刻苦学习的道路，甚至做过出色的和卓有成效的实验的老年人，不

怎么相信他们承担过的劳神费心的工作是无成效的和不出名的，不怎么相信他们实验中的发现现在用很短的一点时间——他们不做那些实验，本来也会有这点时间——就会在他们面前得到a priori〔先验的〕证明，不怎么相信在他们还年轻的时候就没有出现过宣扬这类神奇东西的学说，但是，对于尚未走上刻苦学习的道路，现在处于本该按老规矩走上这条道路的初始阶段的年轻人来说，这种认为只要写出一系列先验演绎的条文，就可以免得再去刻苦学习的预言，却更受欢迎。尽管任何魔法都像它通常的命运那样，实际上毫无成效，也就是说，任何新的经验知识都没有产生出来，相信魔法的人们的知识水平恰好依然如故；尽管任何一个眼睛不瞎的人都明显地看到，或者说，至少有可能明显地看到，在那些作为例证加以援引的经验知识当中，本质的东西完全不是a priori〔先验地〕推演出来的，或者说，甚至也不是通过整个理智推论接触到的，而只是根据以前所作的实验被假定为已知的，只不过被禁锢到了一种比喻的形式中，而所谓的演绎就在于做这种禁锢工作；尽管这类神奇东西的创造者既永远不能满足人们必然会向他提出的要求，即他至少凭一个应验的预言证明他肩负的崇高使命，也不能像他本该做的那样，在一个由迄今的经验不可能通过推论达到的领域里指出一种既不是由他、也不是由别人作出的实验，明确地预言这种实验的结果，使得在确实完成实验时会有预言的结果，反而总是像一切虚伪的预言家不断地做的那样，在事后才预言a priori〔先验地〕发生的东西——尽管这一切都无疑是事实，神秘主义大师们的尽人皆知的信仰却不会发生动摇，这种信仰说的是：事情的变化过程虽然在今天没有达到预定的目的，但在以后肯定会达到

(I,8,293)

预定的目的。

除了这种受到欢迎的兴奋剂以外，还有另一种影响很深的东西，那就是人的这样一种精神，这种精神随兴所至，不受管教，既不愿无所事事，也不愿有所作为；要是在这二者之间有一个中间状态，这对它也许最合适不过了。完全闲着，无所事事，太无聊；但如果不幸选择科学研究为专业，则可以预料，学无所获；所以，就结果来看，这又不妙。真正的反思与思辨都很让人劳累，且无济于事；学点什么吧，也得聚精会神，博闻强记。这样，幻想就盛行起来了！如果出色的高手能引起狂热的幻想——他只要是幻想家，就能做到这一点，因为幻想在任何时候都肯定会吸引不受看管的和毫无经验的人——那么，抱有幻想的人就可以毫不费力地继续走自己的道路，流露出自己的幻想，生活得愈来愈热闹非凡，而且在我们自己不必费什么力气的情况下，构成一种飞快活动的景象；在我们自己无须思索的情况下，就在我们之内有一种相当勇敢的思想；科学研究变成了世上最轻松愉快的事情。同时，这还有一个美妙的
(I,8,294) 结果：那些刚刚告别学校或还在上学的学子，就能用种种突然发生的想法，阻挡在经验方面最卓有成效的人们——他们十分了解自己那门科学的性质，当然永远不会抱有这类想法——并且能把他们所处的那种由最大失策造成的暂时困境当作他们固有的弱点的供状，对它耸耸肩膀，在众人面前赞美自己，吹嘘自己！

当我们作这样的描绘的时候，我们既不可能不知道，也不可能不看到，那些绝对无知的人们大致也都是按照这种看待幻想的方式看待真正思辨的努力和友人的。我们承认，既然对于这些无知的人们，除了经验之外，绝不存在任何东西，因而他们不可能不把

一切思辨都看作幻想，那么，按他们的想法说，他们也是完全有理的；并且从我们这方面说，我们既肯定一种在一切经验之外存在的东西，但同时恰恰为了这种东西起见，并且根据这种东西，也肯定一种纯属经验的经验，所以，在只有经验有效的地方采用臆想的思辨，会造成类似的谬误的缺陷，它除了用刚才那种方式，就不能用别的方式恰当地表达出来。并且总的来说，问题也不在于表达，而在于作者是否理解自己讲的意思，是否敢对任何同样理解他的论点的人作出解释。我们以为，我们在这方面已经得到确认，哪怕只凭在今天这一讲里叙述的内容。对于明显的、不侵犯我们当前这个圈子里的人的胡说公然保持沉默，是允许的，而我们也就不必在这个狭小的圈子里费什么口舌，甚至连今天讲的几句都不必讲了，如果整个答应的论述的完整性本来就不要求说这几句话。

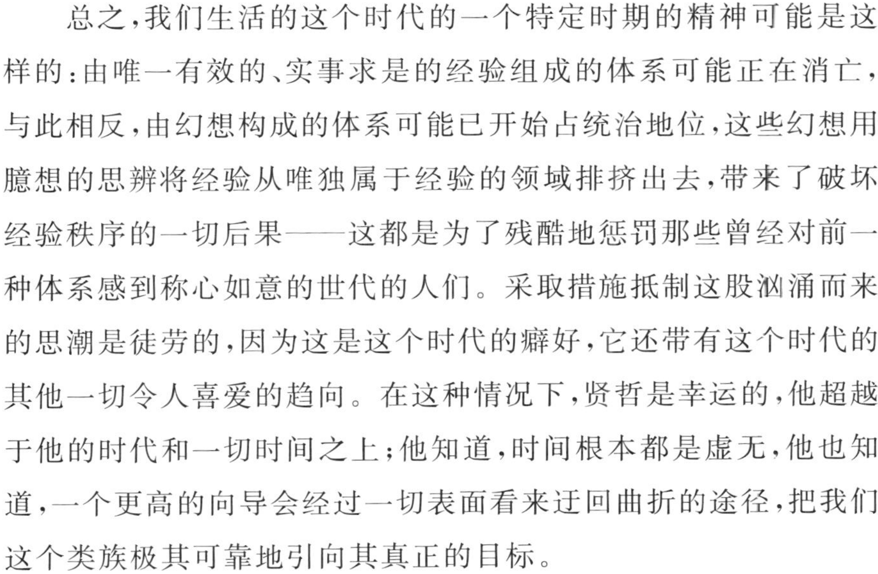

总之，我们生活的这个时代的一个特定时期的精神可能是这样的：由唯一有效的、实事求是的经验组成的体系可能正在消亡，与此相反，由幻想构成的体系可能已开始占统治地位，这些幻想用臆想的思辨将经验从唯独属于经验的领域排挤出去，带来了破坏经验秩序的一切后果——这都是为了残酷地惩罚那些曾经对前一种体系感到称心如意的世代的人们。采取措施抵制这股汹涌而来的思潮是徒劳的，因为这是这个时代的癖好，它还带有这个时代的其他一切令人喜爱的趋向。在这种情况下，贤哲是幸运的，他超越于他的时代和一切时间之上；他知道，时间根本都是虚无，他也知道，一个更高的向导会经过一切表面看来迂回曲折的途径，把我们这个类族极其可靠地引向其真正的目标。

(I,8,295)

第九讲

尊敬的听众!

关于第三个时代的科学状态,我们已经部分地就其本身,部分地就其邻近的两个领域,在前几讲中作了充分的叙述。每个时代的其他基本特征和特性都以社会状态的,特别是国家的性质为前提,并由此得到规定。所以,在我们未审视国家——不言而喻是在最高文明的国度——在第三个时代处于哪个阶段,未审视国家的绝对概念在这个时代表现和实现到何种程度,而没有表现和实现到何种程度以前,我们就不能再继续描述下去了。

没有一种人与人的关系会比国家体制给我们人类留下的自由更少,束缚更多。这主要取决于一切人所处的状况,因为这种状况束缚着头脑最清楚的人和最不受限制的权力的手脚,给国家的计划的实施设置了界限。由此可见,一个特定时代的国家体制是它以往的种种命运造成的结果,因为这些命运决定它当前的状况,而这种状况又决定其国家体制。因此,要像我们这里努力理解我们时代的国家体制那样,去理解这种国家体制,就必须考察这个时代的历史。

但这里我们又遇到新的困难,那就是:我们时代关于历史观点还远未在自己内部取得一致,还远未同我们遵照理性科学得出的历史观点取得一致,甚至也不了解这种观点。因此,在我们像下文中那样运用我们这种观点之前,首先阐述这种观点,为这种观点辩护,是绝对必要的;而这也就是我们今天这一讲打算达到的目的。

历史学是整个科学的一个部分,也就是说,它同物理学并列,是经验的第二个部分,而我们以往虽然对每一门这样的科学的实质都作过明确的阐述,但对历史学只是附带地作过思考;由于这种情况,要求我们作上述研讨就更其自然了。从这方面说,今天我们 (I,8,296) 这一讲还可以算是我们迄今对一般科学实质作出的整个叙述的一部分;可以说,这一讲是这部分的结尾,为我们向新的部分过渡开辟了道路。

为了有力地敦促你们形成你们自己的判断,而绝不是为了事先限制你们的这种判断,我声明:我现在将要表述一些完全清楚的原理,依我看它们是显而易见的和引人注目的,你们虽然会完全不知道它们,但一旦认识了它们,它们就是不可争议的。

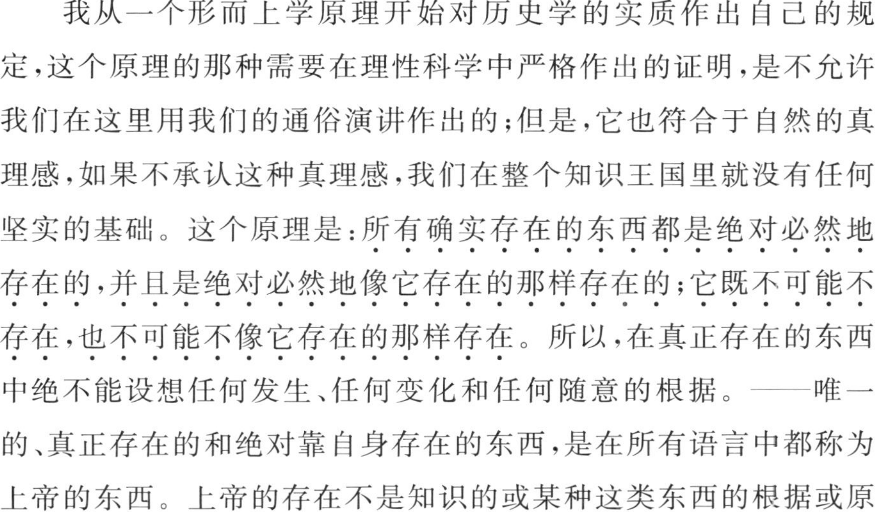

我从一个形而上学原理开始对历史学的实质作出自己的规定,这个原理的那种需要在理性科学中严格作出的证明,是不允许我们在这里用我们的通俗演讲作出的;但是,它也符合于自然的真理感,如果不承认这种真理感,我们在整个知识王国里就没有任何坚实的基础。这个原理是:**所有确实存在的东西都是绝对必然地存在的,并且是绝对必然地像它存在的那样存在的;它既不可能不存在,也不可能不像它存在的那样存在**。所以,在真正存在的东西中绝不能设想任何发生、任何变化和任何随意的根据。——唯一的、真正存在的和绝对靠自身存在的东西,是在所有语言中都称为上帝的东西。上帝的存在不是知识的或某种这类东西的根据或原因，以致这两者也可以被相互分离；相反地，上帝的存在绝对是知识本身；上帝的这种存在和知识完全是同一个东西；上帝在知识中是绝对像他在其自身存在的那样存在的，是作为绝对以自身为基础的力量存在的；我们说上帝绝对存在，和我们说知识绝对存在，两者完全是同一个意思。这个在这里仅仅作为结论讲出来的原理，在高级思辨中可以得到极其清楚的说明。——进一步说，一个世界只存在于知识中，知识本身就是世界；所以，世界间接地——即以知识为中介——是神圣的存在本身，就像知识直接地是这种存在那样。由此可见，假如有人说，世界也可以不存在，并且它曾经不存在，但到了另一个时候，它就通过一种上帝本来也可以不完成的随意行动从虚无中产生出来了，那么，这完全等于他仿佛在说，上帝也可以不存在，并且他也曾经不存在，但到了另一个时候，他自己决定要存在，便通过一种他本来也可以不完成的随意行动从虚无中产生出来了。我们刚才所说的这种存在，是绝对超时间的存在；在这种存在中设定的东西，只能在纯粹思想的世界中 a priori〔先验地〕加以认识，是永恒的，是在所有的时间都不变的。

(I,8,297)

如上所述，知识是神圣力量的存在、表现和完美映现。所以知识是自为地存在的：知识变成了自我意识；在这种自我意识中，它是自为地存在的，是固有的、以自身为基础的力量、自由和效用，因为它是神圣力量的映现；它作为知识就是这一切，也就是说，它靠一个它由以出发的特定的知识对象，永远不断地发展自身，达到更高的、更内在的知识清晰性。这个对象看来显然是一个特定的东西，而这个特定的东西也可能是别的东西；因为它虽然存在，但它的原始根据却没有被理解，相反地，知识要永远靠它去理解，要发展其固有的内在力量;由于这个不停的发展过程,才出现了时间。唯有存在知识,才出现这个对象,因此,这个对象是**在**它的已经预先设定的存在**之内**出现的;所以,它是纯粹知觉的对象,只能从经验上加以认识。我说,这是唯一的、永远依然如故的对象;因为知识必须永远靠它去理解;它以这种持久的客观统一性被称为**自然界**,合乎规律地注目于它的经验就被称为**物理学**。知识则是在持续不断的时间序列中靠它发展自身的;合乎规律地注目于完成这个时间序列的经验,就叫作**历史学**;历史学的对象是知识靠不被理解的对象进行的永远不被理解的发展过程。

总之,**超时间的**存在或存在绝不是偶然的;不论是哲学家还是历史学家,都不能给它的起源提供一种理论。时间上的**实际**存在看来会与此不同,也就是说,是偶然的;但这种外观是由不被理解而产生的,哲学家虽然能一般地说,统一的、不被理解的东西如同靠它进行的无限的理解过程一样,是**像**它存在的**那样**存在的,其所以如此,正是由于对它的理解过程必须永远无限地持续下去;但哲学家绝不能从发生学的角度由这种无限的理解过程推导和规定这种不被理解的东西,因为要是这样,他必然已经**把握了**这种无限性,而这是完全不可能的。因此,这里就有他的一条界线,如果他想在这个领域知道些什么,他必须求助于经验。历史学家也同样不能从发生学的角度把这种不被理解的东西作为时间的原始开端加以说明。他的任务在于提出经验存在不断具有的实际规定。所以,他以这种经验存在本身及其一切条件为前提。经验存在的这些条件是什么? 应该由此给一种历史的单纯可能性假定什么? 在 (I,8,298)
历史能找到其开端以前,必须首先具备什么条件?——这是哲学

家应该回答的问题，他在这里必须为历史学家创造坚实的基础。关于这个问题，可以用十分通俗的方式这么说：如果人是在什么时候被创造出来的，那么，他在这以前就没有被创造出来，至少没有有意识地被创造出来，而且他既不可能观察他是怎样从不存在过渡到存在的，也不可能把这当作事实传给后代。有人大概会反驳我，说这是创世主启示给人的。我回答说：要是这样，创世主就会取消了人的自为的生存依据的东西，即取消了不被理解的东西，因而在他创造了人之后，又立即毁灭了人，并且由于世界存在、人的存在是与上帝的存在本身不可分离的，所以他也会把他自己毁灭掉；而这是完全违背理性的。

由此可见，不论是哲学家还是历史学家，都不能对世界和人类的起源说点什么，因为根本没有任何起源，而只有唯一的、超时间的和必然的存在。而要说明实际存在的条件是恰恰超越所有实际存在和所有经验的，则是哲学家的事情。如果历史学家也遇到这类说明起源的事情，那么，他应当知道，这类说明就其内容来说不是历史，而是用古老的、素朴的故事形式表达的哲理格言，人们把采取这种形式的哲理格言叫作神话；他应当把对神话的评判交给理性，理性是哲学问题的唯一裁判，他不应当用**事实**这个令人尊敬的词汇使我们赞叹不已。事实，常常极其卓有成效和富有教益的事实，在这里只不过是表示有过这样一种神话而已。

在对哲学家的界限作了这种订正以后，我首先要从事一项工作，那就是把经验存在的条件作为一切历史的可能性的必要前提加以概括地规定。知识在自我意识中必然要分裂为对于各种各样的个体和个人的意识；这种分裂是在高级哲学中严格推导出来的。

既然知识是肯定存在的——知识是存在的，所以上帝就肯定存在，因为知识就是上帝的存在——，那就存在着人类，具体地说，存在着由**许多个体组成的人类**；因为语言是人的共同社会生活的条件，所以，人就**具有一种语言**。因此，任何历史学都不打算说明整个人类的，或人类社会生活的，或语言的产生过程。其次，人类的一个内在规定在于，它应在自己的这种原始的尘世生活中自由地把自身造就成理性的表现。然而首先从虚无中什么也不会产生，无理性也绝不能变成理性；所以，至少在人类的生存的某一时刻，形态 (I,8,299)
最古老的人类必定没有作出什么努力，没有借助什么自由，就已经是纯粹合理的。我说至少在它的生存的某一时刻，是因为它的生存的真正目的毕竟不是合理的**存在**，而是借助自由变成合理的，前者只是后者的手段和必要条件。由此可见，我们有理由得出结论说：在某个地方必定存在绝对合理的状态。我们不得不从这个结论出发，假定有一个原始的标准民族[30]，它单纯靠自己的生存，而不借助任何科学或技艺，就已经处于完善的理性文明的状态。但是，也没有任何东西妨碍我们同时假定，在同一个时期，在整个地球上散居着一些胆怯的、不文明的和土生土长的野蛮人，他们除了那种为了能维持他们的感性生活所必需的教化以外，一直过着没有任何其他教化的生活；因为人的生存的目的仅仅在于陶冶自己，达到理性，而这是这些土生土长的野蛮人都会让人完全适当地从那个标准民族那里带来的。

由于这个缘故，任何历史学都既不想说明整个文明的形成过程，也不想说明地球的各个地带的居民。堆积在一切游记中的那些费力写出的假设，特别是关于后一点的假设，依我们看，都是白

费力气。不论是历史学还是某种半吊子哲学，它们应当提防的，无非是这样一种完全不明智、永远无结果的徒劳之举[31]：试图通过渐渐减少非理性的程度的途径，从非理性上升到理性，而且如果人们给它们提供了足足几千年的历史，还要最终让一位莱布尼茨或康德从一只猩猩演化出来。

历史的叙述只放在令人惊奇的新东西上，放在与过去和未来不同的东西上。因此，**在**标准民族**那里**不存在历史叙述，也不存在**关于**这个民族的历史的叙述。这个民族和其他一切民族一样，每天都在本能的支配下度过，一个人的个人生活和其他每个人的个
(I,8,300) 人生活没有什么两样。一切都是自行适应秩序和习俗的；这里不可能存在科学或技艺，唯独可能存在的是宗教，它美化他们所过的日子，把一种同永恒东西的联系赋予生活单调的人。历史叙述也同样不可能存在于土生土长的野蛮人当中，因为他们过的日子也同其他人一样，所不同的只是，今天他们觅得充足的食物，明天却空手而归，在前一场合，他们饮食过度，动弹不得，在后一场合，他们虚弱无力，再苏醒过来，进行这种无谓的循环。

只要各种事物停留在这种状况，而且那种认为自己不代表文明而代表自然的绝对文明仍然同绝对的不文明彼此分离，那么，在一方面就不可能产生任何历史，在另一方面，更其重要的是不可能达到人类生存的目的。因此，标准民族必定会因为某个偶然事件被驱赶出原有的居住地，而无法再进入这个居住地，并且这个民族必定会被分散到各个不文明的地方。只有在这时，人类自由发展的过程才能开始，于是，记载那类出人意料的新东西的历史也随之开始；因为只有在这时，散居在各地的标准民族的后裔才会惊奇地

知道，并非一切事物都必定是像他们那里那样，而是可以完全不同，因为本来就恰好不同；野蛮人在获得深思熟虑的能力之后，记载了更多的奇妙事物。只有在文明和野蛮的这种冲突——除了宗教，它同世界一样古老，并且与世界的存在是不可分的——中，一切思想和一切科学作为把野蛮引向文明的力量和手段，才开始萌芽，获得了发展。

刚才所述的一切，都单纯以历史的现实存在为前提，但历史不能要求对自己产生的时刻还有作出判断的权利。一些从历史由以开始的实际状况到先前状况作出的推论，特别是从实际能有的，因而成为事实的神话作出的推论，如果符合于逻辑，则特别应当谢天谢地，加以接受；不过大家应当知道，这是推论，而绝不是历史，要是我们想进一步研究推论的形式，切不可让事实这个可怕的字眼吓跑我们；这是我们在这里附带作出的第一个说明。第二个说明是，任何一个对整个历史有概括了解——这样的了解比对个别奇珍异物的了解更罕见——的人，特别是掌握了历史中的普遍东西和永远不变的东西的人，必须在这里阐明历史上一些最重要的问题，例如，肤色和体格很不相同的人种是如何可能的？为什么在所 (I,8,301)
有时代直至今日，文明都只是由那些外来的、或多或少发现当地野蛮的土著居民的人们传播的？我们在历史开始的地方处处遇到的人与人之间的不平等是从哪里来的？以及诸如此类的很多问题。

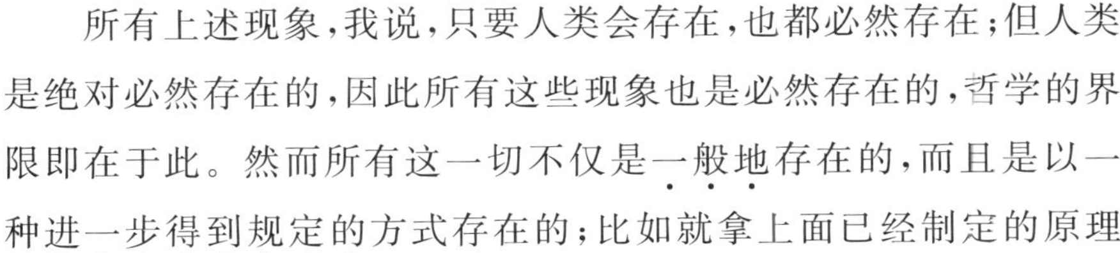

所有上述现象，我说，只要人类会存在，也都必然存在；但人类是绝对必然存在的，因此所有这些现象也是必然存在的，哲学的界限即在于此。然而所有这一切不仅是一般地存在的，而且是以一种进一步得到规定的方式存在的；比如就拿上面已经制定的原理

来说，标准民族不仅一般地存在，而且是在地球上的某个地方存在的，虽然在我们看来本来也可以住在别的地方，但实际上却没有住在任何其他地方；这个民族有一种语言，这种语言当然是由一切语言的基本规则规定的，但除此以外，还有一个组成部分，它在我们看来可以是不同的，因而是随意的。哲学的范围就到此为止，因为可理解的东西结束了，当前生活中不可理解的东西开始了；因此从这里出现了经验，它在此种场合就被称为历史；那些仅仅一般地按其本质推导出来的更为详细的规定，就它们的这种特殊性状看，如果它们没有另外由于其他原因，必然会对历史学秘而不宣，只能被认为是一些没有任何发生学解释的事实。

但从上所述至少可以得出如下看法：历史学是纯粹的经验，它只需提供事实，它的一切证明只能用事实作出。关于需要加以证明的事实——例如，上升到一种史前史，或是论证某种事情本来是会存在的，因而假定它确实存在过——有一种超出历史界限的迷误，而且现在恰好有这样一种 a priori〔先验〕历史学，正像前一讲中提到的自然哲学致力于发现一种 a priori〔先验〕物理学一样。

事实的证明是按下述方式进行的：首先有一个保留至今的事实，它是我们可以用眼睛看到、用耳朵听到和用双手摸到的。这个事实只有在先前有另一个我们现在已经再不能知觉到的事实的前提下，才完全可以理解。由此可见，这个先前的事实当时也是可以知觉到的。人们认为，先前的事实只有对理解当前还存在的事实是绝对必需的，才得到了证明；这是一条规则，必须严格地加以遵守；但只有理智，而绝不是什么幻想，才能在历史的证明中发挥作
(I,8,302) 用。除了绝对需要借助先前的事实来说明现时代以外，我们还有

什么必要进一步规定和阐明先前的事实呢？在任何科学中，特别是在历史学中，确切地认识我们还不认识的东西，要比用猜想和臆造去填补空白重要得多。例如，我读一篇自称出自西塞罗的手笔，并且至今也被公认为如此的作品；这当然是现今的事实。但需要由这个事实查明的先前的事实是：西塞罗，这位在其他历史资料中都知名的、并且被准确地确定的人物，是否确实写过这篇著作？我查遍了从西塞罗到我的整个时期中出现的一系列证人；但我知道，其中可能有错误和欺骗，而且对于作品的真实性的这种单纯外在的证明不足以作出判定。于是我查看这篇作品的一些内在标志：这是不是一位生活在那个时代、处于那个地位和具备那些条件的人物使用的语言和个人的思维方式？假如我对这个问题得出了肯定的回答，那么，证明就作出来了；如果这篇作品不是西塞罗所写，那么，它怎么还能像现在这样保留下来，就完全令人不可思议；唯一能写出这篇作品的人正是他，所以，这篇作品是他写的。

另一个例子。我读所谓的《摩西五经》第一卷的头几章，并假定都真的读懂了。这几章是摩西写的呢，还是——因为按内在根据说，它们不可能是他写的——他单纯根据口头传说记录下来，收入他的文集的呢；或者，它们是那位以斯拉记的，还是一位更晚的人记的——这一切对我都无关紧要；在这种场合，甚至连摩西或以斯拉是否存在过，对我都无关紧要；对于我来说，连知道这头几章是如何保存下来的，都不重要；所幸的是它们保留下来了，这始终是最重要的事情。我从它们的内容看到，这里有一种关于标准民族——与另一种用泥团制成的民族相反——的神话，有关于这个民族的宗教、关于它散居各地的情况和关于它对耶和华的崇拜的形成过程的神话；据说，在崇拜耶和华的民众中间随即重新出现了标准民族的原始宗教，这种原始宗教由此传遍了全世界。我从这种神话内容得出了结论说，这种神话必定比任何历史都古老，因为从有历史开始，到耶稣为止，没有一个人再能**理解**这种神话，更不用说**虚构**它了；我得出这个结论，也是由于我在所有民族那里都又
(I,8,303) 遇到这样的神话，它们以这种神话的形式作为其历史的开端，只不过蜕化得具有更多的虚构性质和感性内容。这种神话早于所有其他历史而存在，是历史的第一个事实和真正开端；正因为如此，这个开端不能用一个更早的事实来解释；这种神话的内容不是历史，而是哲理格言；这种哲理格言是通过人的独自思考得到确认的，除此之外，对于任何人都不再有约束力。

我们早先说过，要达到人类生存的真正目的，标准民族就必须被分散到各个野蛮的和不文明的地方；只有这时才有某种新的、引人注目的东西，它引起人们的怀念，使人们对它永志不忘；——只有这时真正的历史学才能开始，这种历史学能做的，无非是凭借单纯的经验，用事实把握**历史上**从这时起通过原始文明与原始不文明的混合产生的真正人类的那种逐渐文明化的过程。为了查明单纯的事实，这里首先用得着研究历史的技能，其主要规则我们已在上面作了明确规定，那就是：纯粹地、完备地掌握当前的实际状况，尤其要掌握它在何种程度上能溯源于先前的事实；准确地、明确地思考，只有在那些先前的事实的条件下，当前的实际状况才能让人理解。这里特别需要完全摒弃虚幻的或然性概念，这种概念来源于一种软弱的哲学[32]，由这种哲学又传播到所有的科学，而尤其在历史学中牢牢地扎了根。或然的东西之所以存在，正因为它仅仅

是或然的，而不是真实的。我们何以要让这种不真实的东西在科学范围内占有地盘呢？严格地说，或然的东西是这样一种东西，这种东西在我们缺乏的如此这般的根据、证据和事实还能被揭示出来时，或许会是真实的。如果我们预见到，这些缺少的根据怎样能通过查找遗失的文献或发掘埋藏的书籍而被弥补起来，我们就可以把那些或然的东西记载下来，使得其中包含的思想不致丧失，但同时必须醒目地打上单纯或然性的标记，并且必须标明，要使它们变成真实的，需要什么条件；我们切不可以凭我们自己的坚定信念，凭我们认为某个假设——这是我们作为历史学家喜欢 a priori (I,8,304) 〔先验地〕制定的——能获得证明的愿望，来填补或然性与真实性之间的鸿沟。

人类的这种逐渐文明化的历史作为真正的历史，又具有两个相互密切关联的组成部分：a priori〔先验〕部分和 a posteriori〔后验〕部分。先验部分是在第一讲中就其最普遍的基本特征提出的**宇宙蓝图**，这个蓝图能引导人类经历在当时描述过的那五个时代。思想家无需渊博的历史知识就能知道，这些时代如描绘的那样，必定是一个接一个地出现的，并且思想家真的也能概括地描述那些至今尚未实际进入历史的时代。不过，人类的这种发展并不是像哲学家以一种独特的概括方式描绘的那样整个出现的，而是逐渐地出现的，在某些时期、某些地方和在某些特殊的环境下总是受到各种外在力量的干扰。所有这些特殊的环境绝不是由那个宇宙蓝图的概念产生的；它们是一种在这个概念中不被理解的东西；而且因为这个概念是表示宇宙蓝图的唯一概念，所以它们也是根本不被理解的东西；在这里出现的是历史的纯粹经验部分，是历史的 a posteriori〔后验部分〕,是采取经验形式的真正历史。

哲学家是作为哲学家从事历史研究的,他遵循的是那个宇宙蓝图的 a priori〔先验〕延续的线索,他无需任何历史就已经对这个蓝图认识清楚;他运用历史,绝不是为了用它证明某个东西,因为他的原理早已不依赖于任何历史而得到了证明,而只是为了在活生生的生活中历史地说明和陈述不用任何历史也照样清楚的东西。因此,在整个时间之流中,他只寻找这种东西,诉诸这样一个时刻,在这个时刻人类确实在向着自己的目的迈进,并且他只重视这个时刻,而把其他一切都置诸脑后;他从事历史研究,不想首先从历史上证明人类必须走这条道路,而是老早就从哲学上证明了这个事实;他只想附带解释,这是在何种情况下见之于历史的。当然,单纯事实的收集者完全采取了另一种做法,而且也应当采取另一种做法,而我们绝不因为他的工作与哲学有这种对立,就认为它微不足道,相反地,他的工作只要完成得好,是会受到高度的尊重的。在这种收集者那里,除了完全不涉及内容的外在年谱,就没有任何支撑点,没有任何指导线索,没有任何坚实的观点;他必须列举的,是在某个这样的时期可以从历史上查到的一切事实。他是编年史家。如果他忽略了某个这样的事实,他就违背了自己的技
(I,8,305) 术规则,而必定会被指摘为无知或草率。可是,在每一个这种只取决于其依次更替,而绝不取决于其内在精神的时代中,就像哲学家向这类收集者或那类收集者——如果他也是一位哲学家的话——所能说的那样,包含着多种多样的、同时并存和相互交错的内容,例如,原始野蛮状态的残余,原始的、还没有开始传播的文明的残余,所有四个文明化阶段的残余或预兆,以及最后,确实发展着的

文明化过程本身。纯粹的经验历史学家必须如实地、准确地把握所有这些成分，一个接一个地再现它们；哲学家则按照我们在这里抱有的宗旨运用历史，只考虑这些成分中的最后一个成分，即那个生气勃勃地发展着的文明化过程，而将其余一切均置于一旁。经验历史学家会按照自己固有的技术规则，评判哲学家的做法，并且会得出结论说："哲学家不知道自己恰好没有说到的东西，他仍然可能发生错误，因为我们尤其应该要求哲学家不要在任何场合都将自己知道的一切和盘托出，而只应说那种与本题有关的事情"。——为了肯定地说明真相，我说，哲学家当然仅仅是在历史对他的目的有用的范围内运用历史，而不理睬其他一切对此无用的事情；我要坦率声明，在以后的研究中我正是用这种态度运用历史的。这种做法在纯粹的经验历史学研究中完全会受到指责，因为它会毁灭这门历史学的本质，可是在哲学家那里就不是这样；因为他早已在不依赖于历史的情况下，证明了他使历史服从的那个目的。哲学家只有在断言某种从来都不存在的事实时，才应受到指责；然而哲学家依据的是历史学研究的一些结果，他只从这种研究借鉴最普遍的东西，要是这种研究连这样的东西都还没有澄清，那对它本身就是很大的不幸；但如果他索性不谈显然存在过的事实，他却绝不应受到指责。哲学家致力于理解世界事件的内在涵义和重要性，他对于这些事件只提到它们曾经是存在的；至于这些事件的存在——这种存在无疑还制约着许多其他的存在——的方式，哲学家则任凭经验历史学家去解决。哲学家也许对于种种具体情况所知甚少，但对于某个事实同整个宇宙蓝图的联系也许远比对种种具体情况所知甚多的人理解和解释得更好；如果情况真

是如此，那就不应该抱怨他了，因为这正是他作为哲学家的职责所在。——现将上述一切概括如下：指导我们和我们的类族的是必
(I,8,306) 然性，但这绝不是一种盲目的必然性，而是神圣存在的一种自身完全清楚和完全透明的内在必然性；我们只有接受这种温良的指导，才变得真正自由，深入到了存在之中；因为除这种指导之外，就只有空想和欺骗。任何事物之所以像它存在的那样存在，都不是由于上帝任意要它恰好这样，而是由于不这样安排，上帝就不可能表现自己。真正认识这种安排，谦恭地听从这种安排，在对我们与神圣力量的这种同一性的意识中得到极乐，这是人人都可做到的事情。用清楚的概念理解这种指导人类的活动中的普遍的、绝对的和永远不变的东西，是哲学家的任务；依据事实描绘这种持续发展的过程所经过的那个不断变化和可以变化的领域，是历史学家的任务，而哲学家只是顺便提到历史学家的一些发现。

不言而喻，我们这里对历史的运用——其中有一部分已经完成，有一部分仍打算完成——，除了我们今天从哲学方面如所期望的那样清楚地、明确地描述过的以外，就不可能是别的，也不可能被看成是别的。特别是，按照我们今天所作的声明，我们首先应当阐明，合乎理性的国家概念是怎样在人们当中渐渐得到实现的，我们的时代正处在绝对的国家发展的哪个阶段。然而，为了把我们非常小心地限制在我们这门科学的范围内，也为了不致从我们方面引起哲学和历史学之间的那类旧的争论，我们甚至将把我们用这种方式确定的东西不是看作得到证明的史学论据，而是看作给历史学提出的假设和特定的问题，历史学家可以按照这些问题探究事实领域，考虑这种假设是否能用事实得到证实。只要我们的

观点有点新意，有点意思，它就能促使人去进行研究，这种研究即使不能得出我们恰好期望的东西，毕竟也能得出某种新的、有意思的东西，这样，我们的努力也就没有完全白费。在把我们限制在这个要求并不过高的愿望上以后，但愿历史学家也不会不对我们表示满意。

(I,8,307)

第十讲

尊敬的听众！

说明现时代的国家处于它发展的哪个阶段，是前一讲就宣布的我们当前的课题。很显然，我们只有从一个关于绝对国家的准确规定的概念出发，才能理解关于这个课题的整个论述。

关于任何其他课题，都绝没有比关于国家写得更多、读得更多、说得更多的了，尤其在我们经历的这个时代，所以，对于这个课题，我们可以比对于任何其他课题更有把握地指望，每一个即使不真正从事学术工作，但毕竟受过教育的读者，都预先具有一些认识和概念。至于具体地说到我们打算在这里进行的关于国家的论述，那么，我们必须首先指出，我们出于其他更深刻的理由，部分地同意一些很知名的著作家的观点，尽管在其他一些重要问题上我们与他们又有分歧；在德国哲学家当中一个最流行的观点认为，国家几乎只是一种主管法律的机构，这个观点虽然我们也不是不知道，却在经过深思熟虑以后拒绝了。此外，我们要指出，我们不得不从若干看来很干巴的原理开始谈起，这些原理我暂且请你们记在心里，但愿它们还在这一讲结束之前，就会通过更详细的规定和运用，变得一目了然。

依我们的看法，绝对国家就其形式而言是一种主管技艺的机构，其任务在于把一切个体力量引向类族生活，在这种生活中将它们融合起来，也就是说，在外部世界用个体实现和表现我们充分描述过的一般理念形态。由于这里并不信赖人灵魂深处的内在生活和理念的原始活动——我们在前几讲描绘过的理念中的一切生活就是这样——，由于我们谈的机构反而从外部作用于个体，而个体对于把自己的个体生活献给类族丝毫不会感到愉悦，反而有抵触情绪，所以不言而喻，这种机构会是一种强制性机构。对于那些由理念焕发了自己的内在生活，除了把自己的生命贡献给类族，其他什么也不希求和不期望的个体来说，这是不需要什么强制的，强制 (I,8,308) 对于他们也许会完全消失；国家对于他们，只不过是一个不断综观整体的统一体，它宣布和说明类族当前首要的目的，将自愿发挥作用的力量置于适当的位置。我们说过，国家是一种主管技艺的机构；从严格的意义上说，当然只有在理性科学时代已经科学地认清了国家的目的及其实现的手段，第五个理性技艺时代已经来临之后，国家才是主管自由的和自明的技艺的机构。但在高级的自然中，即在人类的命运中，也有一个合目的的过程，这个过程不问类族的认识和意愿如何，而把它引向它的真正目的；这个过程可以被称为自然的技艺；也只有在这个意义上，我才把前几个人类历史时代的国家称为主管技艺的机构。我们指出和说明的技艺是把一切个体力量引向类族目的。我们说过，绝对国家就其形式说是主管技艺的机构；这就是说，一个国家究竟存在与否，唯独取决于个体力量献给类族的一个目的，不管这个目的具体地说是怎样的；然而，对国家的这个规定完全没有解决，在各个具体的国家中怎么能设定各种各样的目的，并且把这个问题搁置起来了；可是，个体力

量正在逐渐地被奉献给这个目的的实现。这个规定同样也没有解决，类族的绝对目的是什么；说明了这个问题，国家的**实质**、它的真正内涵和目的即可得到描述。

根据这些预先作出的界定，我们现在来更详细地研讨国家概念。首先，国家既然必须将一种必然有限的个体力量的总和引向共同的目的，就必然把它自己视为一个锁闭的整体，而且由于它的全部目的是人类的目的，它也就把它的公民的总和视为人类本身。它可能还有一些目的，它们涉及不属于它的公民范围的其他人，这与人类的目的并不矛盾；因为这些目的毕竟是它固有的、为它自己而采取的目的，它把它的公民的个体力量都引向这些目的的实现；因此，它总是把这些个体力量只献给它自己，即献给最高的东西，献给类族。由此可见，无论像以上所述的那样，国家将一切个体力量引向类族生活，还是像这里所述的那样，国家将这些力量引向它固有的生活，即国家的生活，都完全一样；不过，这后一种说法，如我们立刻就会看到的，只有通过前一种说法才获得其真正的意义。

(I,8,309)

其次，绝对国家的实质在于，一切个体力量被引向类族生活，而国家首先就把它的公民的整个总和定为这类族。这就要求：第一，国家必须毫无例外地向所有个体提出**同样的**要求；第二，国家必须要求每个个体毫无例外、毫无保留地竭尽其**全部**个体力量。在这种体制下，**每个人**作为个体都为类族作出了牺牲，同时，所有其他个体在他们作为类族的组成部分而属于他们的一切权利方面也都为**每个人**毫无例外地作出了牺牲——这是从第一个要求自然而然地得出的结论。一切人的力量究竟以什么为目的呢？以类族为目的。但对国家来说什么是类族呢？毫无例外，是国家的所有公民。假如某些个人对共同的目的要么完全不愿效力，要么同其余的个体相反，不愿竭尽全力，那么，他们就会享有联合体的一切好处，而不担负联合体的一切重任，这是不平等的。只有在一切人毫无例外地竭尽全力，献身于国家的地方，才能有平等。在这种状态下，一切人的个体性都完全融于一切人构成的类族；每个人都取回了他向共同力量作出的贡献，而这种贡献是通过他与所有其余的人构成的共同力量增多的。单独的个体的目的是本人享受，他把自己的力量当作达到这个目的的手段来运用；类族的目的则是文明，它的条件是配享的生活水平；在国家里，每个人绝不是把自己的力量直接用于本人享受，而是用于实现类族目的；他为此达到了类族的整个文明水平，除此之外，他还达到了他自己的配享的生活水平。不过，大家要谨防这样设想国家，即国家仿佛完全是建立在一些个体上的，是由个体组成的——这几乎是通常的哲学家们能够设想一个整体的唯一方式。其实，国家是一个本身不可见的概念，正如我们在头几讲中描述过的类族一样；国家不是一些单个的个人，而是这些个人彼此之间持续存在的关系，这种关系的那个总能不断生存、不断变化的创造者就是在空间里生存的那些单个的个人的劳动。所以——我也想用一个例子来阐明我的思想——国家也绝不是一些统治者，倒不如说，统治者们也像所有其余的人一样，只不过是国家的公民；在国家里，除了公民以外，根本不存在任何单个的个人。统治者们必须像所有其余的公民一样，竭尽自 (I,8,310)
己的一切个体力量，以便照他们自己的理解，不断将被统治者——他们也不是国家——的力量引向共同的目的，并对反抗者进行强制。只有那种从统治者的领导活动，从被统治者受领导的力量给

一切人产生的结果，我们才称为严格意义上的国家。

只有一条我将立即予以对付的异议，这里应当加以审视。有人可能会说，为什么恰好必须把个体的所有力量都用来为国家的目的效劳呢？假如花较少的力量便可达到这个目的，那么，把这需要消耗的力量完全在一切个体之间平均分担，而把所剩的力量让每个个体自己自由支配，这难道不会同样满足所要求的平等吗？对此，我们回答说：第一，以为实现国家的目的不需要个体付出全部力量，这种假想的情况是绝不可能发生的，也是不可能存在的。诚然，为了促进国家的目的，国家所需要的不是个体的所有这样的力量，这些力量也许是他本身不知道的，也不是他的所有这样的力量，这些力量虽然他知道或可以使用，但国家却不知道或不可以使用；然而，国家为此需要的却肯定是他的所有这样的力量，这些力量他已经知道，并且可以使用；因为国家的目的是文明，而为了保持和进一步提高国家已经达到的文明水准，在任何时候都需要尽一切力量，因为只有靠集体的力量，大家才达到了这个发展水平。假如国家不把全部力量用于自己的目的，它就会倒退，而不会前进，并且会在文明王国里失去自己的地位；由此引起的进一步的后果，我们将会在另一时间看到。第二，我要问，公民们对其剩余的、供他们自由支配的力量应该怎么办呢？他们是否应当闲着无事，把这种力量搁置起来呢？这是违背一切文明发展的形态的，本身就已经是一种无教养的野蛮行为。有教养的人不能无所作为，也不能超过他的天然感性力量要求的、国家无论如何都要给他安排的必要休息时间而游手好闲。或者，他们是否应当把自己的这种力量用来实现自己的个人目的呢？可是在完善的国家里，不应当

有任何一个公正的个人目的不被纳入整体的计划，不被整体关心其实现。最后，有人也许会说，这种力量应当用于个人在安静地休息时发展其自身。我回答说，没有哪一种发展是不以社会，即不以严格意义上的国家为出发点，也没有哪一种发展必然不会努力复归于社会或国家；因此，个人的发展本身就是国家的目的，完善的国家本来就以促进这个目的的实现，按每个人的分量给他提供这 (I,8,311)
样的发展为己任的。为了使我们的这种想法不至于在实际运用中发生误解，我们以后将会作出说明；我们这里谈的是完善的国家，上述内容无疑都完全适用于它。

逐渐地、自由地上升到这种绝对国家的形式，即上升到理性所要求的人与人的关系，是人类的使命。这种逐渐的上升既不可能在无辜状态下，在标准民族当中发生，也不可能在原始的未开化状态下，在野蛮人当中发生。

之所以不可能在前一种状态下发生，是因为在这个阶段，人们完全自然而然地生活在最完善的社会关系里，不需要什么强制或监督；在这里，每个人都自然而然地做着公道的、对整体有益的事情，他本人对此并未加以思索，其他人也未替他对此加以思索，这种社会关系不是靠人们自己的技艺或某个自然过程建立的，并且在这里根本没有什么起源可谈。之所以不可能在后一种状态下发生，是因为在这个阶段，每个人只关心自己，而且只关心他的原始的动物性需求，任何人都不会上升到对某种更高的需求的理解。因此，国家的发展只有在我们类族的两个基本部族融合起来，成为历史上真正的人类的过程中，才可能开始和延续。

国家的首要条件和我们的上述国家概念的首要特征是，自由

人服从于他人的意志和监督。我说的**自由人**是相对于奴隶而言的，指的是这样一些人，为这些人本身及其家庭设法获得生存资料的操心始终听凭他们自己的机智和判断，所以他们在自己家里是独裁的家长，甚至在他们服从于达到另一种目的的他人意志以后，这种情况也依然如此。与此相反，**奴隶**则是这样一些人，这些人从不为他们自己的生存资料操心，而是靠别人**养活**自己，他们的全部力量都按主人本身的意志服从于主人的家庭，因此，奴隶绝不是家长，而是他人家庭中的成员，以致他们的肉体和生命都必须献给这个家庭。主人养活他们的原因无非在于，养活他们比消灭他们对主人有用得多。我说过，自由人就其本身而言，在他们必定仍然自由的前提之下，必须服从于他人意志，而且我还说过，这么做的理由在于，这些服从者本身至少能**成为**目的，这也全然属于国家概念
(I,8,312) 的内容，并且只有在他们虽然处于服从地位，却在某个领域——当国家达到更高的发展阶段时，这个领域后来就成为国家的目的——里仍然自由的时候，他们才能这样；可是，奴隶就其本身而言，假如他们不能获得人身自由，则永远不能成为目的，而是也像任何动物一样，至多能作为他们的主人的工具，为他们的主人的目的而存在，而绝不能独立自主地存在。在自由人服从于其他自由人的意志和受其他自由人的照管时，可能有以下两种情况，或者，如果按另一种算法，可能有三种情况；而由于这种服从关系是国家的起源，所以就可能恰好有这么多的国家基本形式，通过这许多形式，国家才达到自己的完善境地；我请求你们好好注意并且细心记住这些基本形式，它们是我们打算对这个课题作的所有进一步的说明的基础。

这就是说，如果根据已经发生的服从关系，把它所联系起来的个人的总和看作一个封闭的整体，那么，要么人人都毫无例外地服从于大家，也就是说，像在完善的国家里那样，服从于共同的目的，要么不是人人都服从于大家。如果发生了这种不是人人都服从于大家的情况，那么，由于服从者至少服从于大家，所以这种情况只能被设想为这样：让人服从自己的人并没有又从自己方面使自己服从于服从者与其必然的目的。因此，他们只是使服从者服从于他们自己的、唯独他们想要达到的目的；这种目的毕竟不可能是，或至少不可能完全是他们自己的感性享受的目的，因为在这种情况下，他们就必定会把他们同样变成奴隶，必定会毁灭他们的全部自由，因此，这种目的，即统治的目的，必定是为了统治而存在的。这也许可以说是我们所讲的第一种情况，而且从时间方面说就是国家最初的形式，即国家各个成员的绝对不平等，这些成员分为统治者和被统治者，只要现存的制度不变，他们就绝不可能互相变换角色。在这里我要顺便提到，这样的国家绝不能像抱有善良目的的国家可能做到的那样，使受奴役者竭尽全力，服从于它的目的，因为若是这样，它就必定完全会使他们变成奴隶，从而甚至会再不配称为一个萌芽中的国家。我们说的第二种情况是：人人都毫无例外地服从于大家。这种情况又可能有两类：第一，人人都只是消极地服从于大家，这就是说，给每个人都毫无例外地许诺一个目的，不管是谁，都毫无例外，不可妨碍他实现这个目的。这样一种由现存制度保证不受任何人侵犯的目的，就叫作**权利**，因而在这种 (I,8,313)
制度下，每个人都具有大家毫无例外地服从的权利。——所有的人在权利方面的这种平等，既然是权利平等，就还绝不是各个人的

权利的平等，因为给各个不同的个体许诺的目的，就其范围说，可能是很不一样的；确定权利的尺度，多半是开始建立法律王国时存在的财产状况。很显然，处于这个阶段的国家，由于它把超过其他公民的权利的权利——这种权利本来也是其他公民能有的——分给了它的公民中的某几个人，所以远远不能使这些受惠者的一切力量服从于它的目的，相反地，由于受惠者享有这些权利，它也妨碍了其他公民自由地运用自己的力量，甚至为某些个体的目的而浪费这些力量；所以，尽管在权利方面人人平等，但它还远未具有国家的绝对形式。这种状态也许可以说是国家的第二种基本形式，是我们人类在向完善的国家形式前进的过程中所能达到的第二个阶段。最后，人人都服从于大家，这也可能意味着，他们不仅是消极地服从的，而且也是积极地服从的，以致谁也不能给自己设定和实现这样一个目的，这个目的仅仅会是他自己的目的，而不同时毫无例外地也是所有的人的目的。很清楚，在这样的制度下，所有的人的一切力量都用来实现共同的目的；因为共同的目的不是别的，而毫无例外地是所有的人的目的，所有的人就是类族；因此，在这样的体制下表现出了国家的绝对形式，产生出了大家的权利和财产状况的普遍平等。这种平等绝不排除各个阶层的差别。也就是说，不排除各个使用人力的特定部门的差别，一些部门是专门托付给一些人的，同时他们则把使用人力的其他部门专门让给其他人。但是，完全不能容忍任何一个阶层和任何一种人力的专门应用不考虑整体，不为整体所需，不把它们获得的成果按照其他一切阶层及其个体享用这种成果的全部能力分配给他们。这也许可以说是国家发展的第三个阶段，它在这个阶段至少按照它的形式说业已臻于完善境地。

可以证明——这对于细心的、有教养的听讲者来说也许是不言而喻的——，国家只有靠这样完善其特有的形式，才能获得它的真正内容，即达到在它之内联合起来的人类的真正目的，并且它在达到最终目的之前，大概还得经过一些阶段；但我们现在暂且只谈论国家的形式。

我们作这一切研讨，都是为了确定和表明我们时代的国家处 (I,8,314)
在什么阶段，这样的国家当然总是那种最先进的国家。可是我要预先声明，在我看来，国家现在还在致力于完善自己的形式，也就是说，已经在我们所描述的那第二个阶段有了稳固的发展，而正在力争达到第三个阶段；这第三个阶段有一部分已经达到，但有一部分还没有达到。因此，在我们看来，就公民方面说，我们时代具有代表性的特征在于，每个公民连同其全部力量，比以往任何时候都更加服从于国家，更加在内心受国家的影响，而成为它的工具，并且国家力图使这种服从变得普遍、全面。如果我们描述各个不存在这种情况的时期，并且用历史说明，情况是以何种方式和通过什么自然进程逐渐变成现在这样的，那就很容易得知我们这个说法的真正意思和实际会有的情况。这种历史推论，还有我们给这个推论预先作出的若干其他研讨，我们将放到下几讲中阐述。

今天，让我只研讨这个课题中的一个同样重要的问题，即政治自由问题。甚至在国家的第一个形式中，服从者也仍有人身自由，还没有成为奴隶；假如所有的人都被弄成了奴隶，整个国家机构就会丧失意义。可是在这种情况下，连个人的人身自由也是没有保证的：他甚至会被一个征服者变成奴隶；所以，他没有任何公民自由，也就是说，如我们上面说的，没有这种制度许诺给他的任何权利；在这里，他事实上不是公民，而只是臣民。当然，由于个人还不是奴隶，只在一定程度上是臣民，所以，超出这个程度，他是自由的——这不是由于法律，而是由于自然力量和偶然机遇。在国家的第二个形式中，每个人都毫无例外地依靠国家体制收回一部分自由，也就是说，收回的恰好不是一部分随意性，而是一部分独立性，依靠这种独立性，每个人都使所有其他的人不得不尊重某种目的或权利；这样，每个人就具有一定程度的自由，它不仅是人身的自由，而且是有保障的，因而是公民的自由；在这个自由范围之外，他便是臣民，假如别人的一些权利限制了他，从而大于他的权利，那么，他与其说是公民，不如说是臣民。在国家的绝对形式中，大家的一切力量都是为了大家的必要目的而被使用的，每个人恰好

(I,8,315) 在他受其他一切人的约束的程度上，约束着其他一切人；大家都具有平等的公民权利或公民自由，每个人都既完全是公民，同时又完全是臣民——因此，大家都同样如此。如果人们想把那些确实将自己的目的交给国家的人称为独立自主的人，那么，在这种最后提到的制度下每个公民就都是以同样的方式、在同样的程度上属于独立自主的人；如果人们想从这个角度也把单个的人称为独立自主的人，那么，刚才所说的原理也就被表述为这样：每个人作为类族的成员，从他所抱的必然目的看，是完全独立自主的人，而从他个人的力量使用看，则完全是臣民，正因为这样，每个人同样既是前者，也是后者。

关于作为一种理念的、严格意义上的国家，像我们在上面描述的那种，情况就是如此。一个完全不同的、与前一种问题和研究毫

无共同之处的问题是：究竟谁应当洞察和判断那个实际上当然是由整体提出，但又被隐蔽起来的国家目的呢？谁应当根据自己的这种判断来引导公民的力量，同时又对反抗者进行强制呢？或者换句话说，究竟谁应当进行统治呢？——既然其他一切政治力量与判断都服从于这种对本来由整体确定的国家目的的洞见和判断，并且是由这种洞见和判断引导的，因而在国家中就不可能有任何更高的判断超过这种洞见和判断，那么，这种判断就在外部是独立的或自由的，也就是**政治上**自由的，如果这个用语依据的希腊文被理解为主动的、有效的**政治行为**的话。——刚才提出的论断也许可以叫作对**国家体制**的研讨，这种体制就像它应当如何那样，完全是由理性规定的；当前我们涉及的问题，则是关于**政府体制**的问题。

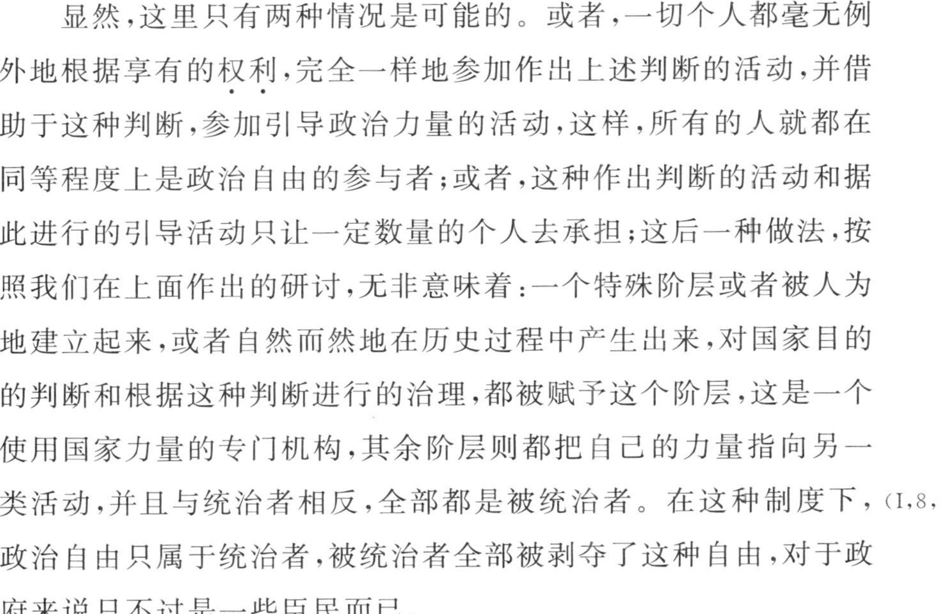

显然，这里只有两种情况是可能的。或者，一切个人都毫无例外地根据享有的**权利**，完全一样地参加作出上述判断的活动，并借助于这种判断，参加引导政治力量的活动，这样，所有的人就都在同等程度上是政治自由的参与者；或者，这种作出判断的活动和据此进行的引导活动只让一定数量的个人去承担；这后一种做法，按照我们在上面作出的研讨，无非意味着：一个特殊阶层或者被人为地建立起来，或者自然而然地在历史过程中产生出来，对国家目的的判断和根据这种判断进行的治理，都被赋予这个阶层，这是一个使用国家力量的专门机构，其余阶层则都把自己的力量指向另一类活动，并且与统治者相反，全部都是被统治者。在这种制度下，(I,8,316)
政治自由只属于统治者，被统治者全部被剥夺了这种自由，对于政府来说只不过是一些臣民而已。

首先我们要指出，像刚才描述的那种政府体制，丝毫没有改变或贬低应该按照理性设立的国家体制。统治阶层仍然服从于那种由一切人的需要规定的共同的国家目的，而且必须毫无例外地、毫无保留地将它的一切力量直接用于这个目的的实现，正如其余的阶层必须将自己的劳动间接指向这个目的一样；因此，统治阶层相对于这个目的而言，正如其余的阶层一样，也完全是臣民；这个阶层作为人类的组成部分，本身就属于国家的目的；满足它作为这个组成部分而不是作为统治阶层的固有需要，应当同样得到保障；因此，它的成员正像其余一切阶层一样，也完全是一些公民，而绝不比其余一切阶层的地位更高。

其次，理性规定的只是国家体制的形式，并且它绝对要求实现这种形式，但是，它绝不规定政府体制的形式。只要国家的目的像在每个时代可能做到的那样被洞察清楚了，只要现有的一切力量都被用于实现这种最佳的洞见，那么，不管政府是掌握在一切人手里，还是掌握在几个人手里，或者掌握在一个人手里——在后一场合，这个人会按照自己的判断选一些助手，他们依然是他的下属，并对他负责——，政府总是公正的和良好的。公民自由是绝对应该有的，而且是绝对应该平等的，政治自由则至多只为一个人所必需。自古以来，尤其是在现代，一切对于最佳政府体制所作的研究，最终都抱有一个宗旨，那就是找到一种手段，再迫使这种对一切人实行强制的政府权力做到：第一，既然正确的洞见不能加以强求，那么，至少要使尽可能好的洞见确实达于政府；第二，使这种尽可能好的洞见确实用一切力量得到实现。不论这些研究本身会多么有益，不论对于那种在某个地方也可能确实得到解决的问题在理论上的解决会多么可能[33]，但在把这种解决纳入现时代特点的哲学描述之前，可能与我们相隔还有好几千年。使我们感到幸运和安慰的是，在当代一切文明国家的形势下，在一切现有的文化状况下，有许多理由强迫每个政府对于国家的真正目的努力达到尽 (I,8,317)
可能清楚的洞见，并且始终根据这种最佳的洞见，使用自己的一切力量去处理问题。

在我们以后的研究中，我们将有机会证明这些强迫的理由。假如这些证明和我们今天已经开始的一系列研究，会有点用处，特别使我们生活于其中的体制对我们变得更容易理解，因而更可贵、更有价值，那么这就同时达到了一个目的，而这个目的也是这几讲的目的之一。

(I,8,318)

第十一讲

尊敬的听众！

我们的课题是规定现时代的国家处于其发展的哪个阶段；为了解决这个课题，我们已经做了以上的研究和探讨。我们在过去首先规定的是国家的单纯形式，也就是说，是人们能一般地谈国家的存在所需要的东西。这是在上一讲完成的。如果少数人觉得这种探讨是以过分思辨的方式完成的，以致他们不是在当时就不完全理解它，便是在现在不再完全记得它，那么在我看来，原因只能在于他们理解国家的形式时把洞察力分散到了数量过分巨大的、外在特性千差万别的个体身上，然而他们又要求用这种洞察力把这许多个体理解为一个不可分的有机整体。对于理智来说，个体的这个数量和这些差别并未使综合概括的工作变得更加难以进行；但是，想象力却变得疲软了，而且那种通常的、仅仅注目于各个个体和阶层的差别的观察力在没有得到一定程度的锻炼时，还变得更加疲软。为了使这些在前一讲中不完全懂得我们的想法的人能完全理解它，为了使另一些不再完全记得我的整个讲法的人又能立刻回想起它，现在请允许我们以一种较小的社会组织为例，阐明我们的概念；这种组织虽然绝对不是国家，但我们愿意让国家的形式取决于这种组织，我们现在讨论的问题全看这种情况而定。

你们可以把一种由许多天然的家庭组成的社团设想为一种唯一的社团，它从这时起也许可以是一种人为的家庭，举例说，是由签订一项契约产生的。它的目的只能是靠共同的劳动，尽量维持它的物质生活。因此可以说，这种社团绝对不是什么国家，因为国 (I,8,319) 家绝不是经济社团，而这种社团抱有的目的无非是单纯维持个体的物质生活。可是，这种由家庭组成的社团一般也会具备国家的形式，而这只有用下列三种方式才是可能的。或者，社团的一切成员都组织起来，把一切力量与时间仅仅用于为整个家庭进行的劳动，以致他们不可能再操心任何其他事情；另一方面，大家在整个社团的财物和享用方面也毫无例外地占有平等的份额；在家里没有任何东西不是为大家贮存起来的，没有任何东西不是在出现必要条件时确实供大家享用的。我说过，每个人都为家庭而运用自己的一切力量，这当然是就他拥有力量而言的。在这种社团里不允许有某个人说，“我比任何其他人的能力都强，给集体作出的贡献都多，所以也必须比其他人先享有某种东西”，因为大家联合和融合为一个整体是完全无条件的，因此这个人能力最强是偶然的；假如他能力最弱，对他的照顾也不会更少；如果他由于偶然事故而能力变弱或患有疾病，以致无法再作出什么贡献，他也总会得到同样的照顾。假如我们设想的这种由家庭联合而成的社团是有机地组织起来的，那它就会具有国家的那种应该按照理性存在的绝对形式，充满一切人在权利方面平等的精神。

或者，我们假定的社团可能是这样设置的：虽然一切人也许——因为我们会允许对这个问题也不明确——都要毫无例外地运用他们的一切力量，而且也没有任何一个人没有得到分享共同

劳动创造的一部分东西的许诺，但在共同劳动的这种收获中，最高尚、最宝贵的东西却只分给了少数几个人，其他的人则始终被排斥在分享这种东西的范围之外。在这种情况下会造成一个结果，那就是这些受到排斥的人运用自己的力量进行了劳动，只有一部分是为了整个社团，但另一部分却不是为了包括他们自己在内的这个整体，而只是为了少数受惠者；因此，他们虽然并不完全是实现这另一种人的目的的单纯工具，但从后一方面看却毕竟是这样的工具。这种体制展示了国家的第二种可能的形式：虽说人人权利平等，但他们的各项权利绝不平等。所以，我们会最后这么设想这个社团：大多数成员用自己的一切力量进行劳动，以期创造一种持久的、固定的财产状况，但那其他几个人则既不助一臂之力，也不引导或以某种方式关怀大多数人的劳动；不过，他们会随时跑过

(I,8,320) 来，从业已创造出来的财物中抢走他们容易得到和亟欲享用的部分，他们完全是按他们自己的随意性这么做的，顶多考虑到劳动界可不要完全毁灭，然而没有任何人能强迫他们再这么小心谨慎。这种社团状况可以说是国家发展的第一个阶段的形式，即大多数人对极少数人的自私目的的绝对服从和大家的绝对无权。这可以说是我们所列举的国家体制可能采取的三种基本形式的一幅图像。

我们已经把**政府**体制和与这种体制相关的**政治**自由，同这里讲的**国家**体制和由这种体制要求的**人身**自由、**公民**自由作了严格的区分。甚至我们关于政府体制和政治自由提出的东西，也可以用这幅图像加以说明。这就是说，由假定的家庭社团联合起来的一切力量应当被引向整个社团的共同目的的实现。这只能通过下

列途径来完成：一个使用社团的一切力量的统一意志，引导和规定为了社团的目的应该在每个时期首先完成的事情、必须据此不可避免地完成的事情和在时间与力量不够用时无论如何可以放弃的事情；这是一个适合于每个人的意志，所以他的力量的运用不会妨碍，而会支持其他人的力量的运用；这是一个人人在为社团目的运用其力量时都会使其自身的意志无条件地服从的意志。那么，这个统一的、引导大家的意志的意志应当从何而来呢？或者是这样的情况：每当需要作一项关于社团利益的新规定时，一切成年的社团成员就集合起来，每个人都知无不言，毫无例外地说出自己对于当前的问题的意见，而按照充分的、全面的考虑作出决定的则是参加表决的多数人；从这时起，每个人都必须使自己的外在行动服从于这项决定，而不管他在内心对这项决定的正确性是怎么想的。如果我们所说的社团有这样的体制，那么按照权利说，每个人就在对共同目的作出判断的活动中拥有同样的分量，而这种作出判断的活动在国家中就是政府的工作；于是，那种相对于国家被称为政治自由的自由，也就按照权利平分给了一切人。就像我在上一讲相对于国家谈到按照权利一样，我在这里也相对于虚拟的家庭社团总是谈到按照权利，这是因为，假如有人关于整体利益从来都不具有一些能让其他人明白的想法，或没有能力阐明他具有的这些想法，那么，他对于最终决议的确定就在实际上很少有什么影响，或绝对没有什么影响，但是，他没有发挥这种影响，绝不是由于权 (I,8,321)
利问题，而仅仅是由于他自己没有能力。

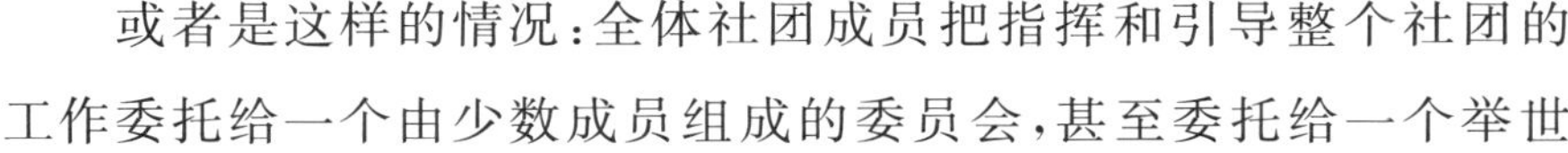

或者是这样的情况：全体社团成员把指挥和引导整个社团的工作委托给一个由少数成员组成的委员会，甚至委托给一个举世

无双的成员；这种委托产生的结果是，全体社团成员放弃了他们自己对于管理工作的一切估量和判断——显而易见，这个委员会或这个成员的行动要确实符合于他们的判断，因为他们可以独自思考和经常谈论他们希望的事情——，并且使自己的确实能动的意志无条件地服从于这个受到全权委托的委员会或单个成员的意志。在对社团目的的这种管理方式中，根本没有那种在国家中叫作政治自由的东西，而是在这方面只有服从关系。然而，只要大家对社团的一切财物毫无例外地享有同样的份额，并且一切力量都确实按照尽可能好的洞见，被引向大家的这种共同享用，而绝没有被引向任何私人的享受，社团的体制就是完全合法的；并且这个社团把管理工作委托给少数人或一个人，并没有丧失什么东西，反而获得了好处，因为在集会中对于共同利用合适东西简直无话可说的许多人就根本不再有必要参加集会，浪费自己的时间了，而是可以安静地继续从事自己精通的事情。

在前一讲里，我们关于国家的形式，或关于国家的存在所需要的东西的问题，已经提出了现在通过业已制定的图像所要解释的这么多内容。不过我们在当时还说过，一种具体的国家或一个具体的时代的国家也取决于一切国家的真正目标在它之内是否得到实现，在何种程度上得到实现，或与形式相对比，取决于国家的内容在它之内是否得到实现，在何种程度上得到实现。在我们能着手历史推导，说明国家怎样逐渐达到了它在我们看来所处的当今阶段以前，我们也必须进一步研讨国家的这种内容。

国家的目的像已经在上一讲指明的那样，无非是人类本身的目的，那就是按照理性规律建立人类的一切关系。于是，国家只有在理性科学的时代过去以后，到理性技艺的时代才以清楚的意识考虑这个目的。在达到这个时代以前，国家一直是在没有自己的知识或经过深思熟虑的意愿的条件下，不断地促进这个目的的；推动国家这么做的是人类发展的自然规律，而它这时在外表上抱有的是一个全然不同的目的；自然力量把那**前一个**目的，即全部人类 (I,8,322)
的目的，不可分离地联系到**它的**这个目的上。我们曾经提到的国家固有的天然目的在较早的时期，在理性科学的时代以前，正像在单个的人那里一样，是保存自己的目的；既然国家仅仅是由类族组成的，国家的这种保存自己的目的便是类族的保存，既然类族是以前进的方式发展的，国家的这种保存自己的目的便是类族在其发展的一切阶段上的保存，这两个事实并没有被国家清楚地考虑到。用一句话来说，国家的自己保存自己的目的和自然力量把人类变为外部条件——在这种条件下，人类靠自己的自由，能使自己成为理性的准确摹本——的目的是同时并存和相互吻合的；致力于实现前一个目的，同时也就是在实现后一个目的。

请允许我们具体地说明这一点。

在原始文明与原始野蛮的混合——根据以上所述，这种混合构成了唯一能够发展的人类——中，首要的和最近的目的是使野蛮人文明起来。另一方面，哪怕是在国家刚开始出现，一些自由人为了生存而按照规则服从于另一些自由人的地方，也已经有了文明。不过，这里所说的人为的、由文明过程引起的文明绝不是我们这里没有谈到的标准民族的原始文明；所以，我们可以把国家，尤其是每个时代的最完善的国家，看作每个时代的最高文明的所在地。无论这种文明在什么地方遇到野蛮人，野蛮人都与它的目的发生矛盾，不断地威胁着国家的保存；因此，国家就本着它的自己保存自己的目的，处于对它周围的野蛮人的天然战争状态，并且不得不一直尽量损害这些野蛮人；从根本上说，它的这种自己保存自己只有用一种办法才是可能的，那就是它让野蛮人遵守秩序和服从法律，从而变得文明起来。所以，国家除了考虑自己，就不考虑任何事情，而这也间接地促进了人类的首要目的。一切国家针对它们周围的野蛮人的这种天然战争状态，对于历史具有很重要的意义；几乎唯有国家才能将一种生动的、进步的原则注入历史；我们会返回来讨论这条原则，因此我现在就要求说明它。具有普遍意义的文明王国甚至在变得十分强大，不再害怕外来野蛮人的时候，甚至在与野蛮人远隔重洋的时候，也依然受自身的内在需要的驱使，寻找不再能到达它那里的野蛮人，以期夺取他们国土上的那

(I,8,323) 162 些没有被他们利用的产物，或使他们的力量服从于自己，而这一方面是使用奴役的手段直接做到的，一方面是通过骗人的买卖间接做到的。尽管这个目的本身显得很不公平，但宇宙蓝图的第一个根本特点，即文明的普遍传播，却由此逐步得到了促进；并且这个王国将按照同一个规则，这样不停地发展下去，直至居住在我们星球上的整个人类融合为一个唯一的世界文明共同体。

人类的第二个必要目的，是把人类周围的、对人类的生存和行动有影响的自然力量完全置于概念的统辖之下。没有任何一种自然力量应当有害，应当扰乱文明的目的或毁灭这样的目的造成的结果；自然力量的任何表现都该预先加以估计，而且预防它们的损害的措施也是应当备有和熟悉的。一切可用的自然力量都应当受到强制，完全按照人的打算，为有利于这种打算而表现出来。人的

固有的力量应当通过各个必要劳动门类在许多人——虽然其中的每个人只学会一个门类，但这是合适的——当中的适当分配，用自然科学和技艺，用灵巧的工具和机械武装起来，被提高得超过一切自然力量；这样，不必费很多时间和精力，人的一切尘世目的就会得到实现，而人也会留有时间，使自己的考察转入自己的内心生活，转向超尘世的东西。这就是人类本身的目的。

国家为了它的自我保存需要具有并且要求得到它的公民们的力量和时间，他们提供的这部分力量和时间越多，它影响它的成员，把他们变成它的工具的努力越热切，它就必定越多地试图提高那种对于自然力量的支配能力，扩大它的公民们的物质生活资料，因为它毕竟得谋求他们的这种生活；因此，它就为了它自己的目的，而一定要把上述一切人类目的变成它的目的。这样一来，像大家通常谈到这些目的那样，它将力图振兴实业，改良农业，完善作坊、工厂和机械制造业，并且鼓励机械技艺和自然科学中的发明。尽管有人总是以为，它做这一切事情，也不过是为了能扩大版图，保持一支庞大的军队，甚至统治者本人——至少就绝大部分统治者而言——也没有意识到任何更高的目的，但它却在它完全不知 (I,8,324)
道的情况下促进着人类本身的上述目的。

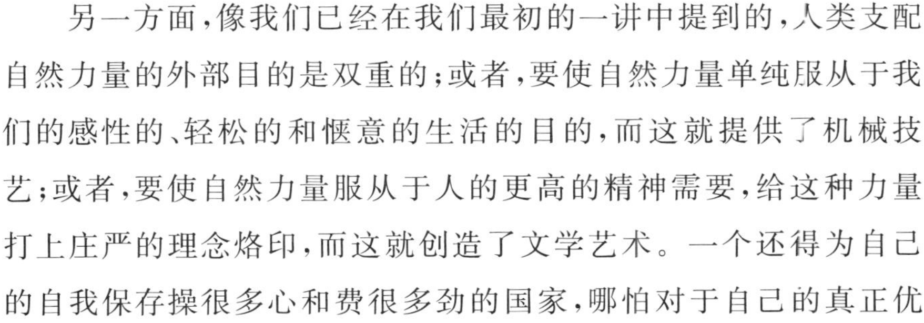

另一方面，像我们已经在我们最初的一讲中提到的，人类支配自然力量的外部目的是双重的；或者，要使自然力量单纯服从于我们的感性的、轻松的和惬意的生活的目的，而这就提供了机械技艺；或者，要使自然力量服从于人的更高的精神需要，给这种力量打上庄严的理念烙印，而这就创造了文学艺术。一个还得为自己的自我保存操很多心和费很多劲的国家，哪怕对于自己的真正优

势有了初步认识，也确实会以各种各样的方式促进我们在上文中所述的那种广义的机械技艺；但是，既然它的这种做法不过是为了使大量的剩余民力服从它自己的安全的目的，那么，它也就会把这种剩余仅仅用于这个目的，而要有计划地、普遍地促进文学艺术，甚或促进人类的更高目的，它是不会留有民力的。只有在国家恰好为了它的自我保存而使那种有机械用途的自然力量服从于它的公民们，并把这些公民们在最大的和相同的程度上变为它的工具以后，只有在全部文明王国与野蛮王国之间、在全部文明王国想要分裂成的各个特定国家之间相互有一种关系，使得任何一个国家都不必再担心其外部安全以后，才产生一个问题：这种在用机械方式改造自然时剩余的民力，迄今一直是被奉献给国家的安全的，并且像所有的公民一样，完全受国家的统辖，现在应该被引向何方？除了它应被奉献给文学艺术，这个问题没有任何其他答案。在战争时期，艺术几乎无法活跃起来，但也不排除少数人能按一项可靠的计划继续前进；不过，不仅在进行战争的时候有战争，而且一切人在一切人面前没有全面的安全保障，由此导致持续不断的备战，这也是战争，并且给人类造成的后果几乎与实战造成的完全相同。只有真正的，即永久的和平才会孕育出我们所理解的艺术。

我说过，只有在国家将具有完善的外在安全保障以后，才会给它产生一个问题：给它实现迄今的目的剩余的民力该被引向何方。
(I,8,325) 显然，连这个问题也是它的自我保存的目的必然给它造成的一个问题，因为它能从一种这样可观的力量——这种力量虽然没有得到引导，没有被预先估计到，却不可能完全闲着——期待的，只不过是对它的预定计划的干扰和妨碍，因此也就是迄今存在的内部和平的消除，并且事实表明，它在上述一切方面怎样服从于一种更高的、也许向它隐蔽起来的引导力量，它在以为只促进它自己的自我保存的目的时，却怎样同时会促进人类发展的更高目的。

此外，我们还有最后一个问题：国家是以什么方式和在什么外部条件下竟然由于操心它的自我保存，而不得不把具有普遍意义的、它的一切成员都能接受的文学艺术当作目的呢？提出这个问题纯粹是为了研究的完备性，而绝不可以为，这种考察属于对现时代或这个时代以前的某个时代的特征的描述。假如这种言论使那种想到我们的大人物关于艺术及其促进工作发表的许多演讲的人感到诧异，那么，我们请求这种人想一想，我们也不可能不察觉这类演讲，我们也同样不可能不察觉，最初由各种情况的特殊汇合给艺术特别提供的是一种绝不能再出现的人物，再次由基督教会给艺术提供的是一种至今仍然闪耀着残余光辉的朝霞，尽管如此，文学艺术，尤其是需要传遍整个民族及其一切劳动部门的文学艺术这个字眼，却在我们这里能具有一种不同凡响的意义，而要给这种意义作出详细的、可供理解的说明，我们在这里则既没有必要，也没有时间。

国家对于理性目的的那种经过考虑的促进工作，也就做到这个地步为止，而没有再继续下去，但它在这时却以为仅仅是在促进它自己的目的。理性文明的高级部门，即宗教、科学和道德，绝对不可能成为国家的目的。首先是宗教不可能成为国家的目的；不过，这里谈的不是迷信的人们把上帝当作敌视人类的存在者而对他抱有的畏惧，这种畏惧的确使古代民族产生过一种想法，那就是以民族的名义对这位上帝表示谅解，从而建立起民族宗教。真正

(I,8,326) 的宗教与世界同样古老，因此，比任何国家都历史悠久。这种真正的宗教之所以能适时地从它藏身的隐蔽状态又涌现出来，传遍文明王国，是由于照管人类发展的天意的安排；天意预先就要求国家不能对它有任何威力；而它也要求统治者们承认，他们服从于上帝，并且与他们的任何臣民都在上帝面前完全平等，这是他们进入它的怀抱的条件；它在它的典藏和传播方面一直属于一种完全不依赖国家的社团，即教会。这种事情现在必然存在，因为统治者们本身不可能不需要宗教；这种事情在世界末日来临以前，也一直会存在。——其次，科学无论在什么时候也同样不能成为国家的目的。在这方面首先应该把这样一种事情作为违背常规的例外加以排除，这种事情是一些单个的人、统治者或政府工作的参加者由于自己对科学或艺术比较熟悉或抱有兴趣而要去做的。不过，至于谈到能够延续下来的办事程序和常规，那么，国家越改善它的形式，完全把公民们变成了它的工具，它对严格的科学——这种科学远远超出通常生活，对通常生活没有直接影响——就恰好越感到陌生；它甚至觉得这样的科学是精力和时间的无谓浪费，而这种精力和时间本来可以在它直接从事的工作中得到更好的应用。于是，单纯的思辨这个名称就会经常成为一个表示应该予以驳回的东西的准确代号。虽然或许很容易证明，任何一个没有首先在学习严格科学的学校中受到教育的人，绝不能成为一个处处有用、无论如何能革故鼎新的国家公职人员，但是，这种见识不是以拥有科学为前提，便是在不拥有科学时以自我克制为前提，而自我克制是没有理由加以强求的。在这种情况下，如果严格的科学或者靠一种前后不一贯的方式，或者靠一种对干瘪的思辨迟早会导致某些

有用的发明的希望，或者在教会的庇护下，或者在医疗知识——因为每个人都毕竟希望长寿和健康——的庇护下，得到了国家的容忍，那么，这种科学就够幸运的了。

最后，道德也不可能是国家的什么目的。道德是持久的、毫无例外地发挥作用的善良意志，它用一切力量促进人类的目的，尤其是在国家中按国家规定的方式促进这个目的；它是从事这样的事情的兴趣，是对所有其他行为的一种不可克服的反感。然而，国家从它的本质属性来说是强制力量，它信赖的是缺乏善良意志、缺乏 (I,8,327)
道德和存在恶意；它要用畏惧惩罚代替善良意志，要压制恶意的发作。它严格地坚守在这个领域，既不信赖道德，也不必为了实现它的目的而考虑到道德。假如它的所有成员都是讲道德的，它就会完全丧失它那作为强制力量的特点，而单纯成为听话的人们的导师和可靠顾问。

然而，国家单纯由于它存在，就在促进着道德在人类中普遍发展的可能性——虽然这没有被清楚地想到，或者，只是在另一种形态下被掩盖起来，没有被明确地当作目的——，而这是因为它在外部世界创造良好的习俗和高尚的品性，当然，这种习俗和品性还远非真正的、内在的道德。在一种严格地、毫无例外地和系统地规定了侵犯公民外在权利的一切违法行为的立法体制下，在一种绝对不会看不到或极少不会看不到实际违法行为的政府体制下，没有明确的、靠法律警戒的惩罚，任何从事违法行为的念头都会作为反正徒劳无益而只能受到惩罚的想法，在其萌发的时候就受到遏制。如果整个民族在一系列的世代都在这样的体制下生活得和平安宁，如果一代新人以及那些由他们传下的后代出生在这样的体制下，并且在成长时期熟悉了这样的体制，那么，连那种在内心受到引诱，想做不公道的事情的习气也会逐渐消失殆尽；这时，人们将安宁地、真诚地生活在一起，连一点恶意的外在表现都看不出来，好像大家都是由衷地讲道德的；这时，法律当然会暂时不起作用，虽然能制服人们的也许只有法律；而在废除法律的阶段，我们就会看到一些完全不同的现象。

大家不必替某些用理性进行论辩的人担心，这些人也确实叫作哲学家，他们认识到道德是一个单纯的对立面，只能相对于不道德的行为设想它，所以在我们所说的那种情况下完全不再可能有什么道德。这些人指的是社会中的外部行为，它超越了戒律的范畴，也许可能是发生于内在的道德，也许可能是发生于其他的来源。因此，他们是完全有道理的。在完善的国家里，有道德的人察

(I,8,328) 觉，一切与社会有关的、他喜欢并且唯独希望做的也就是在外部世界里要求做的事情，而他厌恶并且绝对不想做的也就是在外部世界里禁止做的事情。在这样的国家里，绝不可超出要求做的事情的范围，也绝不能凭外部行为判断，有人行为端正，是出于对善的爱，还是出于对惩罚的畏惧，而实际上抱有反感态度。但道德是不需要这类外在承认的；它依据的是对善的爱，而完全没有考虑到善是要求去做的事情；它依据的是对恶的反感，而完全没有考虑到恶是禁止去做的事情；它自我满足，自得其乐。

所以，毕竟应该永远承认，由于人类的一切关系的完善，尤其是由于包容一切其他关系的国家的完善，一切自愿牺牲、一切英雄主义和一切自我克制，简而言之，我们经常对人表示敬佩的一切东西，就得到了扬弃，而只留下对善的爱，作为唯一的和不朽的东西。

人只有依靠自由，才能把自己提高到这种爱的水平；或者更确切地说，这种爱的火焰是在每个人的心中全然自动地燃烧的，只有这样才能彻底根除对恶的爱。国家把这种对恶的爱吓得深深地退避到人心中最秘密的地方，根本不允许它有什么优势，而是暴露了它的真正劣势，所以只能使那种对善的爱的发展变得更加顺利。在谁的心中这种神圣的爱的火焰燃烧起来，谁就翱翔到了国家之上，尽管他觉得在外部世界受到约束，但在内心世界是自由的和独立的；不是国家给他的意志立法，而是国家已经完善，因而偶然符合于他的意志。这种爱就像是唯一的不朽的东西和唯一的极乐的生活一样，也是唯一的自由；只有凭着这种爱，大家才会摆脱国家的枷锁，摆脱在尘世中禁锢着我们的一切其他枷锁。人是有福气的，他们不必为了这种爱，期待国家的那种仅仅缓慢地准备着的完善结局，而是在任何时代和一切情况下，每个人都能把自己提高到这种爱的水平！

(I,8,329)

第十二讲

尊敬的听众!

我们的真正问题是国家在我们的时代处于其发展的哪个阶段,为了给这个问题的解决做好准备,在前两讲里已经单纯借助哲学思考,概括地表明了国家就其形式和内容而言是什么,同时也表明了它是通过哪些阶段和中间环节而逐渐向着它的完善境地前进的。这种描述只能是枯燥的,而只有与其目的联系起来,使随后讲的东西易于理解,才会有某种趣味。所以我们现在必须提到一些实际上发生过的历史事件,使这种一般的描绘变得有点生气,而这样引导你们的全部目的都在于使你们自己能够发现,在现代国家的建制和管理中究竟什么是新颖的和前所未有的,因而也能够发现我们的时代不同于所有其他时代的政治特点在什么地方。关于我们的目的和研究历史的方式,我们已经在以前的一讲中作过充分的解释,不过我们在这里觉得有必要再提醒注意其中的一点,那就是我们关于历史所作的说明绝不想成为史学定论,而是满足于单纯就真正的史学研究提出一些问题和课题。我们还要补充一条新的限定,那就是我们将仅仅着眼于一条简单的、只是降到我们这里的文明线索,实际上只考虑我们的历史,即考虑业已变得文明的欧洲这个当今的文明王国的历史,而撇开了其他的文明旁支,这些

旁支当然可能与我们出于一个共同的来源，但在当今并未复归于这个共同的起源，并且对我们也没有直接影响，例如，中国文明和印度文明这两个旁支。

曾经被定为一切国家组织的开端的是出现这样一种情况，在这种情况下，一些自由人在某种程度和某个方面变得服从于另一些自由人的意志。怎样才能出现这种服从关系，是在这里亟须我 (I,8,330)
们回答的首要问题。这个问题与人类不平等的起源问题是相互联系的，它在我们的时代已经变得很出名，但我们绝不会像一位特别由此而闻名的著作家做过的那样解决它[34]。

按照我们的那个在以前提出的、需要用严格的哲学精神加以彻底证明的体系，同样在原初就有人类不平等，它很可能存在于标准民族与粗野部族之间，而标准民族单靠其存在就成了理性的纯粹摹本。关于我们人类的这两个基本组成部分最初是以什么方式混合起来的，人们并不想在什么历史中寻找报道，因为历史的存在就以出现过这种混合为前提。在这种混合的状态中，标准民族的那种享有原始文明的后裔肩负着文明化的重任，这种文明化是崭新的，并不一定蕴含在原始文明里；也就是说，这种后裔肩负着发展他的传播文明、施展影响和卓有成效的能力的重任。绝不能由此得出结论说，所有这样的后裔都将在这种全新的技艺中获得同样的进展，或都将能获得同样的进展；倒不如说，他们当中的每个人都将顺乎其个性，在自身发展这种技艺。同样不能由此得出结论说，那些在这方面居于落后地位，不可能那么容易抛弃其质朴无瑕的人们，就因而比另外一些容易步入腐败部族的迷途曲径或对这种部族使用暴力的人们，处境更加不妙。但是，可以由此得出结

论说,会成为劝导者、领导者和统治者的是后一种人,而绝不是前一种人;后一种人也甚至依靠了前一种人的善良意志,但前一种人在既成的事态中并不羡慕后一种人的这种优先权,而是退居到了默默无闻的隐蔽状态。

此外,还有一种外部的、在我们看来具有极其重要的历史意义的情况,那就是对于各种金属和合乎目的地使用它们的技艺的占有;我说的是各种金属,请大家不要只想到金子。关于这些金属的知识最初是怎样产生的,它们是怎样从地下开采出来,转变成技艺
(I,8,331) 赋予它们的那种未曾预料到的新形态的,在我们看来,没有任何历史学肯劳神费心,予以深思。毫无疑问,这种知识在有一切历史学以前,在尘世生活开始的时候,就是标准民族的占有;在发生那种混合以后,只有技艺娴熟的人完全不同于质朴无瑕的人,懂得利用这种占有。这些金属由于经久耐用,由于适合于武装薄弱的人力,由于容易隐藏,而必然会获得何等价值,尤其是在那种把它们改造为致命武器的人的手里必然会多么可怕,都是显而易见的。的确,各种金属从开始有历史的时候起,就是普遍寻求的财物,直到今天都是文明人能给野蛮人提供的最宝贵的物品;的确,完善武器和用金属制造适用的或新式的杀人工具是我们的全部历史真正发展的原则。

借助于现在提出的这两条原则,在那些首先使标准民族——虽然周围有野蛮人,但是还没有与他们混合起来——散居的国度里,就会形成居民们服从于一个领头人或几个领头人的关系;即使他们在最初联合起来,仅仅是为了进行战争,带着武器对付野兽或尚未服从文明目的的野蛮人,这种联合也依然是基于又出现了进

行这样的战争的需要。统治者不必为了维护这些服从他的人而特别操劳，这些来自文明部族的人只要有和平的环境，就能独立地生存下去；统治者也同样不必要求他们付出很多劳力，因为这种联合只有一种暂时的、容易达到的目的。但这种简单的关系不久就变得复杂起来。统治者的驾驭其他人、为其他人立法的能力，尤其是利用对其他人的现实统治来为他们立法的能力，成了实现野心的手段；随着起初甘愿服从的人们大力发展自己的能力，他们必定会开始用忌妒的眼光看待别人对他们的统治。于是，一些由共同的血统与共同的住地联合起来的部族就与整个民族分离开了，而且在遇到幸运的机会时，也确实获得了对于整个民族的统治。

在我们看来，国家在中亚细亚这个历史上的人类发源地就是以这种方式开始的。按照已经知道的历史文献的说法，第一个在
这部分地区使一些自由人的意志服从于自己的意志的人，很可能 (I,8,332)
是一位强有力的猎人；不过，大批的人马一旦结集起来，还会被用到不同于狩猎的目的上去。后来出现了亚述人、梅德人和波斯人，出现了另外一些现在已经不知道叫什么名称的部族，他们先后取得了对于他们以前的统治者的领导权，取得了对于曾经与他们一道居于被统治地位的人们的领导权。历史学谈的只是这些居于统治地位的部族及其首领，而关于那些居于服从地位、从来都没有取得领导权的部族，关于他们的知识水平、家族关系、风俗习惯和文明程度，它是绝口不谈的，他们的生活默默无闻地流逝过去，完全没有受到政治史的青睐。但是，这些部族从本质上看，绝不会比他们的统治者更恶劣，而是可能远比他们的统治者更优越；证明这一点的首先是犹太人的文明史，犹太人在散居于这些地

区的时候，就已经克服了他们早先的那种粗野的迷信，而上升到了对于上帝与神仙世界的更好的理解：其次是希腊人的文明史，希腊人承认他们的哲学从那些地区吸收了最崇高的东西；最后是基督教的历史，基督教根据早先作出的一项说明，承认自己来源于亚洲人，而不是来源于犹太人。在这种王国里，绝大部分公务活动及其荣誉都属于占统治地位的部族，被统治的部族的成员通常都被排除在参与治理的一切活动之外，但是，占统治地位的部族并不了解受其统治的部族的一切力量，更不能不顾及他们的目的就要求得到他们的力量。波斯人的那位所谓的大帝[35]，作为这片无垠的领土和这些无数的部族的统治者，当时在所有被统治的部族当中是相当寡助的；证明这一点的，是这些帝王为了完成征服希腊的战备，曾经需要花费经年累月的时间，而那次远征的可耻失败则更证明了这一点[36]。

(I,8,333) 在我们看来，国家的开端是这样的体制：许多自由的部族服从于一个占统治地位的部族的某些目的，然而这种服从不是遵循某种常规的、完全的服从，而是在亟需的时候对付自由的部族的方便手段，例如，随机应变地设置地方总督或高级专员，控制被统治的部族；在其他方面，这些处于臣民地位的部族的行动则是完全自由的，甚至在任何情况下都处于无政府状态。一言以蔽之，这种体制就是专制政体，它的本质绝不在于对待臣民的残暴，而是仅仅在于，存在着一个占统治地位的部族，各个被统治的部族被排除在治理工作的范围之外，但在自己的生活方式方面则完全由自己做主；无论在要他们为国家作出负担方面，还是在治安管理和民事立法方面，占支配地位的都是变化无常的想法，而绝不是规则，因此，无

论在什么地方都不可能有一种固定的法律。作为这种体制的专制政体，现在还在观察者的眼下存在于欧洲的土耳其帝国，当周围的国家有了种种进步的时候，这个帝国直到目前还处于国家发展的最初阶段。

在欧洲——它原初确实仅仅是野蛮人的所在地——，国家是以力求达到另一种目的的方式开始的。在这里与野蛮人混合起来的，并不是标准民族的全体后裔，而只是其中的少数人，他们被逐出在亚细亚已经开始的文明的王国，也许带了少量的随从，但不抱返回故土的希望。我在这里只想提凯克洛普、卡德摩和珀罗尊[37]这三个人名，尽管好多人名现在不见经传。他们带着当时古代东方世界的一切技艺和科学，带着未加工的金属，带着武器和农具，也许还带着适用的种子、植物和家畜，首先来到后来被称为希腊的沿海地区，来到能力低下的野蛮人当中，而这些野蛮人很难维持自己的生活，也许还没有改掉吃人肉的习惯，并且根据历史文献的记载，确实还没有改掉人祭的风气；他们抱有良好的意向，而且采取了英国殖民团体至今都能在新西兰定居的那种做法。他们在野蛮人当中赠送物品，传播各种获取生活资料的方便手段和农耕工具，(I,8,334)
在一个收获季节到另一个收获季节之间给一切人贮藏粮食，从而把野蛮人吸引过来并且聚集到自己周围；他们依靠野蛮人建造了一些城市，让野蛮人也聚居到城市里，采用更加合乎人道的风尚和逐渐演变为法律的固定习俗；这样，他们就在不知不觉当中变成了管理野蛮人的统治者。既然这些外来的后裔只是携带着他们的家属或少数随从到达这里的，那么，他们就绝不可能指挥和在周围结集大批人马；此外，与他们类似的其他人也不时地来到这里，在其

他地区用同样的方式建立起一些国家；于是，在欧洲的这个最先得到开发、变得文明起来的地带，就不像在亚细亚那样形成一个人口众多、疆域广阔的帝国，而是形成许多彼此并存的小国。反抗那些游荡到他们的疆土、干扰他们的目的的野蛮人的战争，是无法避免的；没有被撵走的野蛮人会受到奴役，所以在这个地带就可以形成奴隶制。

这些新国家中的自由臣民一开始就受到了良好的待遇，随后又受到了精心的教育和培养，他们不像在亚细亚那样处于一个占支配位置的部族的统治之下，而是绝大部分处于一个唯一的外来家族的统治之下，这个家族总是在众目睽睽之下生活的，能够受到众人的监督；我说，这些臣民无疑不会对他们的统治者的一切要求和安排都盲目地表示满意，而是喜欢亲自洞察它们如何达成普遍幸福的目的；因此，统治者办事必须很谨慎，必须对他们很诚实。从这种情况首先产生了严格的法权意识，在我们看来，这就是欧洲的各个民族的真正特点，它与亚洲人特有的那种逆来顺受、委曲求全的宗教态度是相反的。

这些进行统治的家族最后都丧失了他们对于遥远的公众事务的威望，他们或者完全死绝，或者被驱逐出境。由于法权概念的传播已经相当普遍，所以各个共和国也就能够取代了迄今的小小王国。这些国家的统治形式和政治自由现在丝毫也引不起我们的兴趣。希腊人的普通政治信念把本质东西与偶然东西、目的与手段混淆起来；对这种信念来说，国王与暴君的意思相同，对他们的古老统治者家族的回忆会令人毛骨悚然；这种混淆一直流传到我们——他们的最晚的政治后裔——这里，而我们作出上述区分，也就克服了这种混淆[38]。我说,这丝毫也引不起我们的兴趣;希腊人 (I,8,335) 真正寻求和获得的是一切公民的权利平等,甚至可以从某种意义上说,是各种权利的平等,因为根本不存在任何一种由宪法赋予特权的出身。然而,当时存在着一种巨大的财产不平等,它确实仅仅是由偶然机遇造成的,而不是由体制造成的;但当时的体制未能消除它,因而不存在各种权利的平等。

这样,那种在上文中作为国家形成的第二个阶段提出的人人权利平等就在欧洲发展起来了,但它绝不是通过国家形成的第一个阶段,即专制政体的阶段才发展出来的,而是仅仅由于国家在希腊是在不同于中亚细亚的条件下形成的。

在欧洲的第二个得到开发、变得文明的地区,即在意大利,这种权利平等还在更加巨大的范围内和极其有趣的环境下发展起来了。我们认为,最初的文明缔造者在这里并不像在原初的希腊那样是一些个别的家族,而是一些来自古希腊的真正的殖民团体,即许多家族的汇合。如果这些殖民团体像在意大利南部那样,都是独立存在的,用它们自己的组成部分构成一些锁闭的国家,那么,这就单纯是古希腊的继续,而不是什么新颖的东西,因而不属于我们的研究范围。但是,如果这些殖民团体与土生土长的野蛮部族混合起来,就像在意大利中部那样,与他们融合为一些国家,那么,必定会由此出现一些新的现象。恰恰是通过希腊的各个新后裔在不知不觉中掌握统治权的那种手段,在这里整个殖民者的部族就在与他们联合起来的野蛮人当中获得了威望与力量,而且无论这些殖民者在他们自己当中采用了什么统治形式,相对于当地土著居民而言,总是形成一种贵族政体。古老的当地习俗,甚至原初的地区语言，都受到了这些新来的人们的排挤。这些殖民者成了占统治地位的部族，正像在中亚细亚有过一些占统治地位的部族那样。在这些殖民者几乎没有为自己的目的充分陶冶最初服从于自己的土著居民时，如果没有来到一些又使一部分土著居民服从自己的新殖民者，那么，正像在亚细亚那样，就会由此形成一个疆域
(I,8,336) 广阔的帝国。只要贵族们不必在服从者的眼下居住得过分密集，只要贵族们不受到驱策，非把超过服从者的能力的重担加给他们不可，而服从者也不会受到驱策，非承受这样的重担不可，各种事态就会保持原状。如果这些条件被取消，双方就必定会相互爆发一场斗争。在由意大利中部的部族的这样两种成分构成的一块殖民地或一个国家里，也就是说在罗马，允许有这类事态的条件首先被取消了。我们在这里并不考虑罗马起初有过一些国王；这些国王总是来自散居于整个意大利中部的贵族部族，他们实际上是贵族的首领，一俟他们想反对贵族们，就立刻垮台了。但我们可以清楚地看到，罗马的居民从开始起就有两个主要的阶级，一个是贵族，或贵族殖民者部族的后裔，一个是平民，或意大利原初居民的后裔。我们看到，这两种极其不同的成分拥挤在一个城市的狭窄的市区里，总是相互监视着对方；他们受到邻国的那种随处可见、必然会有的憎恨，而不得不紧紧挤在一起，反对向外散开的尝试；出于这种亟须，贵族们紧密团结起来，希望靠平民养活自己；平民则起来反抗贵族，不过，这种平民具有真正欧洲人的国民意识，并不想压迫压迫者，而是仅仅想获得权利和法律的平等；贵族们为了保卫国家，抵御外敌，又需要平民的力量，因此，他们会受这种亟须的驱迫，让出他们在这种亟须不再存在的时候又很想收回的东西。

这样就在双方发生了一场绵延数百年的斗争；这场斗争开始于贵族宣布与平民家族联姻为亵渎神圣事物的行为，并借助占卜对平民的能力作出的否定，不承认平民在神性中应该得到的一切份额；这场斗争告终于贵族不得不与平民出身的人们分享最高国家职位，不得不承认这些人会像他们那样出色地、熟练地执掌这些职位。然而，贵族们在经过这数百年的漫长岁月以后，也仍然不会忘记他们先前的特权，而总是不错过任何一个机会，再使平民吃亏，另一方面，平民也几乎从来都不会不寻找办法，对抗贵族们的这类行径；所有这些情况一直延续到全部权力落入一个举世无双的人 (I,8,337)
的手里，斗争双方同样被征服为止。在这数百年用极高的才智追求权利平等与用毫不逊色的才智渴望不平等的斗争中，形成了处理公民立法和内政外交的精湛技艺，形成了对于一切回避法律的做法的几乎穷根究底的深入洞察；而这些技艺和洞察都是罗马人以前的任何一个民族不曾拥有的；所以，我们在这个专业领域里也许还得向他们学习很多东西。

也就是在这个地方，权利的平等以一种极其巧妙的方式得到了保障。但一方面由于贵族无休止地追求不平等，另一方面由于这种体制未能消除偶然因素，所以还根本没有出现过各种权利的平等。

我们在以前的一讲中提到，国家把自己视为完备的文明王国，并以这种资格处于反对不文明的天然战争状态。只要人类在各个不同的国家里还是片面地发展的，就可以料想，任何一个特定的国家都会把它自己的文明视为真正的、唯一的文明，而把其他国家直接看作不文明，并把它们的居民看作野蛮人，因而把征服它们看作自己肩负的使命。这样，在我们提到的三个主要的古代国家之间就会容易发生战争，而且是真正的战争，征服其他国家的战争。如果首先谈到各个希腊国家，那么，它们是作为希腊人，也就是作为由那种明确的民权观和国家观、共同的语言、节日庆典和神谕宣示统一起来的民族，借助于一种国际联盟和一种在它们当中普遍可行的国际法，很快就把自己构成一个唯一的文明王国的，它们利用野蛮人这个名称，把其他一切部族都排除到这个王国之外。如果它们即使如此，还会使这种联盟在内部彼此发生战争，那么，这些战争也毕竟总是完全不同于反对野蛮人的战争，也就是说，是有节制的和讲宽容的，绝不至于根除对方的国家实体；即使两个居于首要地位的共和国后来甚至会在它们的对外政策上不统一，并且在这个方面彼此为敌，但希腊人在应当扮演他们的真正的世界角色时，还是又为了一个目的而由两位马其顿国王统一起来了。希腊

(I,8,338) 人的文明直接服务于国家及其立法、行政、陆战和海战的目的，在这方面他们无疑远远地胜过了他们的天然对手，即亚细亚的帝国。在亚细亚的帝国里，真正的宗教是隐蔽地保存起来的，也许连占统治地位的部族都不清楚；希腊人则不会使自己再上升到这种宗教。究竟是什么东西特别使占统治地位的民族波斯人，在突然爆发对抗时有资格胜过希腊人，这不是完全清楚的；但可以肯定，连波斯人也把希腊人视为野蛮人，也就是说，视为在拥有的国力和使用的科学方面会低于他们的人，因为如果不是这样，他们就绝对不可能想到要征服希腊人。

希腊人方面发起了袭击，亚细亚人的统治遭到毁灭；由真正的公民组成的希腊民族肯定比这样一个帝国容易取得这种战争的胜

利，在这个帝国里，只有一个部族是真正自由的和拥有公民权的，其余的部族则只是臣民，对他们来说，在他们那些给自己争夺统治权的首脑垮台以后，最高权力究竟落入谁的手中，可能是很无所谓的事情，因为他们本人并不习惯于执掌这种权力。

在此期间，希腊人对亚细亚取得的统治权并没有产生可以预期的、影响深远的后果；本来只有征服者的精神能把这个巨大的帝国统一起来，按照希腊人的理想塑造它，但这时这种精神抛弃了自己的面纱，征服者的各个统帅就像一伙强盗那样瓜分征服了的地区[39]。由于大家对一切东西都有同样的权利，或同样没有权利，于是就在这些新建的王国之间发生了许多无休止的战争，驱逐和恢复统治者家族的事件不断轮番出现，给开拓和平技术留下的时间极少，而且大家都毫无例外地被弄得精疲力竭。同时，年富力强、有战斗能力的男人被派遣到国外，为这些国王服兵役，这就使古老的、共同的祖国人口锐减，无力从事本国的事业。结果，希腊的这种霸权的开始也毕竟同时成为这整个民族的衰落的开始。除了希 (I,8,339)
腊语言被传到整个亚细亚——这是一个便于基督教后来经过亚细亚得到传播的主要手段——，除了在国内战争中这种力量的削弱给罗马人征服和平静地占领这一切地区提供了很大方便，我们几乎无法举出这个事件给世界历史产生过什么有意义的结果。

正是这些罗马人又把迄今由部族混合造成的一切文明在一个国家里统一起来，从而完成了整个古代历史时期，结束了迄今简单地流传下来的文明化线索。这个民族在由于它自己的上述内在命运而使自己成为一个很适用的工具以后，在自己对于世界历史的影响方面比其他某个民族更多地充当了受高级宇宙蓝图支配的盲

目的和无意识的工具。它完全没有想到靠征服其他民族去传播文明；它在注意到自己的开端并不辉煌以后，甚至几乎没有意识到自己在治国艺术中的那种真正的，但逐渐缓慢地发展起来的优势；它总是按照自己的情况的允许，准备采纳自己所了解的异族的技艺与习俗；我们的确听到，罗马人完全由衷地称他们自己为野蛮人。他们起先受到邻近的意大利国家和部族的逼迫，随后又对向他们的势力大举逼近的迦太基人感到畏惧，这就把他们造就成了善战者；他们在他们国内的行动中早已形成了他们能用以绰绰有余地统率和指挥自己的战斗力量的策略。在他们的胜利阻挡住外来敌人的进逼以后，他们的领导人就开始有了为自己发动战争的需要；为了突出自己和超过众人，为了弥补他们那些在节日庆典中由于犒赏过分辛劳的平民而被用尽的财宝，为了把公民们的注意力从贵族经常在国内玩弄的阴谋诡计转向国外事件、凯旋进军和被俘国王，战争就被当作一种紧急需要而不断进行下去了，因为只有对外战争才能给他们确保国内和平。在罗马人完成了对古代文明王国的征服，但在野蛮人当中进行新的征服变得很难以完成以后，除了使国内的那两个有能力打仗的方面服从于一个举世无双的人的
(I,8,340) 统治，也就确实没有什么维持国家的其他办法了。昔日马其顿君主的各个部族这时已经很衰弱，也没有什么纽带能把他们与他们的统治者联系起来，要征服这些部族对于罗马人不会有什么困难，而且同样很衰弱的古希腊必定会更加乐于投入这位胜利者[40]的怀抱，因为他保护了希腊人的一切，甚至保护了他们的虚荣自负。

通过罗马人的这种统治，传遍整个得到开拓、变得文明的世界的，主要是公民自由、一切自由民对权利的分享、依据固定的法律

作出司法判决、按照原则管理财政、切实关心被统治者的生活、和善敦厚和合乎人伦的风尚，以及对一切民族的习俗、宗教和思维方式的尊重；这些原则起码都按照现行体制得到了传播，虽然有时在实际执行过程中出现过违反它们的现象。

这就是古代文明发展的顶峰。它至少在形式上是一种法治状态；人类在能够开始一个新的发展阶段以前，应该使自己首先上升到这个状态。但是，在人类将近上升到这种状态的时候，就已经开始了这个新的发展阶段。标准民族的真正宗教脱离开它那个对历史隐而不显的、至今都把它秘密地收藏起来的驻地，走到了光天化日之下，几乎在不受干扰的条件下传遍了这个文明王国，而这个王国在当时也有幸仅仅属于一个统一的国家。这个国家原初的准则之一是绝对不得宣扬被征服民族的宗教观点；完整地理解这种宗教，据以预言自身面临的命运，是这个国家未曾做过的事情；要不是这种宗教曾经偶尔与那种要求供奉皇帝肖像、宣誓效忠的做法发生抗争，它无疑会在很长的时间里依然不被重视。

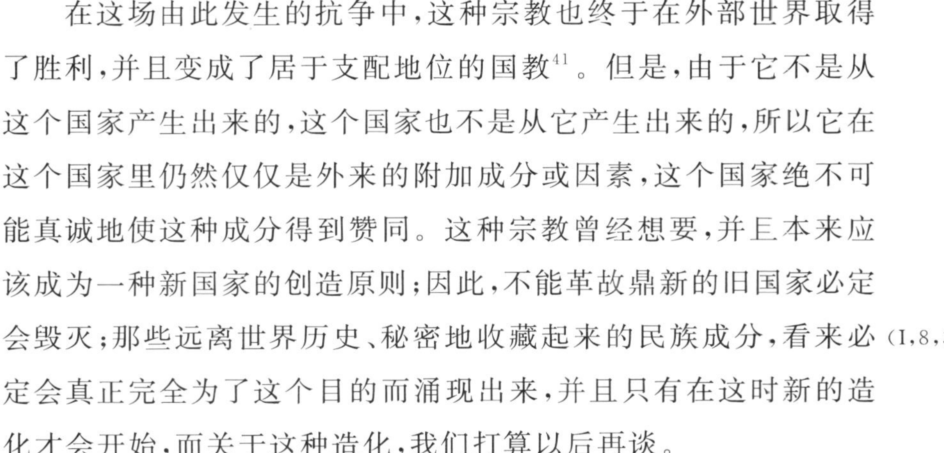

在这场由此发生的抗争中，这种宗教也终于在外部世界取得了胜利，并且变成了居于支配地位的国教[41]。但是，由于它不是从这个国家产生出来的，这个国家也不是从它产生出来的，所以它在这个国家里仍然仅仅是外来的附加成分或因素，这个国家绝不可能真诚地使这种成分得到赞同。这种宗教曾经想要，并且本来应该成为一种新国家的创造原则；因此，不能革故鼎新的旧国家必定会毁灭；那些远离世界历史、秘密地收藏起来的民族成分，看来必 (I,8,341)
定会真正完全为了这个目的而涌现出来，并且只有在这时新的造化才会开始，而关于这种造化，我们打算以后再谈。

(I,8,342)

第十三讲

尊敬的听众！

我们在前一讲的末尾讲过，唯一真实的宗教，即基督教，曾经想要并且本来应该成为一种新国家的创造原则。它确实变成了这种原则，从而出现了一个全新的时代。

我们用这个说法准备的、今天就要开始的全部研究，是要先作出一项对所有的历史观点都具有重大意义的说明，那就是：巨大的历史事件仅仅是极其缓慢地发展的，最后才在其结果中表现出来。那种在这样的课题中不知道预先取得经验，不知道根据人类发展规律用预见弥补依然欠缺的经验的历史学家，只掌握一些互不关联的零碎片断；他缺少一种关于包括它们在内的有机整体的概念，所以永远不会理解它们。这是新时代的全部历史学的情况，而新时代的真正原则则是基督教的显现。远古时代已经过去，我们正在许多新因素的神秘莫测、杂乱无章的冲击下，立脚于远古时代的坟墓之上，每个人只要睁开自己的眼睛，就会看到这个事实；但是，这种冲击真正想要达到和表示的东西是什么，人们绝不是用外在的眼睛把握的，而仅仅是用内在的官能把握的。按照我们在另一个课时坦率地说过的看法，基督教虽然自古以来有时也在个别人的心中获得了生命力，但就其纯粹的性质和真正的本质而言，还从来都没有达到普遍公开存在的阶段。有一种主张认为，基督教为了给自己开辟道路，为了给自己的公开存在创造条件，已经有了结果；这也是我们的主张，它与上述看法并不矛盾。谁不懂得基督教的内在本质和发展趋势，而只是从历史上熟悉它暂时达到的这种 (I,8,343)
结果，谁就是把偶然东西与本质东西、手段与目的混淆起来，他绝不会真正理解它，甚至也不会理解这种暂时达到的结果。基督教在世界上的作用——我们这里谈的只是这种作用——现在还没有结束；因此，谁没有能力深究整个这出宏伟的戏剧的意蕴，谁就不能认为自己有权对这种作用作出评判。举另一个近似的例证来说，我们在上文中从一个很有限的方面谈到过宗教改革，它在世界上的作用现在也同样尚未结束。

这个预先作出的说明很快就会得到应用，让我们按照它来实现我们的打算吧！基督教曾经想要并且本来应该成为新时代的国家的指导原则或创造原则。我们必须首先回答这样的问题：它究竟能用什么方式这么做和要求这么做？我说，它的这种效用可以用双重的方式来看，一方面作为真正的基督教的效用是绝对的，另一方面是偶然的，并且取决于事态，因为它首先力争把它自身提高到它的纯粹的、本真的状态。关于真正宗教的这种效用的第一个方面，我们可以说，这种宗教完全相当于我们在前一讲中所述的那种对于善的爱，这种爱在宗教意识面前表现为上帝在我们之内的直接工作，而我们在体现这种爱时则表现为上帝的工具。关于这种爱，我们在当时说明，它甚至完全摆脱臻于完善的国家，根本超越于这种国家及其强制机构之上；根据同样的理由，关于真正的宗教也可以这么说。服从上帝的人无论如何都不想做的事情，在完善的国家里当然也在外在方面是被禁止的；但他没有做这类事情，却是为了上帝的意志，而完全没有顾及外在的禁令。这种服从上帝的人唯独喜欢和想做的事情，他在这种国家里会察觉到也在外在方面是要求做的；但他做了这类事情，却是为了上帝的意志。如果这种宗教思维方式存在于国家里，绝不与国家发生抗争，那么，国家就不得不随着其公民的宗教判断能力的完善而不断前进，既不要求做真正宗教禁止的事情，也不禁止真正宗教要求做的事情。在这种事态下，那个著名的命题，即“大家应当服从上帝，而不应当
(I,8,344) 服从人”[42]，就绝不会有用途；因为在这种事态下，人除了上帝指令做的事情，绝不指令做任何其他事情，并且服从者们是想把这类事情作为世俗力量的命令加以完成，还是想把它作为他们绝对喜爱的上帝的命令加以完成，他们依然得作出抉择。一般地说，在宗教的这种充分自由和高于国家的庄严性中就包含着对于国家与宗教的一种要求，那就是它们要绝对分离，取消它们之间的一切直接联系。宗教绝不应该为自己的目的而对国家的强制机构提出要求，因为宗教正像对善的爱一样，是存在于内心的和不可见的，并且宗教绝不表现于外部行动，这种行动虽然合乎法律，却可以是由完全不同的动力促成的；但是，国家有能力专管这种摆在眼前的事情。宗教是爱心，但国家是强制力量；绝没有什么事情比打算强求爱心更错误的了。同样，国家也不应该为自己的目的而想利用宗教，因为在这种情况下，它会考虑某种不受它的支配的、正因为如此也可以缺少的东西，如果它考虑错误，达不到它的目的，它就势必会强求它希望得到的东西，但除了它能强求的东西，它肯定没有希望得到任何东西。这就是宗教对国家的反面影响，或更确切地说，是两

者的反面的相互影响；它在于宗教的存在使国家回到自己的界限以内，使两者严格地彼此分离开了。

按照真正宗教的内容来说，尤其是按照基督教的内容来说，人类是上帝的统一的、外部的、有力的、生动的和独立的具体存在，或者说，如果大家不愿误解我的用语，人类是上帝的统一的外现和流溢；这是一束永恒的光芒，它并不是在本真境界里，而是仅仅在尘世现象里才把自身分解为许多离散的光线。因此，按照这个学说来说，一切属于人的东西在本质上都是完全一样的和平等的，一切东西都同样注定要欢欢喜喜地复归于自己的原始源泉，在那里怡享极乐。这种由宗教提出的天职，国家不得加以干扰；所以，国家必须允许一切人都有同样的门径，为完成这种天职而达到现存的教养源泉，而且国家作为人类目的的主管者，也必须为一切人谋求这样的门径，但要做到这一点，只有在法律和权利方面建立起一切人的人身自由与公民自由的绝对平等，方才可能。因此，那种同样肯定属于纯粹国家的目的的东西，就会被宗教重新确立为国家的目的，而这就是宗教对国家的正面影响，它并不在于宗教给国家提供了一个与两者的上述相互分离相矛盾的新目的，而在于宗教要 (I,8,345) 求国家悉心照料国家本身的目的，并且推动国家加速实现这个目的。两种发展，即正确的宗教观点的发展和政治体制的发展，当然只能缓慢地前进，并在某种程度上并驾齐驱；但是，前一种发展至少应该在个别人那里走在后一种发展的前面，以期部分地引导后一种发展，这是任何东西都阻止不了的。

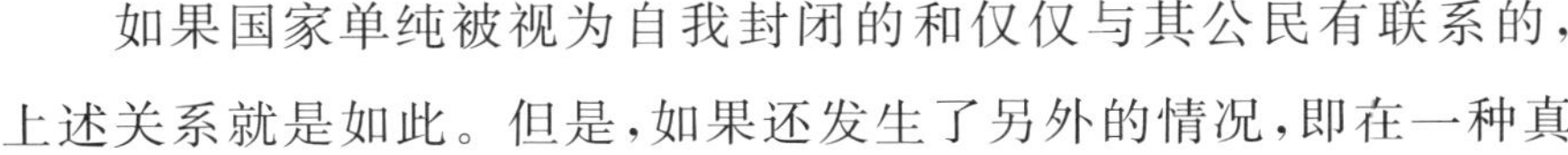

如果国家单纯被视为自我封闭的和仅仅与其公民有联系的，上述关系就是如此。但是，如果还发生了另外的情况，即在一种真

正宗教的范围里形成了许多相互毗邻的、自我封闭的和享有主权的国家，或者换一个意思完全相同的说法，一个基督教文明国家分裂为许多国家，在这个基督教共同体里各个国家虽然没有直接受到其他国家的强制，但不断地受到了其他国家的监视与评论，那么，这时就会在基督教学说里形成一个普遍有效的准则，评判什么行为在与其他国家的交往中就像在对待本国公民的态度中那样是可以称赞的和可以承受的，什么行为是完全卑鄙的；而那种在其他方面拥有无限权力的君主即使可以把他的公民弄成哑巴，但如果他在本国的荣誉感并未丧失殆尽，那就会害怕邻国和邻国教养的后代提供证据和发表评论，即使他甚至会对此置之不顾，他也会担心由于自己普遍丧失信任而造成的后果。通过这种真正的宗教，形成了一位驾驭各国君主的、非同小可的统治者，他允许他们有为善的一切自由，但常常限制了他们作恶的兴趣。

这就是基督教对国家的效用，如果这种宗教及其效用被视为绝对的。这种宗教能发挥的偶然的、取决于时间条件的效用，则是另一种情况，因为它这时还在向上谋求独立的存在，谋求发挥适当的效用。它实际上已经发挥过，至今还部分地发挥着的这种偶然效用，取决于人们最初面临的情况。那种抱着迷信态度把上帝当作敌对者，对他表示畏惧的心理，正像察觉自己有罪孽的感受一样，在当时比历来都更加沉重地并且相当普遍地压抑着文明地区的居民。同时，对于东方人，尤其是犹太人还有过一种神秘的暗示，好像会由此得到一种调解与赎罪的手段。能够证明这一点的是在历史上存在过的许多情况，诸如传入首都罗马的那种对于东方神秘宗教仪式的爱好，从整个亚细亚、部分地也从欧洲流入耶路

撒冷寺庙的大量财宝。如我们已经在适当的时刻表明的，基督教 (I,8,346)
绝不是什么调和与赎罪的手段；人绝不能使自己与神性一分为二，就他误以为自己与神性已经一分为二而言，他是一个不存在的东西，这个东西正因为如此也就不会有罪，而是为了使自己达到真正的上帝，在其头脑里单纯萦回着关于罪孽的烦人幻想。但在这样一些时代的支配下，基督教必然会演变为一种调解与赎罪的手段，一种与上帝结合的新社团，因为这些时代除了在赎罪方面，就根本没有对于任何一种宗教的需要，也根本没有对于这种需要的感受。所以，我在以前谈到这个课题时列为基督教的蜕化形态，并且具体地将使徒保罗定为其创始人的那种基督教体系，同时也就是当时的整个时代精神在基督教内部的必然产物；恰好这个人最先说出了这种时代精神，这当然是偶然的，但如果他没有这么做，那么，任何另外一个没有把自己的思想融入真正的基督教，而超越了自己的时代的人也会这么做；时至今日，任何一个满心想着那些景象，梦想在上帝与人之间有必不可少的中介的人都还是这么做的，而不能理解与此相反的情况。

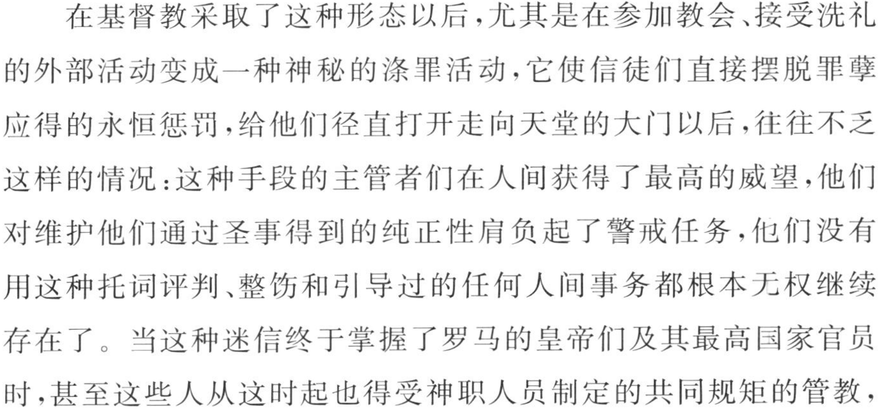

在基督教采取了这种形态以后，尤其是在参加教会、接受洗礼的外部活动变成一种神秘的涤罪活动，它使信徒们直接摆脱罪孽应得的永恒惩罚，给他们径直打开走向天堂的大门以后，往往不乏这样的情况：这种手段的主管者们在人间获得了最高的威望，他们对维护他们通过圣事得到的纯正性肩负起了警戒任务，他们没有用这种托词评判、整饬和引导过的任何人间事务都根本无权继续存在了。当这种迷信终于掌握了罗马的皇帝们及其最高国家官员时，甚至这些人从这时起也得受神职人员制定的共同规矩的管教，

神职人员们必然会受到外在情况的刺激，抱着非凡的、明显的热情，在这些人中执行他们的职务，而这种热情肯定会对政府的威望和自由造成极其有害的后果。这些神职人员凭他们通晓的精神发展方向，远离开了一切健全的政治观点，而且除了关于传播他们的信仰和维护他们所谓的信仰纯正性的观点，他们对于尘世中发生的各种事件几乎没有另一种看法；因此，他们从来都没有能力领导
(I,8,347) 这些让他们享有自由的统治者，没有能力代替这些人治理国家；而这只能造成一个结局，那就是他们支配的王国完全丧失力量和最后遭到毁灭。[43]

假如在某个时候又出现一种国家，对它来说这种有害的影响会变为无害的，它能克服有害影响而维护自己，那么，这种国家本身按它的原则说，必定是由宗教建立起来的，以期由此抵消一种只能毁灭不要国家协助而客观存在的东西的影响。由于这种返回到宗教里的国家固有的原则的必要性，宗教就会同时不得不返回到自己固有的原则，从而在自己内部改善自己。宗教必须首先做到改变这种新兴国家的基本因素，以期公民们和统治者可以完全成为它的精神产物。因为同样的原因会再次产生同样的结果，所以，宗教在这种改变新兴国家的基本因素的工作中，必须不像以前一样，同那些思想迷信、情绪惊慌、由于历来畏惧神灵而无论如何都要膜拜神灵的人们打交道，而是同这样一些人打交道，这些人不曾怀有任何偏见，而且生活情况俭朴——只有杂乱的生活情况才会在不完全文明的时候产生严重的犯罪行为、对于邪念的惊恐和对于神灵的畏惧——因而至今都没有做过那许多装模作样地乞求神灵的事情，尤其是，根本没有畏惧过神灵。这样一些人的转变给昔

日那种举行赎罪仪式、祈求上帝谅解的教会提出了一项全新的、前所未有的任务，那就是在这些人当中用人为的手段诱发和引起对于神灵的具有迷信色彩的畏惧和求神谅解的需要，而这种需要是教会在它那些最先发生转变的信徒中就已经察觉到的。毫无疑问，这项任务是一件很繁重的工作；在我看来，这样的工作——感到自己特别有罪的个别人和特别有利于神职人员的主管范围的若干时期属于例外，在这里撇开不谈——从来都没有做得像在罗马帝国那样完善和普遍；关于这类情况，大家尤其可以到拜占庭帝国的历史中去查考，因为神职人员在这个帝国里经过了相当长的时间才起到自己的作用。这种宗教迷信在任何时候都是通过不懈的布道讲给近代欧洲人的，而且是作为一种外来的成分附加给他们的；但它从来没有真正深入到他们的内心，而且在出现了另一种令人关切的重要事情的时候，他们就甩掉了它。可以证明这种事情 (I,8,348)
的是近代历史的整个进程，尤其是教会改革的时代，在这个时代，近代欧洲的民族特点才更加自由地发展起来。于是，教会几乎已经放弃了再宣讲那个命题[44]；凡在它还这么做的地方，它都做得毫无成果，因为没有任何一个人会把它的宣讲放在心上。

新兴国家的这些基本因素，为了不再会倒退到亚细亚的专制体制，而立刻把那个在希腊人和罗马人中业已发展起来的人人权利平等的原则吸收到自己当中，还必须拥有普遍的欧洲民族特点，即精确的思想和对于法权与自由的热爱。这些因素必须把突出的荣誉感的特点与那种普遍的欧洲民族特点结合起来，以便接受基督教对于舆论的上述合法影响。在日耳曼部族中存在过的，恰恰是像我们所述的这样一些因素，它们好像是为了这个伟大目标而被保存下来的。我只提到日耳曼部族；因为其他部族的那些蹂躏生灵的迁徙绝没有什么持久的结果，而且各个起源不同、合并到当时的欧洲民族共同体的帝国也大部分只有通过日耳曼部族才获得了基督教和文明。这些可能与希腊人有同样的起源、当时又与希腊人有联系的日耳曼部族，就像对这两者的语言的深入研究可以严格地证明的那样，在他们的森林里大致已经处于希腊人在其英雄时代达到的文明发展阶段。好多海格立斯、伊阿宋或忒修斯式的人可能曾经在这样的驻地把自愿的伙伴们召集到了自己周围，并且与这些人完成了令人钦佩的冒险行为。他们对上帝的崇拜就像他们的习俗那样，是很简单的和俭朴的；在他们当中几乎没有出现过对于他们的道德尊严的顾忌。人人独立、自由和平等的原则，通过上千年的应用，已经对他们变成了理所当然的事情。用英勇的冒险行为引起众人的注意，死后名垂后世的史诗，这就是他们当中高贵的人的愿望；自愿的伙伴们至死都忠于统帅，这就是其他人
(I,8,349) 的荣誉；不遵守誓言对每个人来说都是一种无法忍受的污点，所以，那种丧失了自己作孤注一掷的自由的年富力强的人甘愿把自己的人身交给年迈体弱的得胜的人，甚至带上他人的枷锁，供胜利者鬻为奴隶。这就是基督教要用以建立其国家的民族因素。如果除此以外还出现一种情况，即许多血缘相近的部族大致在同一个时间、在基督教和昔日帝国的同一块土地上建立起一些新国家，那么，这些国家由于有共同的起源，就在它们内部结合得比与其他国家更密切；在这方面对宗教和国家可能发生的最有利的情况，是宗教以其外在政治权力获得中心地位，而这种地位又获得一块独立的所在地。这时，这个中心权力并不像以前那样驻扎在帝国本身，

不断控制帝国行政事务，而是只有一项任务，那就是从外部把一个基督教王国中的各个不同的国家团聚起来，并且充当它们之间的仲裁人；它依据它现在承担的使命，与其说是像以前那样充当各国内政的领导人，倒不如说是成了国际法的监督人。从这时起对它本身具有更加重要的意义的任务是划分基督教王国，保持其一切部分的平衡，因为在这种情况下人们是需要它的，但不需要把这个王国又融合为一个国家；在这些尚未完全驯化的人们当中出现这种事变，也许对于宗教权力本身造成了危险的后果。基督教王国实际上也就是这么出现的；在这种力量的保护下，每个基督教国家都会享有相当大的自由，根据自己的具体特点发展自己；而且由这种权力形成和不断团聚起来的基督教民族国家，甚至得到了扩展和扩大，这一方面是通过各个基督教国家对非基督教地区的武装征服做到的，另一方面是通过和平征服，使新的王国皈依基督教做到的，因此也就是通过新的王国对于宗教中心权力的服从做到的。

这个基督教王国的基本原则过去是、直到如今也还大部分是这样的：首先在国际法方面，一个国家由于是基督教国家，就在它所处的环境中拥有生存权，它有全然独立的主权，任何其他基督教国家——只有宗教中心权力在行使其职权的事情上是例外——都 (I,8,350)
不可企图干预它的内部事务。所有的基督教国家都彼此处于相互承认和原始和平的状态。我谈到**原始**和平，意思是说，绝不能发生涉及一个国家的生存权的战争，虽然可以发生涉及这种生存权的偶然规定的战争。由于有这条原则，各个基督教国家之间的那种要彻底消灭对方的战争是被绝对禁止的。各个非基督教国家则不是这样；按照同一条原则来说，它们没有任何得到承认的生存权，

它们不仅能够,而且也应该被驱赶出基督教的疆土的范围。教会绝不把和平赐予这些国家;如果基督教势力赐予了它们这样一种和平,那么,这种事情之所以发生,不是因为迫不得已,便是因为基督教原则业已失效,为另一种动力所取代。其次,基督教王国的基本原则在公民权方面是这样的:在上帝面前所有的人都是平等的和自由的;在任何基督教国家里,每个人都必定毫无例外地被允许有献身于上帝的能力和机会,每个人在这方面都必定至少有人格自由。我们可以立刻由此得出全部人格自由的原则,得出这样的命题:没有一个基督教徒会成为奴隶;基督教的土地赐予了自由。与此相反,按照同一条原则来说,非基督教徒则确实会成为奴隶。

一种过分引人注目,以致我们不应闭口不谈的外部事件,也有助于更紧密地把这个基督教民族共同体凝聚起来,使它不得不在自己固有的意识中考虑到自己是一个相互从属的整体,接受共同的事务,甚至作为基督教共同体着手从事共同的行动。在亚细亚——除了它可能曾经是标准民族的居住地,它另外给人类作出的贡献也无非是从这个民族产生了真正的宗教——形成了这种真正宗教的第二个年轻分支,即伊斯兰教;伊斯兰教显然在原初与基督教有同一个起源,不过绝对不承认完全取消那个与上帝缔结的古老盟约,因而从犹太教中保留了对自己适用的东西,正因为如此,就在其自身带有逐渐腐化的根源,而没有汲取基督教本身包含的那种外在完善过程的永不枯竭的源泉。这种宗教就像基督教那样渴望别人皈依自己;它很善于动用干戈,从开始起就是靠干戈传播自己的;它凭借一个本身并不怎么重要的优点而对基督教趾高气扬,那就是它明确主张上帝的统一性——这种统一性在基督教里其实也是假定了的——，并没有完全像当时的基督教那样充斥了粗俗的迷信思想；并且它把起源于亚细亚的默然服从和专制政 (I,8,351) 体同样从教义方面视为政治原则。就是在这样的情况下，它与基督教交战，成了胜利的侵略者。除了它在一片相当可观的地区消灭了基督教，把自己造就成占统治地位的宗教，这种胜利还由于一种情况而使基督教更加痛心疾首，那就是在基督教丧失的国土中也包括这样一块国土，这块国土从前是基督教的发祥地，后来的信仰虔诚、富于幻想的基督教徒们都抱着庄严肃穆的态度，把自己的目光对准那里。从这种义愤中产生了行动的热望；大批日耳曼人不是作为这个或那个国家的公民，而是纯粹作为基督教徒，就像在他们的原始森林中会有所作为那样，突然自觉自愿地冲向那片土地，以期把它从伊斯兰教那里夺取回来。尽管这些行动的结局很不令人满意，尽管那些没有能力超越自己的时代、理解其他时代的精神和综观全体的评论家在背后给这些十字军东征说过很多坏话，但它们毕竟始终是一个基督教整体本身完全不受它所分裂成的各自为政的国家的制约，而作出的永远值得纪念的力量表现。熟悉这些敌人的许多不可小看的特点，把他们受到指控的罪恶和他们指控别人犯的罪恶记录在案，也就是这种行动的一项相当不错的战利品。

伊斯兰教甚至在初创的基督教国家的发展时期，就已经闯入了欧洲这个似乎注定要由基督教独占的地方，但在这个地方遭到削弱，被驱逐出去了；它后来则又从另一个危险的方面，借助于土耳其这个自由国家闯入了欧洲，它的目的毫不隐讳，那就是要不断向前推进，使整个欧洲服从于它。这时，终于至少在口头言论与公

开著作中出现了觉醒的意识，认为基督教徒只能成为一个国家，只能具有一种利害关系；以致这种可怕的敌人在最后被卷入了欧洲政治角逐的战场，自身变得老朽不堪，开始萎缩枯干，走向其内部瓦解的过程。

尊敬的听众，按照我的看法，这就是我们近代欧洲的基督教政治制度业已开始和继续发展的外部条件。在这些外部条件下，各个国家里的真正的政治体制现在是如何发展的，是受到这些条件的阻碍，还是受到它们的推动，如何在自身接受和进而发展了业已在世界上存在的东西，我们打算在以后的几讲中加以考察，如果这
(I,8,352) 些研讨可望引起你们的某些兴趣，能够吸引和留住大批在座的原有听众。

第十四讲

(I,8,353)

尊敬的听众！

正是基督教搜集了一个新时代的民族因素，使这些因素在精神上得到了复兴；正是这种在政治和精神上成为中心权力的基督教的主管者，把那种已经偶然分裂为民族共同体的新国家在其分裂状态中维持下来，整顿了各个国家彼此的关系，甚至在外因的促使下把它们凝聚为一股举世无双、善于行动的力量；在这些主管者的庇护下，每个特定国家都拥有和显示了自己的独立性，拥有和显示了独立发展自己与获取外部力量的自由。

新的欧洲人一方面由于绝对不可能完全受基督教精神权力所依据的原则——这种权力是上帝和人类之间的调解者——的支配，一方面由于自己世代相承，历来热爱政治上的独立，所以，也只能在各个国家还在致力于巩固自己的内部，面对国内斗争因素的压力而根本不能明确意识到自己特有的力量的时候，才忍受得了基督教的中心权力的这种管束。

这种国内斗争由于日耳曼部族先前的体制特点和民族特点而得到了推动，并且得到了那个很了解自己发挥影响的条件的精神中心权力的精心支持和实际利用。毫无疑问，在日耳曼部族中除了经常晃悠和到处流散的人群，极其固定和唯一永存的东西就是自觉自愿的伙伴和随从与他们所献身的统帅的私人关系。

日耳曼的征服者和国家奠基人从根本上说就是这样一些统帅；他们的军队的真正优势在于那些伙伴与随从把个人生死献给他们的忠诚，其他迁徙的人群则仅仅是伴随他们的军队行进的。
(I,8,354) 为了保证他们的随从的生活资料，他们把土地封给他们的随从，把从前的私人结合转变为土地占有，以致这种结合与责任在后来可以被继承下来。从前的自觉自愿的私人结合变成了一种持久的政治结合，并且产生了封建制度。这种情况是不会永远存在的。日耳曼人出于对统帅的个人优点的钦佩，确实想自觉自愿地服从，但这种政治上的服从却不允许他们热爱自由。受封的领主们努力争取这种独立性，统治者则以充分的理由反抗这种努力，精神中心权力试图以同样充分的理由维持这内部两派之间的平衡，从而使斗争永远存在下去，同时也使对于它的调解活动的需要和各国内在的不独立性永远存在下去。但随着这场斗争的告终，维护它的王国的第一道外围城墙倒塌了。这场斗争可能是以两种方式结束的：或者是像在基督教王国的一个主要国家（法国）里那样，受封的领主们遭到了失败。或者是像在它的另一个主要国家（德国）里那样，国家权力遭到了失败。如果在后一种情况下，数量相当可观的人群依然联合在一起，以致从前的受封领主们能给自己组成国家，把附属于自己的受封领主们维系起来，那么，这场斗争就还完全没有得到普遍的解决。在这后一个国家里，犹如借助于一种奇迹那样，教会改革与这个胜利的开端统一起来了，并且那些争取独立性的人们在教会改革中获得了一种新的同盟者，很懂得如何利用这种同盟者去反对想压迫他们的帝国权力，反对那个虽然不想压迫

他们，但也不怎么希望他们在决定性的程度上获得独立的精神中心权力。

这次改革的各项**政治**原则就它们是针对精神中心权力的影响而言，甚至在它们没有被用于反对最高国家权力，人们摒弃了这次改革的教义原则的地方，也找到了入门的途径。这样一来，那个精神中心权力的政治影响就达到了尽头，它本身仅仅在人们没有接受改革的地方还保留了它的教义和教规的支配作用。

通过文明国家的这次总体改革，把这类国家作为一个未分割
的基督教共同体统一起来的联盟首先获得了迥然不同的基础和支
持，获得了新颖的变化形态。这种统一完全不再像以前那样被清
楚地视为一条原则，也没有在改革以后明确地作为一条原则加以
对待，而是与那些由它得出的、我们在上一讲制定的基本概念一
起，变成了颇为模糊的本能；这是一个习以为常的前提，人们不必 (I,8,355)
真正认识，就照着它行动起来了；对这种统一的维护由教会的手里
转入了舆论、历史和一般著作家的手里。

首先，每个已经变得文明的国家都有一种必然的趋势，那就是普遍地传播自己的文明，把一切现存的东西都纳入自己的由公民组成的统一体里。在古代历史上就有过这种情况。在新时代，这种发展趋势由于精神中心权力的利益在于文明国家的依然被分割，由于各个国家的内部软弱，已经受到阻止。一俟各个国家在内部变得强大起来，抵制了那种外在权力时，这种在全部基督教国家发展全面君主制的趋势就必定会立刻表现出来；自从只有一种共同的文明在各个不同国家单靠不同变化形态发展起来，一切人在这些特定变化形态方面都只是片面地得到教养以来，这种趋势就

表现得更加充分。但在这种片面发展文明的情况下，如我们在上文中已经指出的，每个国家都想把它自己的文明视为真正的文明，以为其他国家的居民如果成为它的国家的公民，就会感到自己很荣幸。

这种向全面君主制发展的趋势，因为欧洲人的风俗习惯和政治体制几乎到处都是相似的，所以更加容易推进；在这方面起作用的，还有一种或两种在一切民族中由有教养的个人共同使用的语言，不过，那些不共同使用的语言在亟须的情况下也是容易学会的。由于这个缘故，被征服者在新政府之下差不多又能见到他们在旧政府之下具有的东西，而很少关心谁是他们的统治者，但征服者能在很短的时间里，不费什么力气就把新的行省注入旧的行省的模式，正像应用新行省原来的模式那样，应用旧行省的模式。虽然通过改革，出现了统一的基督教的许多形态，并且在这些形态之间也部分地出现了一种怀有敌意的反感情绪；但另一方面，每个国家都有容易奏效的补救办法，使人人权利平等、和平为怀和宽以待人，这样，就又像以前在不信教的罗马帝国里那样，对于宗教信仰持宽容态度、对于每个民族的特殊习俗抱通融精神，变成了一种在
(I,8,356) 征服地博得和维持民心的最佳办法，并且许多教派在统一的国家体制中的联合也很有力地同时促进了基督教的目的，因为国家在这种情况下必须对一切教派采取超然的中立态度，而这个目标在这一讲中已经被定为绝对的，那就是宗教与国家的完全分离。

这种向欧洲基督教的全面君主制发展的趋势在许多会有这种要求的国家里，也毕竟已经相继显示出来，而且从罗马教皇权力建立的时候起，就已经成为我们的历史的真正的、提供生命力的原

则。我们在这里绝不打算判定，全面君主制是否在某个时候被视为一个明确的计划；历史学家甚至会作出相反的证明，认为这种想法在任何人的心中都不会达到明晰的地步，而我们并没有察觉这就驳倒了我们的上述论断。不管明确还是不明确，或有些模糊，这种趋势也已经在近代史上给许多国家从事的行动奠定了基础，因为只有根据这种趋势，这些行动才能够得到解释。许多国家本来已经占有优势，几乎是数量越多，就优势越大，它们都显示出一种对于土地的巨大贪欲，都试图通过相互联姻、书写遗嘱和进行征服来获取新的行省；然而，这绝不是在未开化的民族的土地上进行的——这类事情可以另当别论——而是在基督教的领域里进行的。它们究竟想把这些新增的物力用于什么目的呢？它们一俟得到它们，实际上又把它们用于什么目的呢？为了再获取新的地产。假如事情仅仅是按照这些国家的意志进行的，这种进程在什么地方会有一个尽头呢？除了不再有任何可供他们吞食的东西的地方，无论什么地方都不会有一个尽头。尽管没有一个时代能设想这种目的，但它始终贯穿了一切时代，在无形中不断推动它们的精神。

针对这种扩展的欲望，各个力量较差的国家不得不考虑它们的自我保护；它们的自我保护的条件同时也成为对其他国家的保护，以期其他国家的力量的增长不会加强它们的天敌，给它们造成损害；一句话，在这些力量较差的国家面前出现了在基督教领域里保持平衡的任务。我们自身无法吞食的东西，其他人也绝不应当吞食，因为否则，他的力量同我们的力量相比，就附加了一种不成比例的东西；这样，较大的国家对它们本身的自我保护的操劳，也

就同时保护了弱国。或者，如果我们无法阻止别人扩大其力量，我们的力量也就必须在同样的程度上加以扩大。(I,8,357)

现在，任何一个国家除了由于缺乏某种遂人心意的好东西，都不努力在欧洲民族共同体里保持这种力量平衡，因为它还没有能力理解唯独扩大它自己的力量的目的，没有能力理解给这个目的奠定基础的全面君主制计划。如果它变得比较强大，它无疑会理解这个目的。所以，每个国家不是力求建立基督教的全面君主制，便是力求至少获得会这么做的能力，进一步说，在另一个国家想要干扰时，力求建立国家之间的平衡，力求悄悄地获得无论如何阻碍这种干扰的能力。

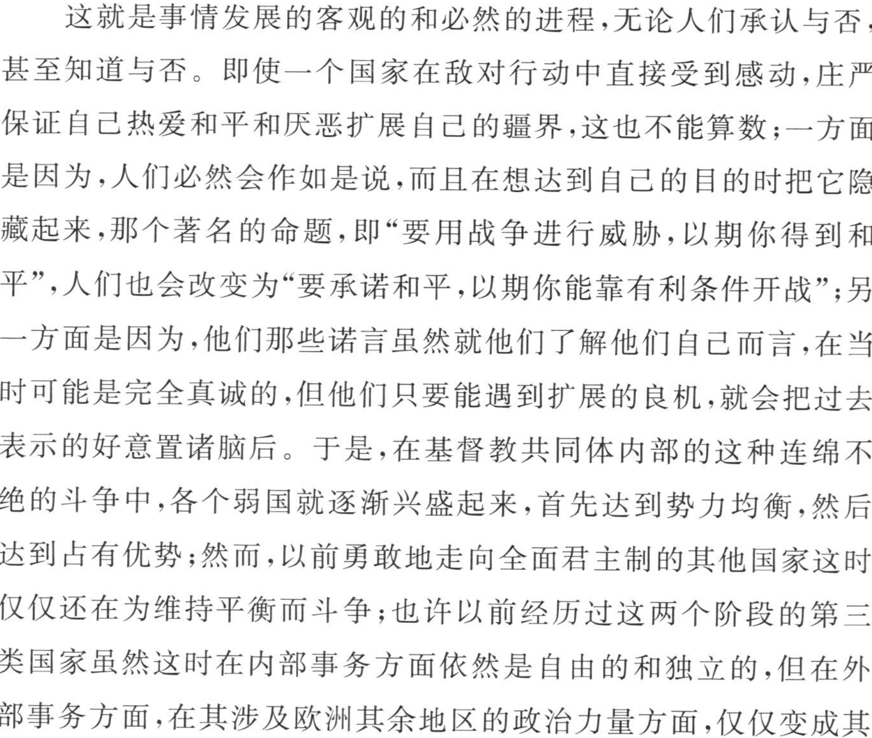

这就是事情发展的客观的和必然的进程，无论人们承认与否，甚至知道与否。即使一个国家在敌对行动中直接受到感动，庄严保证自己热爱和平和厌恶扩展自己的疆界，这也不能算数；一方面是因为，人们必然会作如是说，而且在想达到自己的目的时把它隐藏起来，那个著名的命题，即“要用战争进行威胁，以期你得到和平”，人们也会改变为“要承诺和平，以期你能靠有利条件开战”；另一方面是因为，他们那些诺言虽然就他们了解他们自己而言，在当时可能是完全真诚的，但他们只要能遇到扩展的良机，就会把过去表示的好意置诸脑后。于是，在基督教共同体内部的这种连绵不绝的斗争中，各个弱国就逐渐兴盛起来，首先达到势力均衡，然后达到占有优势；然而，以前勇敢地走向全面君主制的其他国家这时仅仅还在为维持平衡而斗争；也许以前经历过这两个阶段的第三类国家虽然这时在内部事务方面依然是自由的和独立的，但在外部事务方面，在其涉及欧洲其余地区的政治力量方面，仅仅变成其他较强的国家的天然附庸。于是,人们就借助于国力强弱的相互转变,去努力达到平衡,而这恰恰是通过他们对于优势的追求做到的。

一种力量较差的国家正因为力量较差,就不能通过对外的征服活动扩展自己的力量。它究竟该怎样超越自己的局促范围,得到某种举足轻重的分量呢?除了在内部增强实力,它没有任何其他办法。尽管它最初没有获取到一寸新土地,但只要它的故土变得更加宜于居住,对于人达到一切目的更加有利,那么,它在不获取土地的时候也获得了许多人丁,他们才是国家的真正筋骨和实力;而且如果这些人是从其他国家来到它那里的,那它就是从它的天敌手里夺取到了他们。这是第一种和平征服手段,在信仰基督教的欧洲,每个力量较差的国家都能用这种手段着手提高自己的

地位;因为各种信仰基督教的欧洲人在本质上都是一个民族,都承 (I,8,358)
认共同的欧洲是他们唯一的真正祖国,并且他们从欧洲的这一头到另一头都差不多寻找到了相同的东西,受这种东西的吸引,拉近了彼此的关系。他们寻求人身自由、公正和对一切人平等的法律,而这就能毫无例外地立即保护每个人;他们寻求机会,靠勤勉和劳动获得他们的足够的生活资料;他们在他们的教派中寻求宗教信仰自由,寻求思想自由,按他们的宗教原则和科学原则进行思考,以期公开发表自己的意见,据此作出评判。在什么地方他们缺少一个这样的环节,他们就渴望离开什么地方;在什么地方给他们提供了这些环节,他们就涌向什么地方。现在,所有这些环节已经成为国家必然具有的目的本身。在现代各国的关系中,它们甚至由于不可避免的必然性,由于对自我保存的操劳,而被强加给了国

家;因为害怕被吞并的想法使国家不得不扩大自己的力量,但除了上述办法,它在起初没有任何其他办法。

也确实有另一种办法,那就是一个国家尽管不把邻国的人丁,然而却把他们的劳力吸收到自己这里,使他们为自己生财。它在现代世界历史中正在起着一种过分巨大的作用,所以我们不应闭口不谈,把它忽略过去。这种办法在于,一个国家夺取世界贸易,使自己独占普遍寻找的商品和到处通用的交换手段,即货币,而且从这个时候起给别国规定商品价格,因而使整个基督教民族共同体都不得不给那些为了维持别国的屈从地位、并由此**违背**整个基督教共同体而进行的战争支付费用,给那种为了同一个目的而欠下的国债偿付利息。在计算中大概会察觉,远隔千里的外国居民在支付过他每天的膳食费以后,就给这个国家消费了他每天的劳动收入的一半或四分之三。我提到这种人为的办法,并不是为了推荐它,因为它的成功仅仅是基于世界其他地区的愚蠢,如果这种愚蠢被消除了,它就会反过来使它的发明者受到损害;相反地,我提到这种办法,仅仅是为了指出对抗它的办法,而这种办法在于不使用那些商品,不再以为那类国家的货币是唯一的货币,而是要懂得一个在商业方面变得专横的国家会把自己希望得到的东西都弄
(I,8,359) 成货币。现时代的眼睛蒙了一块东西,看不到这个问题,现在要把它揭去是不可能的,我们再费口舌也徒劳无用[45]。

如果一个力量较差的国家已经首先通过上述办法在国内增强了自己的力量,那么,它也许就要由此致力于对外扩展;如果这种扩展取得了胜利,它就会由此陷入新的困顿境地;它肯定破坏了迄今的均势和现存的格局,而且后来的新人会比司空见惯的势力更

加强烈地引起其他国家的猜忌和怀疑。从这时起，它必须经常保护自己，必须经常在紧张的戒备状态下维持它的现存国力，在对外扩展的机会对它不利时，为了至少在国内增强这种力量，绝不允许任何手段闲置不用。这种做法首先在对外政策方面需要它把一些较弱的邻国置于它的保护之下，从而把它本身的自我保存的利益同样变为它们的自我保存的利益，以便在万不得已发生的战争中它能像指靠它自己的兵力那样指靠它们的兵力。其次，这种做法在对内政策方面需要的是除了采取上述办法——向国内引入新的居民和在国内留住老的居民——以外，还要优待婚姻生育，建立保健设施，以关心人口的维持与增殖；还要对农业、手工业和商业有计划地进行改良，保持这三个部门的必要的平衡，一句话，要借助国民经济概念——如果这个概念被理解得透彻——所能包括的一切东西，以提高人类对自然的支配能力，而这是我们在上文中已经充分地叙述过的。那些以经济学的名义嘲笑这样的努力的人们依然停留在外表上，还没有深入了解到这样的工作的内在本质和真正意义。有人另外提出一个问题，说一个国家的人口能变得不太多吗？依我看，虽然懒惰的、无所事事的公民向来在每个居民阶层中都是多余的，而且就其本身来说也太多了，但是，如果随着人口的增长，农业、手工业和商业也按同样的比例，真正彼此均衡地增长，那么，国家就绝对不会有过多的居民；因为自然界提供物产的 (I,8,360)
能力如果会合理地加以对待，就可以取之不尽、用之不竭地涌现出来[46]。

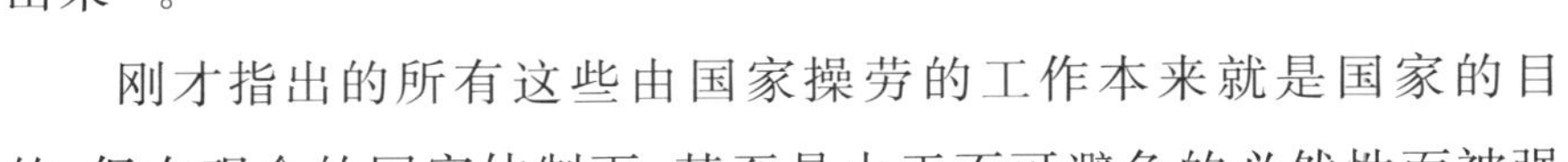

刚才指出的所有这些由国家操劳的工作本来就是国家的目的，但在现今的国家体制下，甚至是由于不可避免的必然性而被强

加给国家的。很可能，我们在刚才举出的工作中仅仅道出了那些要求具有高度文明的现代国家实际上推行的措施；不过，我们是在另一种意义上道出这类工作的。我们已经看到，它们不仅是偶然地做这类工作的，而且是由于不可避免的必然性而不得不做它的；因此，我们也就指出一种保障，那就是它们如果不想在与其他国家的不断角逐中丧失自己的地位和最后完全毁灭，必定还会进一步做这类工作，并且必将做得越来越完善。

最后，在现代欧洲的国家体制下，由于同样的必然性而被定为国家的目的的，也还有至今在世界上任何地方仍未实现的人人权利平等，也还有逐渐消除在基督教欧洲仍然作为封建制度残余存在的人人权利不平等。我是在我所处的环境中大胆地谈到这个课题的；我的确可以猜想，对于听我演讲的尊贵听众也想看这个课题如何加以研讨的那种热忱，我只要表示丝毫的怀疑，就会得罪他们。在我们这一切人当中，哪个自视高于人民的人竟然不靠这种优越感，间接或直接地捞取到好处呢？我们应该接受我们的时代能给我们提供的东西，我们应该欣然放弃这个时代不再能负担的东西，这才完全正确。

那种不可避免的必然性是这样出现的：在国家的很少受惠的公民依然有人身自由和可以维持其生活的时候，国家总是在通常情况下不得不从它的这类公民那里征集它无论如何都能攫取到的力量，并把它们据为己有；如果出现了做一种更大的工作的需要，它就完全无法超过他们迄今已经作出的贡献，让他们再给它做更多的贡献。于是，除了对受惠的家族与阶层提出要求，它就没有任何其他出路。这种事情也许最初仅仅是在暂时的紧急情况下发生的，但很容易出现一种愿望，即总是在通常情况下拥有它曾经一度拥有的力量，并且也很容易再找到它曾经一度找到的办法。此外，未曾受惠的人们在不必为受惠者作出贡献的时候，甚至也能给国家直接作出更多的贡献。因此，一个不断致力于扩大其内部力量 (I,8,361) 的国家就不得不打算逐步消除一切特权，从而完全做到人人权利平等，以期只有它这样的国家本身才可能真正有权**将其国家公民的一切力量的全部剩余毫无例外地用于它的目的**。我们认为，对于所有这些特权的最正确、最有益的看法是这样的：它们本来是一项公共的财富，初创的国家既不懂得也不需要动用自己的全部力量，当时就把它存放到了自己的有教养的家族手中，以便这些家族按照其最佳判断，为了促进无拘无束的开拓事业，自由地靠它繁衍生息。这些家族把这项工作做得越合适、越娴熟，国家的内部力量通过它们的效劳，也就越多地逐步增长起来，而它们能允许拥有这项忠实管理的财产的时间也就越长久。如果出现了一个时代，这项财富不再需要无拘无束地加以开拓，而是开始了精雕细琢的、按照规律阔步前进的开拓工作，并且国家需要直接亲自掌握这项存放的资产，那么，国家就要把它索取回来，不过，不是采取过分突然地改变迄今的关系的方式，因而是采取渐进的方式。真正自由的和高尚的人乐于交出这种资产，把它当作献给祖国祭坛的祭品；谁觉得自己受到强制，谁就不过是由此证明了自己从来都不配拥有这项托管的赠品。

为了预防在这个问题上发生种种误解，我要立刻阐明我关于人人权利平等的观点所依据的最高原理。常见的陈腐理论认为，国家产生于想象的、没有法律的自然状态，在这种状态下谁有势力

谁当头，强者抢占了他力所能及的范围，弱者则只好空手离开。随后，法律肯定了这种没有法律的状态造成的结果，把绝对不合法的事情变成合法的；国家存在的目的，就是要给强者看管那些曾经以某种方式聚集起来的人群，阻止那类在划分地盘时空手离开的人随时弄到地产。这种观点至少在近代史方面是完全非历史的，并且在近代史中一切所有权最初都是在业已建立的国家的土地上形成的；撇开这两者不谈，这种观点也是违背理性的，而且从我们给它所作的表述中就可以直接看出这种违背理性的地方。每个人作为人都有他对财产的合法要求；一切人的这种合法要求都是平等的；因此，可以当作财产的现存东西必须在一切人当中依法加以平分；对于国家的自我保存的急需与关切，在自然力量的引导下推动着国家对自然力量和偶然因素分配得不平等的东西逐渐进行平等
(I,8,362) 的划分。

尊敬的听众，现在相继阐明的一切就是**国家浸透公民肺腑的作用**，我在上文中把它定为我们时代的政治特点；你们现在的事情就是要评判，至少在国家已经得到最高的开拓成就，即拥有最大的国力和对于基督教民族共同体最有权威的正常影响的时候，事实是否如此。在这里，国家浸透公民肺腑的这种作用和公民的一切力量的外部应用之转化为国家的工具，绝不应该受到追求绝对自由境界的狂热幻想——它有时也自命为哲学——的责备，而是应该被视为国家和自然力量的必然目的，这是已经得到很清楚的解释、肯定避免了种种误解的事实。我们当然希求自由，也应该希求自由；但是，只有通过极其合乎规律的途径，才能出现真正的自由。这种自由是如何由此必然产生的，我以为，我们在这一讲的两个不

同的地方已经阐述清楚了。我们也没有忘记表明，国家并没有把那些曾经变成它的财产，它当然绝不会放弃的民力，总是用于目光毕竟短浅、仅仅由于时代过错而强加给它的单纯自我保存的目的，而是只要建立有朝一日必定终于达到的永久和平，就会把它们用于更庄严的目的。

欧洲民族共同体里变得最文明的国家，在任何时代都毫无例外地是最努力的国家；在每个国家不再直接争取维持它在平衡中的地位，而是争取拥有指导和改变，甚至破坏——如果它愿意——这种平衡的力量的时代，它都是靠最大的力量作出努力的，如果不靠这种力量，那就不可能拥有那种力量；这种努力对文明越有益，这样一种国家受惠于偶然因素的情况就越少，正因为如此，它对于增强内部力量的明智技巧和费力工作的经常需要就越多。一个还必须过分谨慎地争取均势的国家是缺少内在自由和独立的，它在自己的行动中必须经常反复考虑邻国的意图。一个觉得自己肯定无可争议地拥有优势的国家则容易疏忽大意，受到崛起的邻邦的包围，而丧失自己的优势；要使它恢复清醒的自我知觉，也许需要 (I,8,363) 遭受令人痛心的损失。

我们时代的所有这些特点综合到一起来说，还包含着自然界为了我们的政府永远良好而给我们提供的上述保障，还包含着自然界不受我们的影响和为了我们的利益而对能够强制我们的政府权力实行的强制。

在整个基督教欧洲，几乎每个独立的国家都是竭尽所能，全力以赴；增强内部力量和外部力量的办法也无人不晓。在各种力量的这种全面斗争中，必须不放过任何有利条件；因为放过了它，邻邦就会立即夺取它，而且除了我们这时不拥有它，邻邦还会用它反对我们。良好政府的任何独特的准则和行政工作的任何可能的部门都是不可忽视的；因为利用我们的疏忽而给自己谋取尽可能多的有利条件，也正是邻邦的行为准则。在这方面，哪个国家不愿前进，它就会倒退，并且日益倒退，以致最后丧失它的政治独立性；就是说，它首先成为另一个国家在保持均势的天平上的附加砝码，随后分裂成外国的一些行省。只要邻国不像它那么不明智，它任何错误的政治措施都会使它受到最后覆灭的惩罚；如果它不想覆灭，它就必须避免采取错误措施。

但我要反问，假如这个国家毕竟不明智，并且采取了错误措施，那又怎么样呢？真正有教养的、信仰基督教的欧洲人的祖国究竟在哪里呢？一般地说，在欧洲；具体地说，在每个时代都在处于文明高峰的欧洲国家。那个采取了危险的错误措施的国家当然会随着时间的推移而趋于没落，因而就不再处于文明高峰。但是，正因为它趋于没落，并且必然覆灭，也就兴起了其他的国家，其中一个国家极其卓越，并且从这时起处于那个国家最初所处的文明高峰。但愿那些土生土长、承认大地、河流与山脉是自己的祖国的人们仍然做业已沦亡的国家的公民；他们保留着他们希求的东西，保留着使他们幸福的东西；犹如中天丽日的精神会不可抗拒地受到吸引，转向那些有光明和正义的地方。我们可以抱着这种世界公民意识，完全平静地看待国家的行动和命运，看待我们自己和我们的后代，直至世界的末日。

第十五讲

(I,8,364)

尊敬的听众！

这一讲我们将从一个评语开始，这个评语才算是前一讲告终的研究的真正结语，同时也是今天我们需要进行的研究的开始，所以它构成两者之间的一个过渡点。对于这个评语的内容，我们始终是默默假定的，可是现在，我们却想把它明确地说出来。

我们已经从基督教推导出新时代的整个特征，推导出这种时代特征发展的方式方法。但正因为如此，一切成为现象的原则的东西都在现象中消失了，对外在感觉成了不可见的，而只能为敏锐的反思所察觉。所以，既然基督教已经真的成了原则，它就不再出现于同代人的清晰意识中；相反地，他们设想为基督教的东西，恰恰因此还没有成为原则，还没有被纳入时代固有的内在的独立生活。基督教对于我们曾经是唯一真正的宗教，而且我们已经撇开了这种真正的宗教通过它最初进入世界的那个时代而获得的各种偶然变化形态。既然像我们用欧洲国家共同体的整个现有体制阐明的那样，这些偶然变化形态已经牢固地扎根于整个人类的现存状态，那么，人们现在就再也看不到基督教的本原了，而是把它归因于一种偶然的情况。

对于人类的那些超出国家范围的其他关系，也只能这么说。

就拿宗教之后出现的最高东西，即科学来说，拿哲学——科学中的这个分支总是对全部科学的形态最有决定性的影响，并且至少默然以为自己有权对科学立法，虽然这可能是没有道理的——来说，在新的时代，对哲学的爱除了靠基督教，究竟是靠什么激起的呢？哲学的最高和最终任务除了正确探讨基督教教义或纠正这种教义，究竟是什么呢？各种类型的哲学除了借助宗教观念，向民众传
(I,8,365) 播宗教，究竟是通过什么获得最普遍的影响的呢？是以什么途径跳出神职人员的狭隘圈子而传遍全人类的呢？在整个新的时代，任何哲学史都是未来的宗教观念史，两者一起迈向最高的纯洁的境界，迈向它们的原始统一，而笃信宗教的民众教师则经常充当有教养公众与无教养公众之间的中介人。由此可见，整个近代哲学都是直接由基督教建立起来的，全部科学大厦则是借助哲学，间接由基督教建立起来的。对于其他事物也应作如是说；我们会察觉，在新时代的不断流逝中长存的、不变的唯一东西是具有纯粹的和不变的形态的基督教，唯独它会永远是这种东西，直到末日降临。

按照我们早先拟定的计划，我们今天必须描述现时代普遍的和公开的习俗的特征；根据以上所述，如果这里我们又不得不回到基督教，把它当作新时代一切习俗的原则来看待，你们将不会感到惊奇。

首先要问，什么叫作习俗？我们在何种意义上使用这个词汇？[47] 对我们来说这个词汇表示的，而且按我们的看法在任何真正易于理解的用语中表示的，都是**一些在人与人之间的相互作用中已习以为常的原则，它们由于整个文明状况而成为另一种自然力量，正因为如此，就完全没有出现于明确的意识中**。因此，我们说

这些原则不是一种偶然的，也许由偶然原因决定的实际做法，而是一种隐蔽的、永远不变的根据，人们可以设想完全自主的人有这种根据，可以从它出发，预先确切无误地算出他将采取什么做法。因此我们说，这些已成为第二种自然力量的、因而没有出现于明确的意识中的原则必定应当排除一切以自由为基础的动机，排除决定这种一般行为的动机——伦理道德的内在动机和法律的外在动机。凡是人还必须周密思考和自由决断的东西，对他来说就不是习俗，但由于某种习俗会被归因于某个时代，它就会被看作时代精 (I,8,366) 神的一种无意识的工具。

我们在上面已经说过，实行人人在法律面前的平等，实行人人在一种坚决揭发和严厉惩罚任何违法行为的立法——这种立法在近代又只是在基督教的策动下实施的——面前的平等，对公民的习俗也有极好的影响。假如任何一种想对别人采取不正当行为——我们大概也这样说过——的内在诱惑还在其萌芽状态就受到确实无疑的意识的压制，意识到这么做除了遭受不可避免的惩罚和损失，绝不能指望有任何别的结果，那么，民众的那种突然产生一些不正当的念头或稍微表现这些念头的习惯，也会随之完全消失。看来人人都是有道德的，尽管可能还是法律的威慑作用使作恶的欲望退缩到了内心深处；对法律的威慑作用的记忆变成了习俗，不让任何不正当的念头表现出来，也成了习俗。这种只是抑制恶行的习俗，还绝不是催人向善的习俗，可以称之为否定性的良好习俗，也就是单纯不做恶的习俗；它的形成可以说是立法——同时也是基督教借助于立法——对公共习俗产生的否定性影响。

立法对习俗的这种影响是必然的、无可置疑的。如果从不正

当的行径绝不能指望得到什么好处，而是注定会遭受惩罚和损失，那么，不论是谁，只要他爱自己，希求自己顺遂安好，就绝不可能做不正当的事情。要是在真正适宜的立法下，这种对习俗的影响没有在可以预料的程度上显示出来，那就应当查明，发生这种毛病的原因是否在于对立法的执行没有经验；要么是因为罪犯很可能指望蒙混过去，要么是因为诉讼程序、司法侦查和法庭证明含糊混乱，使罪犯有机可乘，容易逃脱法网。在这种情况下，受内在诱惑的人会向国家争辩说：已经有十个或更多的人在我周围都做过同样的事情，他们都没有受到惩罚，为什么偏偏我这个第十一名要遭到告发；或者，他这样辩解道：这类事情我自己已经做过十次，都没有被告发，我还敢做这第十一次！倘若我不幸被告发，那我还是十胜一负。对他这样的算法是无可反驳的。在前一种场合，罪犯有可能不被起诉，说明我们尽管有好的立法，然而缺乏监督；在后一种场合，罪犯本来已经被控告，但还可指望被证明无罪，说明我们缺乏数量足够的目光敏锐的审判官。在这两种场合，都迫切需要揭示出漏洞的原因。比如，这种漏洞是不是产生于国家要将它的全部力量直接用来对外自卫的那种急需？这样的国家在被要求改善警察机构、完善司法侦察的时候是否抱怨它没有经费用作这项开支？在这种情况下也许应向这样的政府说明，内部安全与力量强大比外部安全更重要，前者是后者的基础，在开始耗费用于外部安全的支出以前，必须先修改用于内部安全的支出。倘若人们不被允许对这样的政府提出任何劝诫，而且也没有什么办法逼迫某个政府，那就只好向它表示，但愿极度的内部混乱和这种混乱造成的——甚至是给它那考虑清楚的意图造成的——破灭能迫使它进

(I,8,367)

行必要的改革。

在诉讼程序方面，本应向这样的政府劝诫，不坚决审判任何一个罪犯的意图不管多么值得尊重，这种意图导致的结果不管多么不必消除，然而相反的意图，即绝对不让任何罪犯逍遥法外和不受惩罚，其意义也毫不逊色；同时解决这两项任务并没有什么障碍，而不解决后一项任务，也就不可能解决前一项任务，而且国家就得违背它本来的目的行事。

尊敬的听众，这里，我们已经到了这样一个地方，在这个地方，我再也无话可说，而是你们自己必须判断：一般在欧洲，特别在其最先进的国家，立法对习俗有怎样的影响，如果有漏洞的话，漏洞究竟在什么地方，新的时代必须怎样继续向前迈进。

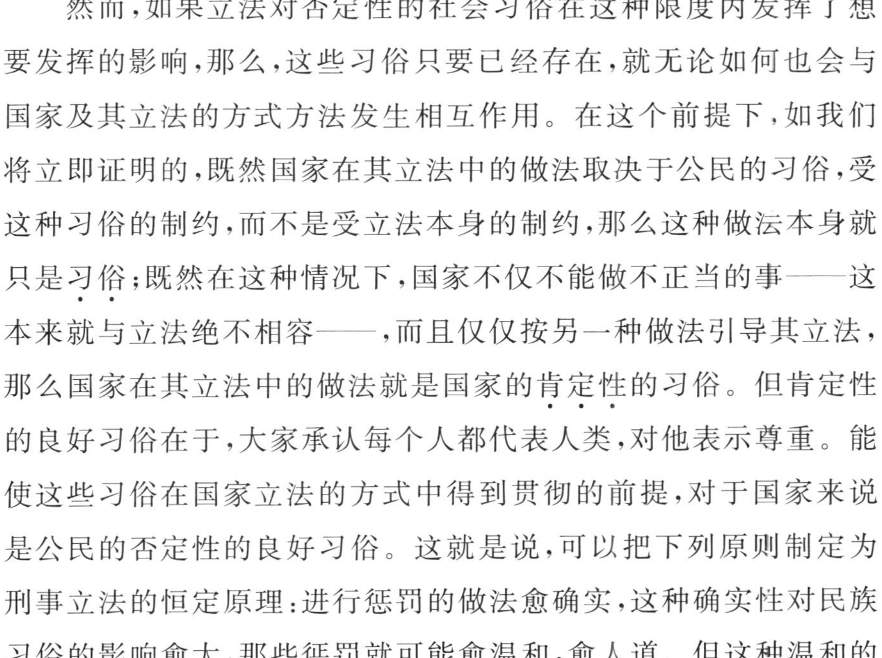

然而，如果立法对否定性的社会习俗在这种限度内发挥了想要发挥的影响，那么，这些习俗只要已经存在，就无论如何也会与国家及其立法的方式方法发生相互作用。在这个前提下，如我们将立即证明的，既然国家在其立法中的做法取决于公民的习俗，受这种习俗的制约，而不是受立法本身的制约，那么这种做法本身就只是**习俗**；既然在这种情况下，国家不仅不能做不正当的事——这本来就与立法绝不相容——，而且仅仅按另一种做法引导其立法，(I,8,368)
那么国家在其立法中的做法就是国家的**肯定性**的习俗。但肯定性的良好习俗在于，大家承认每个人都代表人类，对他表示尊重。能使这些习俗在国家立法的方式中得到贯彻的前提，对于国家来说是公民的否定性的良好习俗。这就是说，可以把下列原则制定为刑事立法的恒定原理：进行惩罚的做法愈确实，这种确实性对民族习俗的影响愈大，那些惩罚就可能愈温和，愈人道。但这种温和的

做法根本不适用于国家不再予以考虑的罪犯，而是适用于类族，而国家毕竟总是以其人格带有类族的形象。

姑且举个例子来说明这一点。谁不习惯于片面地看待事物，而是习惯于考察事物的最深刻的原因，谁就肯定会同意，个人对于社会可能变得很危险，以致不除去他的性命，国家将不可能使社会免遭他的危害。但与此同时，谁只要不坚持“以眼还眼，以牙还牙”的野蛮的摩西准则[48]，谁就会同意，国家只有在极端必需的情况下，在确实没有任何别的手段的时候，才应选用这种手段；因为罪犯终归总是类族的一个成员，他作为这样的成员有权活尽可能长的时间，以期使自己改恶从善。但如果同意这种手段适用于个别情况，政府就还会利用执行判决的机会，大摆场面，用酷刑将罪犯折磨致死，令人厌恶地拿尸体示众；这种做法至多只能在这样一种地方可以原谅，在这种地方，国民需要经常看到这样的恐怖场面，以期大家不至于一有机会，就受到引诱，采取残暴行为。在崇尚道德、不嗜血腥的时代里，依我们看，死刑判决只要公开宣布而秘密执行，也就够了；不过应该事后展示一下尸体，使那些想知道执行情况的人能确信它真的已经执行了。简言之，民众的习俗愈质朴，在他们当中采取的致命性的惩罚和所有一般的惩罚就必定变得愈罕见，愈温和。

我们已经说过，能使刑事立法这样渐渐变得温和的前提，对于国家来说是公共习俗的改善。可是，什么东西会促使和推动国家按照出现的可能性，去真正做那种对它单纯变得可能的事情呢？我回答说，是舆论，既是全欧洲的舆论，也特别是本国民众的舆论。
(I,8,369) 只要那种承认每个人都代表人类，对他表示尊重的观点还没有成

为习俗，民众就还喜好诉诸暴力活动，而必须用严厉的和有时令人恐怖的惩罚加以控制；在这样的观点成为习俗，因而暴力活动变得很稀少以后，谁也不忍再目睹某个带有人的面貌的存在者不管犯有什么罪行，都备受折磨，仿佛是为了做给人看的；有教养的人抱着厌恶的心情不看这样的场面，而且全世界都蔑视还存在过分严厉的惩罚的国家和民族，把它们看作是野蛮的；这样一来，政府就会受它自己的和民族的求名欲的驱使，使刑事立法同时代精神相适应，同时也在这方面贯彻良好的习俗原则。

这样，尊敬的听众，我们就又到了这样一个地方，在这个地方，我必须请你们自己作出判断，让你们自己从这方面对比过去的时代与现在的时代，确定现时代正处在哪个阶段，它必须以何种方式继续向前迈进。

利用刚才结束的研究的机会，我们也附带指出过，肯定性的良好公共习俗究竟在什么地方。它在于这样一种习惯：把每个人都毫无例外地承认为人类的一个成员，并希望他也把别人承认为人类的成员；把每个人都作为人类的一个成员来对待，并希望他也这样对待别人。我说过，承认与被承认、对待与被对待是相关的，因为这两点是不可分割地结合在一起的。谁不愿意做到后一点，也就做不到前一点。无论是谁，如果其他人把他看成什么，其他人在超出法律规定范围的事情上如何对待他，对他来说都是无所谓的，他就会无视这些人，对他们不屑一顾，根本不认为他们的判断应被看作人类的判断。诚然，永远会有这样的事情，那就是有人有自己的不良习俗，因而会使别人只能对他们表示极大的蔑视，而且别人这么做是完全正确的；但这样的蔑视态度肯定不是原来就有的习俗，而是招惹来的和应当抱有的：在这样的情况下，清晰的概念就代替了单纯的习俗。

我们所提出的良好习俗概念的主要规定是：任何个人单就他本身而言，因为他具有人的面貌，就绝对应该毫无例外地被承认为人类的一个成员，人类的一个代表——这是首先对他作出的评判，如果他没有由于他自己的错误行为而不配享有这种评判的话；换句话说，一切人原来就有的平等是居于支配地位的、给人们的一切交往奠定基础的方面。但一切人的这种平等是基督教的真正原
(I,8,370) 则；因此，这种基督教的普遍的无意识的统治和基督教之变为真正推动公共生活的原则，同时也是良好习俗的基础，或更准确地说，直接就是这种良好习俗。我之所以说是无意识的统治，是因为基督教在这里已经不再表现于教义和说教，而是成了现实本身，化为真正的生活，实际上隐藏在人们的心里，表现于他们的一切活动。

人人平等的假设确实是从基督教出现的时候起就在世界上传播开的，而且谁也不反其道而行之，因为谁也不可能这么做。我们大家在上帝面前都是平等的——许多人都如是说，而且都对我们将来在公共生活中真的能变得平等感到满意，因为他们不可能改变这一点；但在当前的公共生活中，这些人还靠人与人的不平等支撑着自己，还在尽全力维护它，力图从中取得尽可能多的好处。所以，要使基督教的平等原则变成真正生动的良好习俗，就必须把它运用于人类的世俗关系。这个任务将由完善的国家来实现，这种国家对所有的人都一视同仁，使每个人各得其所，使他们成为自己的工具。因此，基督教的统治不纯粹是观念的统治，而是要通过国家、在国家中实现的统治，这便是真正的良好习俗；而这就为这种

良好习俗的概念提供了进一步的规定：承认任何个人都是人类的成员，当我们把他看作**国家的工具**，把他当作**国家的工具**对待的时候，我们希望他也这样看我们，也这样对待我们。——但是，在希望别人这样看我们，这样对待我们时，我们不能使人感到欺骗他们，所以我们必须真的成为国家的工具，并希望成为这样的工具，即使不是在同别人一样的范围内，也毕竟是在同别人一样的程度上。

国家对人人都完全有浸透肺腑的作用，同时在国家里人人平等，这种情况是由于人人都权利完全平等才出现的。因此，完善的、良好的习俗在于，大家都以这种人人权利平等为前提，至少把它设定为应该实现的东西，而且必须按照这样的假定去对待每个人，同时希望每个人也只按照这个假定对待自己。由此可见，权利不平等是造成不良习俗的真正**根源**，默然假定这种不平等是必然的永恒状态，则是**不良习俗本身**。

我力求用详尽的分析阐明这一点。首先，拿两个对立的阶层来说，一个是较富裕、有教养的市民阶层，一个是有特权的家族。前一阶层的不良习俗表现于两个方面：要么是对后一阶层的优势估计过高，竟不守每一个有理智的人应有的那种合乎习俗的礼节，而对这些家族采取卑躬屈节和奴颜婢膝的态度；要么是嫉妒他们 (I,8,371)
的优势，对他们表示愤慨，或者出于仇恨，或者由于缺乏成熟的思考，错误地、充满敌意地解释这些优势。市民阶层的这种不良习俗很容易在特权阶层中引起另一种不良习俗，因为特权阶层要么未以应有的愤慨拒斥对它的那种不适当的恭维，而是对于低估那种供它低估的事物感到称心如意，要么断然疏远另一阶层，把自己封

闭起来，不与之交往。

怎样才能使同一个国家的这两个相互疏远的部分和平统一呢？它们怎样才能在统一的良好习俗中协调地生活在一起呢？最好是由科学来协调它们。为此，科学最初必须掌握在市民阶层手中，由这个阶层加以传播。倘若科学最初就为特权家族所有，那就会使人担心，这些家族力图独占科学，这样一来，就会把真正有价值的东西的重大优势完全附加给偶然性造成的特权。可以期待，真正有科学教养的市民会懂得和理解这些特权——我以为它们大致与上一讲中描述过的特权是一样——的真正意义和价值，正因为如此，这种市民既不会过高估计它们，也不会嫉妒它们。特权家族中的那种有科学教养的人获得了自己的个人新价值，这价值使他很乐于睁开眼睛，看一看科学给他那生来就凭偶然性获得的特权作出的说明。这两种人在被他们估量得高于一切的十分重大的事情上都是平等的，对于他们来说，他们在微不足道的事情上的差别会很容易由于有这种平等而消失不见。

现在已经由这个纽带联合起来的两个阶层，还同从事机械的体力劳动、几乎都没有受过他们所必需的完备教育的广大民众处于对立地位。他们感到自己天天都肩负重担；他们看到，各个高级阶层享有富裕的和舒适的生活，却不分担他们的机械劳动。他们不知道，也不理解：这些阶层是怎样也在其他领域作出自己的努力，从事自己的劳动的；这些阶层的辛劳为什么整个来说是有用的、必要的和对民众本身不可或缺的。尤其是，他们不知道，也不了解，他们这些低等阶层的劳动为整体提供了何等美妙的效益。在这些情况下只能养成一种毛病，那就是不良习俗在他们当中成为另一种自然力量，把高等阶层单纯视为靠他们的血汗养活的压迫者，在高等阶层提出任何建议时都立即怀疑这又在趁机谋求什 (I,8,372) 么新的好处。要根治这种毛病，改善他们的不良习俗，只能依靠逼真的见解，使他们看清，他们绝不是为某个人的专断效劳的，而是为整体效劳的，只是在整体需要他们效劳的范围内，他们才为整体效劳，并且这是他们的每个同胞不管属于哪个阶层，都无一例外地负有的完全相同的使命。但为了使他们能认清这种道理，现实情况也必须符合于这种道理；因为在涉及低等阶层的利益问题上，人们切不可指望欺骗他们。因此，或者是权利的平等必须切实加以实行，或者是受惠阶层必须在一切人眼前，就像实行这种平等那样不断地、公开地行动。民众教师作为他们与高等阶层之间的中介人，应该懂得他们的想法和语言，必须促使他们注意这种情况，在他们当中说明这种情况；用一句话来说，民众教师不仅必须向民众授以宗教知识，而且必须授以关于国家及其目的和法律的知识，并且这种知识必须是深刻的、确凿的。

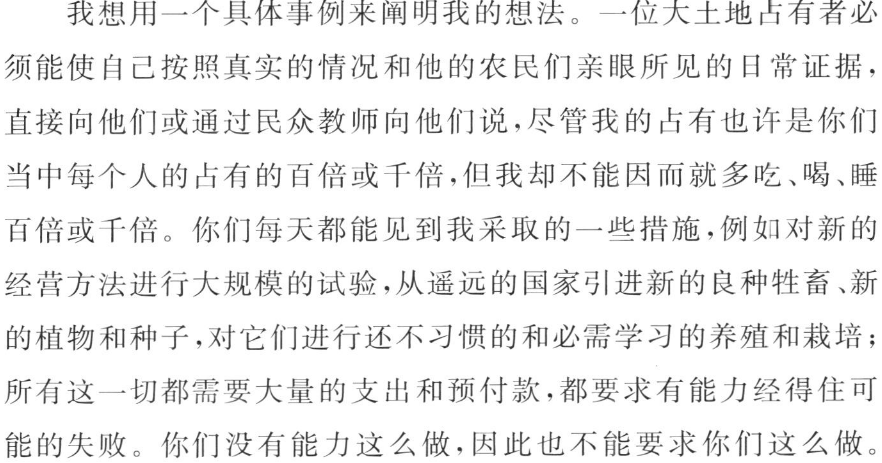

我想用一个具体事例来阐明我的想法。一位大土地占有者必须能使自己按照真实的情况和他的农民们亲眼所见的日常证据，直接向他们或通过民众教师向他们说，尽管我的占有也许是你们当中每个人的占有的百倍或千倍，但我却不能因而就多吃、喝、睡百倍或千倍。你们每天都能见到我采取的一些措施，例如对新的经营方法进行大规模的试验，从遥远的国家引进新的良种牲畜、新的植物和种子，对它们进行还不习惯的和必需学习的养殖和栽培；所有这一切都需要大量的支出和预付款，都要求有能力经得住可能的失败。你们没有能力这么做，因此也不能要求你们这么做。

可是，凡是我取得成功的，你们可以仿效，可以借鉴，凡是我试验失败的，你们可以不必去做，因为我已经替你们冒过风险了。那些已经变为本地品种的优良种畜，可以由我的畜群逐渐推广到你们的畜群，那些已经适应当地气候的高产种子可以由我的农田逐渐移植到你们的农田，同时由我出资学到的、验证合格的管理技艺也将传授给你们。是的，我的粮仓塞满了各种储备；可是，当你们有谁需要我帮助的时候，我什么时候向他关闭过呢？你们当中有谁什么时候陷入困境，不从我这里获得过帮助呢？凡是你们不需要的
(I,8,373) 东西，都会根据国家的直接指示涌入我们祖国的深感匮乏的重要省份。你们不要嫉妒我为此获得的钱财。这些钱财也将像过去我在你们面前使用了我所拥有的一切那样加以使用；这些钱财中的任何一个赫勒，凭我的意志说，都不应花在无助于达到更高文明的事情上。同时，如果国家需要我的钱财，支付它的军饷，或支援国家的各个省份，我随时准备向国家交出自己的钱财；如果国家为了安置大量人口，需要分走我的地产，我也随时准备让人把自己的地产交给国家。我向你们担保，在这方面你们会看到我不动声色。如果国家不需要我的钱财和地产，这些钱财和地产要留给我的孩子，那么，我已经把他们教育得在将来像我那样行动，并且他们也将把他们的后代教育得像我那样行动，直到生命的最后一息。

尊敬的听众，这就是公共的、普遍的良好习俗。至于这种习俗的支配作用在现时代与以前的时代相比，在国家及其公民居于文明顶点的地方，已经达到多大范围，在哪些方面还有缺陷，因此我们人类在这方面应当怎样继续前进——对于这些问题，我想更多地留给你们当中那些有机会对这类课题进行观察的人自己去判

断，因为我自己对这类课题，特别关于有教养阶层对民众的关系，已经多年不再有观察的机会，而且在某些国家从来都没有这种机会。我的任务只是确定一般的原则，供你们作出这样的判断。——我再扼要地归纳一遍。每个人的使命和价值都在于，他奉献自己本来所是、所有和所能的一切，为类族服务，并且由于国家规定类族通常需要的服务方式，所以也在这个限度内为国家服务。每个人是按他自己选择的**方**式，还是按国家给他指定的方**式**这么做，都无关紧要；重要的只有一点，那就是他这么做；尊重每个人的依据，不是他这么做的方式，而是他以这种方式做到的**程度**。即使谁没有这么做或做得很不完善，也至少应该把他当作一个也许有朝一日还会这么做的人加以尊重，并且按这样的观点加以对待。——同样，谁也不能不唯独出于这个理由，要求别人尊重和重视他，谁也不能不唯独根据这个观点，对于在别人面前发挥某种影响提出要求。这样，阶层之间的差别对人们相互对待的方式的一切影响就会被完全消除，并且国家的全体公民和整个人类都会按同样的相互尊重的精神和对待方式联合起来，因为这种相互尊重是以一种相同的、一切人都同样具有的根据为基础的。 (I,8,374)

(I,8,375)

第十六讲

尊敬的听众！

按照我们早先阐述的计划，我们今天必须确定若干原则，以回答下述问题，即现时代在普遍的、公开的宗教信仰方面持何立场？

我们早就把真正的宗教或基督教——大家知道，这两个用语对于我们来说意思完全相同——视为标志现时代特点的那些现象的真正的和最终的基础。所以，我们所描述的这一整个特定的时代的立场只应该是对宗教信仰所持的这种特定的立场。因此，刚才提出的问题要么已经由先前所有的论述得到了解答，要么还没有由此得到解答，还需要有具体的回答，因而在这里必须对宗教或宗教信仰一词作一种与以往不同的理解。

实际情况是后者。迄今为止，我们一直都把真正的宗教看作现象的隐蔽原则；但今天我们完全不把它看作这样的原则，而是把它看作以自身为基础的、独立的存在者。迄今为止，正由于它被视为现象的原则，所以它被视为无意识的原则；在这方面我们所谓的宗教不是人们说出的东西，而是那种成为内在生活本身、成为一切作为和语言的基础的东西。今天，我们将把它看作出现于清楚的意识中的东西，因为宗教的独立存在不是事物，也不表现于某个事物之中，而是意识，并且是完全自身封闭的意识。

宗教一词也在这个意义上用于这个时代通常亲自在宗教信仰方面作出的评判，即用于众所周知的、几乎人人都诉说的对于宗教信仰衰落的抱怨，特别是在民众中间。诚然可以认为，仅仅这种抱怨的**存在**就同所抱怨的内容相矛盾，因为抱怨者恰好通过其抱怨证明他们对宗教的热爱和尊重；但可以这么认为的最低条件是，这 (I,8,376)
种抱怨不附带某种令人可疑的成分，使人觉得，他们抱怨的绝不是**他们自己的**不信仰宗教，绝不是希望**他们自己**，而是希望别人，尤其是希望民众信仰宗教，而他们所以抱这样的期望，也许在背后还有悄悄为自己打算的其他意图。不管怎样，还是让我们来考察这种抱怨，同时把我们自己的研究同这种考察结合起来吧。

虽然我们预想不到你们在这方面对现象的**观察**会得出什么结果，可是我们还是能确定这样一个原理：从现时代存在的原则给公开的宗教信仰必然得出的东西，无疑都会是**真的**，都会存在于现象中。如我们在前几讲中顺便说明的，前一个时代的科学状态，特别是哲学状态，是每个时代公开的宗教的原则。在这所学校里培养出民众教师、民众著作家，形成了有教养阶层的舆论，他们从这座宝库出发，用学说和典范影响民众。这种哲学科学状态在这些演讲的开头就已经被描述过了，其原则是：首先，除了**承认可理解的东西，完全不承认任何东西**（在这一点上，这个时代是对的）；其次，提出**单纯感性的经验概念**，把它定为可理解的东西的**尺度**（在这一点上，这个时代是不对的）。以这样的原理为主导，必定会取消宗教中一切不可理解的东西和深奥莫测的东西，这是十分清楚的；并且由于对上帝的意旨和服从它的手段的这种不可理解和无法深究是畏惧上帝的根据，而这种手段必须由上帝直接向我们启示出来，所以我说，宗教中的任何可以畏惧的事情就像宗教事务中的盲目信仰和盲目服从一样，也必定同时会消失殆尽。因此，一个时代，要是受过这些原理的培育和熏陶，就既不再会畏惧上帝，也不再会使用所谓的服从上帝的手段。

然而，这种对上帝的畏惧，这种靠神秘手法服从上帝的努力，难道就是宗教和基督教吗？绝对不是。那只不过是迷信，是异教的残余；它同基督教混合在一起，至今还没有被完全从基督教排除出去。这个时代的哲学只要被人们赋予自由，就能完全消灭这种残余。当然，在这种情况下，人们不能说，它必定会消灭真正的基
(I,8,377) 督教，因为真正的基督教除了存在于各个人之内，还完全不是公开地、举世公认地存在的；它必定没有能力把握真正的基督教，将真正的基督教引入世界。

谁抱怨这种迷信的衰落，把这种衰落看成宗教信仰的衰落，谁就犯了表述上的错误，而且他抱怨的，是大家本应高兴的事情，是说明我们的进步的极好证明。大家何以要抱怨这种衰落呢？因为这种业已衰落的东西本身没有什么吸引人的东西，所以抱怨的对象就只能是它的衰落的外在结果。既然这种抱怨不是来自神甫——在这种场合称他们为神甫是合适的，他们因为自己失去对人心的统治而感受到的那种痛苦是完全可以理解的——，而是来自政治家，那么，这种抱怨就可以归结为对于政府工作变得困难太大，花费太多的抱怨。畏惧诸神对不完善的政府来说是一种很好的辅助手段；在政府不能或不愿亲自监督其臣民的地方，让诸神监督其臣民是很惬意的；如果法官能以永远罚入地狱威胁被告人，使他自愿说出法官想要知道的东西，这也就省得法官使用自己的洞

察力；凶神无偿地作出了一些效劳，警官和法官在后来必定会由于它们而得到犒赏。

这里，我们要坦率地说出我们视为真的东西：即使允许维护这种可以减轻政府工作的手段，但这种手段并不存在，那种使政府工作变得愈加困难的做法本身也不是什么坏事，而是人类迟早必定会享有的一笔珍贵财富。因为政府工作本身是一种以理性规律为依据的艺术，它不应该随意加以使用，而应该得到适当的、彻底的研究。但是，只有迫切的需要，只有在肤浅的见解已经不再有用的时候，才能促使政府进行这种彻底的研究。

总之，这个时代的哲学和科学观点是在消灭作为明确想到的和有意识的东西的迷信，却不能在意识中确立起真正的宗教，以替代这种迷信。所以在这样的时代里不可能遇到对于超感性世界的明确想法，无论它是虚假的，还是真实的。

假定我们的描述符合实际，并且得到了我在这里唯独让你们进行的那种观察的证实，那么，从超感性东西绝不可能**加以明确思考**的前提出发，就能得出对超感性东西的**模糊感觉**、对这种东西的追求和渴望已经消失的结论吗？换句话说，与宗教一起，宗教**意识**或宗教信仰也已经消失了吗？不能，绝不能！我们可以制定出这样一个无可争议的原理：哪里还有良好习俗和德行、和睦关系和仁 (I,8,378)
爱、同情和慈善行为、家教和家庭伦常，还有夫妻双方之间以及父母与子女之间彼此的忠诚和不惜牺牲的依恋，哪里就还有宗教——不管大家知道不知道，反正都一样——，就还有达到宗教意识的能力。当然，迷信已对这些人变得不可忍受，迷信的王国已经消逝；但只要你试图在这些人心中唤起真正的、清晰的宗教概念，你就会立即看到，他们竟然只会受到这些概念的激励。难道在现代不是也发生过这种情形吗？难道人们就不会察觉各阶层的人对任何其他精神刺激都全然无动于衷，而只受到这些概念的吸引和感动吗？所以，我很不赞成抱怨现时代的宗教信仰衰落的说法，而宁愿把这个时代比任何其他时代都更需要真正的宗教、都更易于接受真正的宗教——只要它会给这个时代建立起来——看作这个时代的特征。自由思想家的那种空洞的、令人不快的闲话，早已有时间用各种方式发表出来；它说出来了，我们也听到了，但与从前说过的相比，它却没有说出任何新的东西、任何更好的东西。这类闲话我们已经听厌倦了；我们感到，它空洞无物，在对于永恒东西的那种一旦形成便绝不会消除的意识方面，它给我们提供的就是这类空洞无物的东西。这种意识继续留在我们中间，并迫切要求为自己进行活动。一个比其他任何体系还更有气概的哲学体系，以绝对命令的名义提出另一种意识，即对于绝对道德性的意识，试图由此安抚对于永恒东西的意识。一些精神健全的人靠这个体系得到了鼓励和锻炼，但这种事情只能持续一段时间；一种相近的意识被培养起来，这就使不满足的人更加强烈地感觉到自己的不满。当这种人终于遇到真理的时候，正因为他长期休养生息，做过一些错误的尝试，他就会更加敏锐地识别真理，更加深入地领会真理。之所以能肯定地预见他将遇到真理，是因为真理已经在惯用语的模糊之处，在哲学的工作场所有了准备，是因为它已经包含于基督教的文献中，只不过还没有被理解罢了。真理将以何种方式和通过何种途径被引进世界，对这个问题的回答我们必须耐心等待，不要还在播种的时候就立即指望看到收获。

那么，真正的宗教究竟在什么地方呢？也许，我能对这个问题作最清楚的叙述，如果我会表明它可能有什么结果，并由此说明它不可能有什么结果。迄今陈述的基督教的一切外在使命，都是引导人们，尤其是各个民族和各个国家，去做好多可能不另外做的事情，而不去做好多可能另外做的事情；特别是，迷信促使臣民不做好多有害的事情，而做好多有益的事情。总而言之，基督教的这些外在使命成了许多绝不可能另外发生的现象和事件存在的原因。真正的、内在的宗教信仰则不是这样；它绝对不发生在现象中，绝对不促使人去做任何可能不另外做的事情。但是，它使人在内心完善其自身，使他完全自相一致，使他成为完全自由、完全清醒和怡享极乐的人；换句话说，它使人的尊严臻于完善。 (I,8,379)

请你们跟我一起来考察不信教的人可能具有的最高东西，即纯粹的道德。他之所以服从他胸中存在的职责命令，完全是因为这是给他的命令，他之所以要完成作为他的职责向他启示的事情，完全是因为这是职责。然而他在这么做的时候理解他自己吗？他知道他时时刻刻为之牺牲自己的整个生命的这个职责本身是什么吗？知道它真正希求的是什么吗？他对这些知道得很少，以致他自己宣布说，之所以应当这样做，纯粹是由于应当这样做，而他不得不当作真正的服从的一个主要标志的，正是这种不知道和不理解，这种对规律的意义和行为的结果的绝对不考虑。

首先，大家不要在这里重复那些厚颜无耻的保证，说这样一种不计后果、不求报酬的服从，本身是不可能的和违背人的天性的。因为喜欢感性享受的利己主义者只是一种残缺不全的人，他关于人的天性的所能难道会知道什么吗？对于什么事情是可能做的，人们只有实际去做，才能知道。在人们还没有用这种方式知道这种可能性，还没有在自己的人格方面上升到纯粹的道德境界以前，人们就还没有进入真正的宗教领域；因为宗教也绝对不会把**单个的**、合乎职责的行为的结果变成可见的。——指出这一点，是为了消除一部分旨在诬蔑纯粹道德的谬误。

其次，单纯服从职责命令本身的人，并不理解这种职责一般希
(I,8,380) 求什么。由于他尽管不理解，却总是在无条件地服从，由于他甚至在不理解的情况下也在心中不断地、丝毫不差地念叨着职责命令，所以很显然，这种不理解并没有使他的活动分什么轩轾。但这里有另一个问题：这种不理解是否符合于他作为理性存在者的尊严？诚然，他所服从的已经不是整体的隐秘的规律，也不是盲目的自然欲望，而是某个概念，从这个意义上说他是很高尚的；可是他不清楚这个概念，对这个概念是盲目的，因此他的服从仍然是一种盲目的服从；他热衷于他的使命，虽然使用了较为高尚的手段，但眼睛一直被蒙蔽起来。如果这种状况有悖于理性的尊严——这是毫无疑问的——因此，如果在理性本身有一种能力，正因为如此，也有一种冲动，要深入理解职责命令的意义，那么，这种冲动就将不停地激励他，使他变得不安，但如果他终究还处在盲目的服从状态，那么，他除了顽固地反对这个隐秘的冲动，就没有任何别的办法。不管他的一切行为，即他的外在表现如何完善，但在内心方面，在他这个存在物的内心深处，却仍然有分裂、模糊和不自由，因而缺乏绝对的尊严。这就是从宗教观点看坚持纯粹道德的人的形象。一个从来都没有上升到道德境界，而只是照着自然欲望行事的人，其形象从宗教观点看必定会显得多么令人讨厌！指引他的是整体

的永恒的规律，但这种规律从来都不用自己的语言跟他说话，也不屑同他谈话，而是默不作声地像引导动物或植物那样引导他前进，丝毫不询问他的意志如何，把他当物来使用，而且是在一个只有机器发挥作用的领域。

宗教给人展示出那种唯一的永恒规律的意义，这种规律作为职责命令颁布给了自由的、高尚的人，作为自然规律颁布给了充当工具的不高尚的人。笃信宗教的人理解这种规律，觉得它在他心中是活生生的，它是唯一的生活永恒发展的规律。虽然他不理解这种生活的每个环节是怎样包含在唯一的、神圣的基本生活的那种永恒的发展中的，因为无限的东西永无止境，所以永远不能被他把握；但他直接认识到，并且清楚地洞察到，所有这些环节都绝对包含在唯一的生活的发展中。对有道德的人作为职责命令存在的东西，对他来说就是唯一的生活的内在进展，这种生活是直接作为生活表现自己的；对其他的人作为自然规律存在的东西，对他来说就是唯一的生活的那种表现为僵死东西的载体的发展。

这种唯一的、清楚地认识到的生活在笃信宗教的人之内汇集 (I,8,381)
于自身，停留于自身，带着不可言传的爱，使自身得到满足，使自身怡享极乐；这种人的目光带着不可言状的心醉神迷，沉浸到一切生活的源泉之中，与这种生活不可分离，随着这种生活，不断地在永恒的长河中流逝。有道德的人称为职责、命令的东西，对他来说是什么呢？是生活中最高的精神繁荣，是他能赖以呼吸的唯一要素。除了这样的生活，他不希望，也不可能过另外的生活，一切其他的生活对他来说都意味着死亡和罚入地狱。对他来说，要求应当如何的命令必定到得太晚；在命令发布以前，他已经抱有这种愿望，

而且不可能抱有别的愿望。正如在道德原则面前一切外在规律都消失不见一样，在宗教信仰面前甚至连内在规律也默不作声；我们胸中的立法者保持沉默，因为意志、兴致、爱、极乐生活都自己立了法。有道德的人常常难于履行自己的职责，对他提出的要求是牺牲他最强烈的爱好和最珍贵的感情。尽管如此，他还是要满足这种要求；这是必须做的；他压制自己的感情，抑制自己的痛苦。这为什么恰恰需要忍受痛苦？在他的根深蒂固的爱好与规律的不可抗拒的要求之间的这种分裂从何而来？他不得提出这类问题；他必须默默地、盲目地牺牲自己，因为只有在这种默然作出奉献的条件下，他的牺牲才是真正的牺牲。对笃信宗教的人来说，这个问题却一劳永逸地解决了。凡在这里进行抵抗、不愿死亡的生活，都是不完善的生活，正因为它是生活，所以它竭力争取继续存在下去；但如果更高级和更高尚的生活要出现在世界上，则必须抛弃这种低级生活。笃信宗教的人认为，我应当牺牲的那些爱好，绝不是我的爱好，而是反对我和我的高级生活的爱好；它们是我的敌人，其死亡不可能太早。给我造成的痛苦，不是我的痛苦，而是密谋反对我的人的痛苦；这不是死亡的抽搐，而是新生的阵痛，它将比我的一切期待更壮丽辉煌。

假如我们还沉醉于特别提到和突出一种看法，认为对宗教信仰来说，世界上不再有任何令人讨厌和不成体统的东西，而是一切都毫无例外地构成最纯粹的极乐生活的源泉，那么，我们也许就贬低了对宗教信仰的描述。一切像其存在的那样存在的和因其存在而存在的东西，都追求和致力于永恒生活，并且必然存在于这种发展的体系中。希望、想要或喜欢其他某种东西，都会意味着不希求任何生活，或希求完善程度低的生活。

宗教绝对使信奉宗教的人超越时间本身，超越暂时的东西，让 (I,8,382) 他直接享有唯一的永恒生活。他的眼光停留于这种唯一、神圣的基本生活，他的爱也植根于这种生活；他觉得依然在这种唯一的基本生活之外的一切东西，并不是存在于他之外，而是存在于他之内，都不过是他按照绝对规律发展的一个暂时形态，而这种规律同样也包含于他自身之内；他只是在这种统一的生活中看到一切，并且通过这种生活看到一切，于是，他也就在任何单个的事物中看到了整个无限的宇宙。所以，他的眼光总是一种洞察永恒生活的眼光，他把他看到的一切都看作永恒的和处在永恒生活中的；正因为如此，一切不可能永恒的东西是不会真正存在的。因此，那种对于死亡中的毁灭的恐惧，那种为灵魂不朽寻求人为证明的努力，在他来讲是不可取的。他时时刻刻都直接地、整个地享有永恒生活及其一切极乐；他不需要巧妙地证明他无论何时何地总是**具有**什么和**感到**什么。如果有某个令人信服的证明，说明在人们中间向来就很少有对于真正的宗教的认识，这种认识特别与占统治地位的体系格格不入，那么，这个证明就在于，这些体系把永恒的极乐生活只置于阴间，而没有猜想到每个人只要愿意，就能立刻享有极乐生活。

尊敬的听众，这就是真正的宗教。我们在上面断言，这种宗教绝不表现于外在行动或结果中，而只是完善人的内在世界，这个主张是在我们的叙述中直接得出的。当然，笃信宗教的人都只做职责命令要求做的事情，但他不是作为笃信宗教的人这样做的，而是必须不依赖于任何宗教，作为道德纯粹的人这样做的；他这样做的时候,只从宗教中汲取了更高尚、更自由的意识。然而,在人能达到宗教以前,他必须通过纯粹道德的阶段;因为宗教是对神圣的生活和意志的爱,谁不愿实现这种意志,谁就永远不能爱它。道德使人习惯于服从,而只有擅长于服从的人才会得到爱,把它当作他最甜蜜的果实和奖赏。

人类这种可怜的漂泊者怎样才能在某个时候达到这样的宗教,才能通过这宗教被引入这个可以过安逸生活的避难所呢?为实现这个目的而必须预先具有的条件是完全可以指出来的。首先,国家的法制状态和内外安宁必须牢固地建立起来,良好的习俗领域必须开拓,国家必须不再担心同自己的贫困搏斗,不再使公民承受由此加于他们的负担,从而使他们也获得足够的闲暇时间。按照我们以前讲演的内容,这一切迄今都是靠基督教这个现时代

(I,8,383) 的基本原则实现的,而且基督教包含着保证今后还更完善地实现这些条件的基础。可以从这个意义上说,基督教以它的外在表现为自己建立了世界,并为自己准备了舞台,它注定会带着它全部的内在辉煌在这个舞台上表演。我们对现时代的整个看法就是由此获得崭新的完满形式和扎实的结果的。

在这样的井然有序、平静安定的状态下,人类,至少它的一大部分,必定会首先上升到纯粹的道德境界。在这个界限上,国家的权力和基督教在其外在表现中的无意识的作用也就告终了。如我们已经看到的,国家可以通过立法和监督,向否定性的良好习俗挺进,通过人人权利平等,向肯定性的良好习俗挺进,从而消除道德发展中的最大障碍。但是,要向道德境界本身挺进,国家是无能为力的,因为道德源泉是内在的,它存在于人的内心中,存在于人的自由中。

因此，在国家的权力范围内，很少能从这种普遍的道德中再发展出更高的东西，即普遍的或至少传遍大部分公民的真正宗教信仰。不管在内心深受宗教感动的个别当权者作为强有力的人物，为传播宗教信仰在将来会做些什么，国家本身也绝不应当给自己确定这样的目的，因为它的努力必定不会达到这样的目的，而导致某种完全不同于预期目标的结果。我再补充一句，也没有任何一个国家会给自己确定这样的目的，因为我们刚才制定的准则不久就将得到普遍承认。

究竟应当怎样促使人们承认和传播真正的宗教呢？我回答说，应当使用一切宗教概念的改革迄今得以完成的方式，也就是说，通过一些个人，他们单方面受到某个宗教问题的吸引、激励和鼓舞，并且具有将他们受到的鼓舞加以传播的才能。在近代的初期，宗教改革家们就是这样做的；在他们之后，当几乎整个宗教被归结为保卫传统体系，扣人心弦的内在宗教受到冷落的时候，所谓的虔信派教师也是这么起家的，并且取得了无可争议的胜利；因为将《圣经》改变为自己的平淡理性的整个近代神学，不就是保持着对传统体系的蔑视，要抛弃指导过他们的神圣意识的那种退化了的虔信派观点么？在现时代也将是这样，当它从它一度在其中闲荡的许多迷误中稍微得到恢复和治愈的时候，将出现一些精英，向它提供它所需要的东西。 (I,8,384)

尊敬的听众，我们已经解决了我们提出的课题；像我们打算的那样，我们已经简明扼要地根据各阶段的基本方面，描绘了现时代的特点。剩下来要做的，就只是给整个演讲做个结论。请允许我为此目的，邀请你们再听我讲一次。

(I,8,385)

第十七讲

尊敬的听众！

我们在前面的演讲里已经说明了现时代是我们类族的尘世生活所依据的伟大宇宙蓝图的一个必然组成部分，并揭示了这个时代的隐蔽的意义；我们曾努力从宇宙蓝图这个概念出发，理解现时代的种种现象，把它们作为过去的必然结果推导出来，预见它们本身下一步在未来造成的结果；如果我们做成了这件事，我们也就理解了我们的时代。我们已经沉湎于这种考察，而全然忘却了我们自己。思辨以充分的理由提醒每个研究家，切勿如此忘却自己。现在我们来看这种提醒在此种场合的道理所在：假如我们对于现时代的看法本身是从这个时代的基本观点产生的，假如我们的眼力在构成这个看法时只不过是这个时代的产物而已，那么，这个时代就只会自己证明自己，而这样的证明是完全不可接受的；而且如果事情真的如此，我们就根本探索不到这个时代的意义，而只是以一种完全多余的和毫无成效的现象来增加它的现象的数量罢了。我们是否真的处于这种状况，只有我们再思考我们的研究和我们的思考才能加以判定；所以，这样的做法只有在我们把这种思考变成了当时的事实，确切地说，变成了这种思考所处的时代，即现时代的事实，才是可能的。

不管在每一项精神工作中我们多么有必要思考自己，但这事做起来却同样困难，特别是要做得说出口来，也就是要谈论自己。当然，对于我来说，谈论我自己，谈我这个特定的个人，好像不会有特别的困难。在作为序论作过的那一讲中，当我试图与听众建立联系的时候，我毫不费劲地谈了我自己，关于这种做法，据我所知，没有一个人指责过我，我自己也没有后悔；可是现在，在这里讲结束语的时候，我关于我自己却不知道说什么话，哪怕是一句值得说的话。现在谈的不是我。我并不想研究和思考；假若某种事情完全在于我的研究和思考，那么，我可以不向任何人说什么，而着手 (I,8,386)
做这事情；但个人思考什么或不思考什么，一般说来对世界没有意义，也构不成时代的什么事件。倒不如说，是我们作为一种沉湎于概念，由于绝对忘却我们个人而融合得思想统一的共同体——我们过去常常提到(此刻也这样提到)这种共同体的外在表现——，想要思考和研究，而且当我说到反思我们自己，说到在口头上将这种反思说出来有困难时，我指的正是这个我们，绝不是我自己。于是，这个我们就试图要求把每个亲自思考得很恰当的好多东西用语言表达出来；那种不审慎的人会受到误导，去涉及稍有羞耻感的人都愿意让人在自己和别人面前不涉及的东西，去竭力想象那些令有教养的意识感到讨厌的心态，而它们之所以如此，并不是由于它们本身，而是由于它们在前提中被陈述出来，虽然人们不会表示它们。对于人们仅仅还允许一个阶层——我不属于这个阶层——作出的这类雄辩，我就自己所知，迄今一直持保留态度，因此，我不希望，我恰巧在讲结束语的时候陷入这种雄辩。

我说过，今天我们要再次思考我们在前面的演讲中包含的思

想——并非是我的，而照我已经指出的意思说，是我们的——，尤其是为了确证，这种思想不是现时代的产物，现时代的影响在我们眼前依然是完全隐蔽起来的。我在此断定：第一，如果这种思想根本不是随便哪个时代的产物，而是超乎任何时代的，它就肯定不是我们时代的产物；第二，既然它在这种场合完全是一个空洞的、毫无意义的思想，会属于某个空洞的、子虚乌有的时代，那么，如果它会成为某个新时代的一种生机勃勃的生活的基础和原则，它就肯定不是我们时代的产物。

为了阐明第一点，即我们在这里阐发的思想是不是超乎任何时代的，我们不妨来看一看，这种思想就其内容说是怎样的，我们应该把它归入人类思想的哪一个主要类别？我回答说：它就是宗教思想；我们的一切考察都是宗教考察，我们的看法和我们得出这种看法的眼光也都是宗教的。

按照我们在所有以前的讲演中清楚地或模糊地、间接地或直接地涉及的，以及在上一讲中全面阐述的思想，**宗教**的实质在于，一切生活都被看作和承认为统一的、原始的、完善的和极乐的生活(I,8,387)的必然发展阶段。首先，十分清楚，这种看法不包含在对生活或某种事物的单纯知觉和直观之中，也不可能从这种知觉和直观中产生。通过对具体存在的事物的最仔细的观察，除了知道这物此时此刻**如此这般**存在以外，绝不会再进一步得知什么东西；但也绝不会无视这种单纯的现象，而是假定这种现象具有更高的意义。所以，宗教观点不可能是单纯观察世界的结果，因为确切地说，它的实质在于这样一个向我们显现出来的准则：绝不要认为整个世界和一切世俗生活都是真实的和真正的存在，而是要假定在世界彼岸还有另一种更高的存在。这一准则必定单纯是精神的产物，是绝对植根于精神的基本趋向，我们绝不能通过单纯的经验知觉达到它，因为它作为判定一切有效东西的最高根据，恰好完全扬弃了经验知觉。很显然，这个准则是同我们阐述的这个时代的思想清晰的原则相矛盾的；因此，现时代绝不可能达到这个准则，而从宗教方面对于比尘世更高的东西作初步的猜测，则使我们超乎这个时代之上，不再是这个时代的产物。简言之，并非单纯的知觉，而是由自身产生的思想，才是宗教的首要环节。用众所周知的学术用语来说，形而上的东西，即德语中说的超感性东西，乃是宗教的要素。从世界的开始到今天，宗教不论以何种形态出现，从来都是形而上的东西；谁无视和嘲笑形而上的东西，即拉丁语中说的一切 a priori〔先验东西〕，谁就要么是全然不知他希求的东西，要么是无视和嘲笑宗教。

解脱了这种着迷和拘泥于现象的状态之后，达到真正宗教的第二个条件便是坚持这样一个准则：既不把世界的根据设定为随意的偶然性——因为这会意味着，既假定世界的根据，又否定这种根据——，也不把它设定为盲目的必然性——因为这会意味着，假定世界和世界中的生活的一个绝对不可理解的、自身僵死的根据——，也不把它设定为一个尽管是活生生的，然而是邪恶的、敌视人的和执迷不悟的原因，如迷信常常在不同的程度上做的那样，而是把它设定为统一的、绝对善的、永远善的和神圣的存在。如同根本不让把时间中的存在看作真正的存在，而假定这种存在之外有一种更高的东西的第一个准则那样，把这更高的东西视为生命，视为至善的、极乐的生活的第二个准则，也同样必定单纯是精神的

(I,8,388) 产物，是绝对包含于精神的基本趋向。能从外部给予个人的帮助，顶多是告诉他这种观点，请他凭自己的真情实感体验这种观点；只要对他适当地加以询问，只要他不完全被大量现存的谬误和偏见束缚住，这种观点无疑会获得他的赞同。不存在强迫接受这种观点的真正**逻辑**手段，因为即便是纯利己主义的最平淡、最拙劣的思维方式，本身也是首尾一贯的，而且对于固执己见、不愿放弃这种思维方式的人，也不能强求他这么做。

总之，像我们已经在上一讲中清楚地说出的，从宗教的观点看，一切在时间中发生的现象，毫无例外地都被视为统一的、极乐的和神圣的基本生活的必然发展阶段，因此，每个现象都被视为一种必定由它产生的、更高级、更完善的生活的必要条件。但应当记住，这种统一的、永远不变的宗教观点，即使就它的**形式**说，在各个时代又是不一样的，是一种**双重的**观点。这就是说，或者，我们单纯一般地认识到，既然时间中出现的一切生活都只能是统一的生活的发展阶段，因此，在当前出现的个别现象也必然是这样的阶段；在这种情况下，我们不能懂得这个现象是**怎样**和**以何种方式**成为这样的阶段的；我们可以把这种形态的宗教称为纯粹的**理性宗教**，它能超越任何理智和任何概念，但这丝毫无损于它的清晰性和确实性。我们之所以称它为理性宗教，是因为它只知其然，而不知其所以然。或者——这是第二种情形，我们甚至能理解和懂得这个加以研究的现象是**怎样**和**以何种方式**成为一种更高级的生活的发展阶段的，能够确实指出必定由这种生活产生的更完善的结果，用清楚的概念证实这个当前的现象是特定的完善东西的必然根据。以这个形态出现的宗教，可以称为理智宗教。两种宗教的范

围涵盖了整个宗教领域，理性宗教包围了这个领域的两个外边的终端，理智宗教占据了居于中间的部位。每个人本身及其特殊命运与永恒东西有怎样的关系，是我们不能理解的；这是宗教领域的下限；同样，我们类族的这整个当前的、首先存在的生活与未来生活的无限系列有怎样的关系，如何由这种系列加以规定，也是我们不能理解的；这是宗教领域的上限。但总起来说，这种无限系列是 (I,8,389)
善的，对最完善的生活是绝对必然的，这一点笃信宗教的人都看得很清楚。反之，我们类族的首先存在的世俗生活，唯独就它自身，而不涉及其他生活来说，如果单纯被视为类族生活，而绝不被视为个人生活，究竟意味着什么，却是我们能理解的，也确实被我们理解了；这是那个宗教领域的中间部位。依据同样的理由，这种世俗生活的每个必然的发展时期与整体有怎样的关系，它在整体中有怎样的打算，也是我们能理解的。因此，这里便是理智宗教领域；我们的研究必须从头到尾度量这个领域，把我们生活的时代视为自己的最清楚的阶段。

我们的整个研究究竟是什么，这个问题已经有了答案。因为我们已经做过这样的事情：我们的研究用现时代最常用、最流行的方法，即用理智的方法，使我们上升到了宗教的太空。既然我们的研究具有宗教的性质，那它就超越了一切时代和一切时间，而绝不是现时代的产物；既然它以现时代里占主导地位的原则为起点，那它实际上就是出乎现时代之外，超越了任何时间。反思的最大障碍在于，我们对什么事物都不再有异议，对什么事物都既不再感到惊奇，也不要求作出解释。不管每个人在多大程度上濒于这种麻木不仁的境地，他身边发生的那些当代事件都由于直接影响到他的命运而仍然最容易打动他的心弦。哪一个有教养的人在目睹这些事件时不至少偶尔感到惊奇,追问这些不寻常的现象的意义,希望得到解释呢?琐屑的事情常常属于绝对不理解的东西领域,即使可以理解,也绝对无关大局;我们没有讨论这些细节,而是从整体上说明了现时代;尽管如此,在座的听众中也未必有哪个成员会发现特别使他感兴趣的东西是完全没有讲到的。在这里,我们已经从理智宗教的角度说明了现时代,把一切都理解为这个整体中的必然环节,理解为肯定能导致更高尚、更完善的东西的环节。

所以,毫无疑问,我们的研究超越了一切时代。但只做到这一点,对我们来说还是不够的。如果它不是现时代的产物,不是现时代钟爱的看法,不是现时代的片面性,那的确很好;然而,它就不可能完全是虚无,是空洞的模糊感觉和梦幻,属于空闲的时间,而对充实的时间根本不存在吗?我们必须陈述一些原则,来回答这第二个问题。

(I,8,390) 如果某种事物只是单纯用于消磨时间,或换个意思完全相同的说法,只是单纯用于满足一种不以严肃认真的求知欲为基础的好奇心,那它就是属于这种空闲的时间。消磨时间真正说来就是空着的时间,它打断那排满了认真的工作的时间。当我开始这些讲演的时候,我承担的工作无非是想用一种并非完全不适当的或对你们不成体统的方式,在今冬不多的课时内为你们助兴或解闷;单凭我自己的力量,我不能许诺更多的东西;无条件地许诺这些东西,甚至会冒风险;因为助兴是以对方得到助兴的可能性为前提的,一种特定的助兴是以一定程度和一定种类的助兴的可能性为前提的。假如你们大家都毫无例外地想从我的话语中捕捉我的意思，那么，你们今天就会一起赞颂，今年冬天期间，你们使用新的方法，免去了十六到十七个小时的寂寞无聊；这也总可以算是某种良好的、有益的和健康的结果，我不可对此提出非议。然而有一点也可以说是完全肯定的，那就是在此情况下，这十六到十七个小时本来不属于你们的充实的时间，而属于你们的空闲的时间。

如果某种东西成了各种新的、早先在时间中从未存在过的现象的原则、必然根据和原因，那它就属于充实的时间。只有在这种情况下才出现一种生动的生活，它从自身产生出其他的生活。根据这些研究，这种可能成为原则的东西，可以是那种用宗教观点毫无例外地看待一切现象的主导趋向和习惯。然而，要靠我们在这里用今冬若干小时作过的考察，就在我们心中培植起这个原则，是不可能的。一方面，如前所述，这个原则根本不可能从外部注入人之内，而是必定素来就包含于人的本质中，并且是毫无例外地在他之内存在的；另一方面，我们这里还远不能利用现有的一切手段，以唤起和激励这个原则。首先，学校的整个人为的做法，每种异议的系统的提出和推翻，对谬误的根源从其一切方面所作的适当的挖掘；其次，深入、缓慢的研究和思维能力的人为的发展——这两者都以前三者为其前提——，所有这一切在这里都不可能，也不允许加以引用。因此，宗教意识在这里是不能被植入的，甚至在最初也是不能被唤醒和激起的。可以假定，宗教意识以前在所有参与我们的研究的人心中已经热烈地迸发和表现出来，只不过现在被
其他不间断的生活琐事、各种各样的娱乐消遣和通常的生活环境 (I,8,391)
掩盖起来，才会昏昏入睡。对这种只是沉睡而绝没有死亡的意识，我们都能发出呼吁，就像每个人只要有时间和能力沉思这类事情，

就可以同样很好地独自这么做一样。我被赋予一项任务，那就是花费我的一部分时间评估这样一种说法，这种说法是你们当中的每个人同样也可以向自己讲的，而且在它要完全涉及这个人的时候，他最终也确实会向自己讲它，并且凭他自己的感受检验它。我能帮助我的听众做的事情，充其量说，是消除你们过去——在这个时候，宗教意识最初在你们心中变得很生动——的精神教养与你们现在的精神教养之间的对立，竭力使这种自身永恒不变的意识摆脱束缚它最初的发展的各种其他的限制，把它转入你们现在的文明生活。

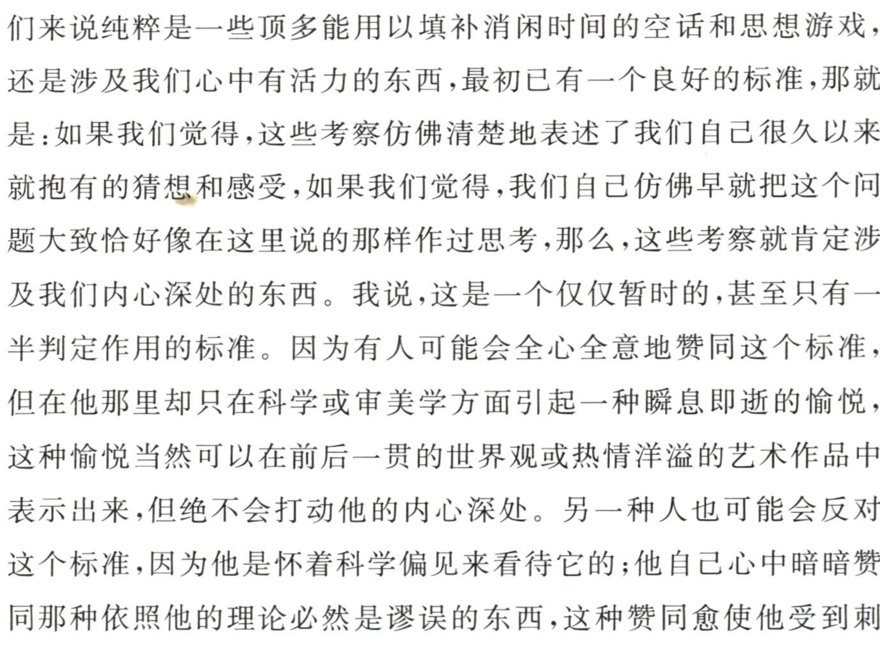

为了暂时评判一个业已提出的问题，即这里所作的考察对我们来说纯粹是一些顶多能用以填补消闲时间的空话和思想游戏，还是涉及我们心中有活力的东西，最初已有一个良好的标准，那就是：如果我们觉得，这些考察仿佛清楚地表述了我们自己很久以来就抱有的猜想和感受，如果我们觉得，我们自己仿佛早就把这个问题大致恰好像在这里说的那样作过思考，那么，这些考察就肯定涉及我们内心深处的东西。我说，这是一个仅仅暂时的，甚至只有一半判定作用的标准。因为有人可能会全心全意地赞同这个标准，但在他那里却只在科学或审美学方面引起一种瞬息即逝的愉悦，这种愉悦当然可以在前后一贯的世界观或热情洋溢的艺术作品中表示出来，但绝不会打动他的内心深处。另一种人也可能会反对这个标准，因为他是怀着科学偏见来看待它的；他自己心中暗暗赞同那种依照他的理论必然是谬误的东西，这种赞同愈使他受到刺激和感到痛苦，他就愈强烈地反对它；然而他在内心深处赞同它，这种赞同渐渐深入他的整个思维方式和性格，使他的做法跟他的理论发生矛盾,直到这种理论最终由于再也得不到他内心的滋养,像枯萎的树叶一样凋谢和脱落为止。

但是,关于我们的考察是否涉及我们心中已有活力的东西,是否很强烈地涉及这种东西,以致它不可能再重新沉睡——因为否则,它的苏醒就需要一种崭新的、属于未来的和总是肯定无法期待 (I,8,392)
的顿悟,而且只有对于这种顿悟才会有某种价值,没有这种顿悟,同样会属于空闲的时间——的问题,可靠的、有全部判定作用的标准却在于,这种被激起的生活是否会不停地进一步扩大,成为新生活的根据和源泉。

在前一讲中已经清楚地表明,宗教绝不表现于外在结果,绝不促使人去做他没有宗教便不会做的事情,而只是使他在内心得到完善,达到他真正的存在和生存。宗教不是行为,也不是能动的东西,而是一种观点;它是**光**,唯一真正的光,这光自身包含一切生命和生命的一切表现,并渗透于它们的内在核心。这光一旦启动,就从自身永放光芒,不停地传播开来;对它说“放光吧!”如同对天空升起的太阳说这话一样是徒劳的。它这么做,无须我们的任何命令;假如它不发光了,那就是说,它还没有启动。一俟它启动,黑暗就自行消失,在黑暗内部产生的鬼魂和幽灵也消失不见。对黑暗说“产生光吧!”这也是徒劳的。它自身不可能产生光,因为它本身没有光。对那种沉湎于短暂事物的人说“让你的目光仰望永恒的东西!”也同样徒劳。他没有仰望永恒东西的目光,他具有的目光本身就是短视的和易逝的,只能反映倏忽即逝的东西。但只要光放射出来,黑暗就变成了可见的,像田野上的阴影那样撤退了。黑暗是人们的无头脑、浅薄、轻率。哪里升起宗教之光,哪里就无须提防人们的这些纰漏，也无须与这些纰漏做斗争；它们已经烟消云散，人们再也看不到它们的踪影。假如它们还在人身上存在，那么，宗教之光肯定还没有升起，一切提防与告诫都无济于事。

由此可见，如果从消极的意义上应用这个标准，对于我们的考察是属于空闲的时间还是属于充实时间的问题的回答，就取决于人们的无头脑、浅薄、轻率是否将从我们的生活中消失和日益消失。

纯粹的无头脑，也就是说，一味盲目地追随现象之流，甚至不
(I,8,393) 考虑关于现象之流的统一和根据的想法，是动物性的表现，因而获得了人们必须承认的某种顺应自然的美名。人很少幸运到这种地步，以致可以分享这种美名。探讨现象之流的统一的问题已经出现，要求予以回答。谁不愿投身于这项交给他的研究，谁就只能在突如其来的感性冲动面前增强自己的体力，将绝对的无头脑这种连他的天性也不认为他具有的自然状态，坦然当作他的行为准则，定为他的真正智慧。在这里并不缺乏一些动听的名义，诸如真正的健全人类理智呀，怀疑主义呀，反对幻想和迷信的斗争呀，如此等等，不一而足。在这些名义下，动物生来就是智者，就是哲学家；人得到的却是愚蠢，这愚蠢就在于有人寻求现象的根据。智者尽其所能，压制这种探究现象的根据的愚蠢，而且就这样借助技艺，又把自己变成了动物。如果这个准则和给它附加的一切动听的名义还不能压制那种寻找可靠根据的追求，有人就会试图采取其他手段，把这种追求打入冷宫。有人实际上想在取笑我们的追求时，就做一些戏弄和取笑自己有这种追求的表演；这种做法本身是为了报复人们对我们的追求终究会感到惊讶和受到感动，同时也是

为了使其他人认为我们不可能有这种追求现象的根据的癖好。人们逃避任何社会都不会比逃避自己的社会更不愉快；为了绝不茕茕孑立，人们力求在生活中把所有从那种反正与我们关系不大的工作留下的部分都变成一种游戏。——这种状态不是自然而然的。儿童喜欢游戏，可以说是自然而然的，因为他们的力量还没有成熟到能从事更为严肃的工作的地步；可是，当成人除了游戏便什么也不愿做的时候，那就说明他们的目的不在于游戏，而在于玩物丧志，忘却其他东西。或者，你在你的路上遇到一种很严肃的思想，你却不喜欢它，怎么办呢？你可以把它置于一旁，继续走你开始的路。然而，你却不这样做，而是反对这个使你不安的思想，运用你的一切智力，以期显示它可笑的方面。你为什么要费这个劲呢？显然你完全不能忍受这种最初以严肃形态出现的思想，因为在你把它表现为另一种令你更满意的形式以前，你是不安宁的。轻率和浅薄是一些确实的标志，说明人们的内心深处有某种折磨人的、人们本想摆脱的东西，而且它们愈变本加厉，就愈是这些确实的标志；正因为如此，它们就是一些无可争议的证明，表明更高尚的本性在这些人之内还没有完全泯灭。谁能深入洞察这些人的心态，谁就会看到一幅有关他们的生活状况、有关他们所处的谎言氛围的极其痛苦的情景；因为他们想使人人相信，想使人人从他们那里再期待证实，他们是极其幸运和快活的，但他们自己却从来都不这么相信，而是同时忧伤地嘲笑他们的愿望看来比他们的实际情况更糟。(I,8,394)

如果这些现象对我们来说已经完全消失，那么，我们就不再怕严肃认真和沉思默想，而是超乎一切地热爱它们；这样，我们的考

察也就不属于空闲的时间，而是属于充实的时间。

如果宗教之光已经在我们心中燃起，那么，它不仅驱散黑暗，而且它本身也是独立地、具体地存在的，因为否则，它就不能驱散黑暗；它广为传播，直到包罗我们整个世界，从而成为新生活的源泉。——这些讲演开始的时候，我们曾把人心中的一切伟大、崇高之处，归结为他使他个人沉湎于类族，将他的生命奉献给类族的事业，他为这项事业忘我劳动，忍受匮乏，承受痛苦，以致牺牲生命。在过去，我们留心的总是一些行为，总是一些能在外部现象中显示的东西。在这方面我们必须适应时代。如今，宗教观点已经深入我们心中，使我们变得高尚起来，所以像我假定的那样，我们不再作如是说。人心中唯一真正高尚的东西，即本身业已变得清晰的理念的最高形态，就是宗教；但宗教绝不是外在的东西，绝不在于某种外在的现象，而是使人单纯在内心臻于完善。它是心灵中的光和真理。于是，正确的行动便自行产生，因为真理也只能按照真理来行动；但这种正确的行动绝不再是牺牲，也不是承受痛苦和忍受匮乏，而是至上的内在极乐生活的体现和流露。谁强制自己，跟自己内心的黑暗进行斗争，而按照真理行动，人们就会钦佩谁，就会赞扬他的英雄气概；谁心里已经豁然明朗，谁就不再需要我们钦佩和赞扬；他本性中再没有什么内在障碍，也没有不可理解的东西，而是一切都属于唯一的、不断涌流的和清澈可见的源泉。

我们那时曾经说过，正像僵硬的冰块——它的每个原子不久以前还牢固地封闭着自己，冷酷地排斥每个邻近的原子——不再能经得住那种使大气复苏的春天气息，而汇入一条不可分割、沁人肺腑和清神爽气的暖流一样，精神世界这个整体也是靠自己的仁

爱气息流逝的，并且永远是靠它流逝的。今天我们要补充说，精神世界的这种气息，这种创造和连结精神世界的要素，便是光。光是初始的东西；如果热不再发散，而在自身支持若干时间，它就纯粹是光的最初表现。在黑暗的世俗观点中，一切对象都是在分离的 (I,8,395)
状态下存在的，每个对象在其自身都是由在它之内持续存在的昏暗、冰冷的物质聚合起来的；在这种黑暗中绝没有任何整体可言。宗教之光升起来了！一切都彼此并列地发芽生长和脱颖而出，一切都相互支持和相互规定，沉浸在这束唯一的、不断行进的和包罗万象的光线中。

这光看起来是柔和、清爽、适意的。在朦胧的世俗观点中，模糊不清的形象总是令人惧怕，因而令人憎恨。在宗教的光照下，一切都令人高兴，闪烁着和平与安宁。在这里，畸形的东西消失不见了，一切都沐浴在玫瑰色的太空中。在这里，人们不听命于命运的那种一成不变的最高意志。对于宗教来说不存在命运，而只存在纯粹的智慧和仁慈，大家不是被迫服从它们，而是怀着无限的爱心拥抱它们。在这些讲演中，这个令人高兴、与人为善的观点，首先应当传遍我们的时代，传遍我们类族的整个尘世生活。这种温馨愈真挚地感动我们，就愈深入地浸透我们的一切信念——总而言之，我们愈跟所有的人和平相处，愈在每样生活中得到欢乐，我们就愈能有把握地说，这里所作的考察不是属于空闲的时间，而是属于充实的时间。

宗教之光由自身传播开来，并不断扩大其范围，直到最终照透我们的整个世界。尘世之光刚刚在一个点上破晓，阴影便开始撤退，昼夜的界限变得分明，黑暗本身也变得可见，但笼罩于黑暗中

的对象还没有变成可见的；宗教之光也是如此。这光必定是在一个领域，在我们的尘世生活领域，向我们升起的。如果它在那里确实已经向我们升起，那么，我们就肯定知道，在这个领域的彼岸也只有智慧和仁慈占支配地位，因为根本没有任何其他东西能在那里占支配地位；但我们还不理解，它们是怎样在那里占支配地位的，它们在那里想要达到的目的是什么。对于智慧和仁慈在那里占支配地位的事实有了坚如磐石的信念和认识以后，给我们剩下的就只是对于它们在尘世领域的彼岸如何占支配地位的信仰了。我们的尘世领域是由自身可以理解的和清晰无比的光照亮的；彼岸的地带当然也在周围环绕着光，然而这个地带包含的超感性对象还被黑暗笼罩着。但是，可以理解的和自身清晰的光并不永远封闭到自己最初的界限里，而是一俟自身变得更明亮起来，就同时照亮周围的环境，并且愈照愈远。这样，理智宗教的范围就在不断

(I,8,396) 地扩大，把信仰领域一部分一部分地吸收进来。由此可见，如果我们在那个值得理解的唯一东西中，即在上帝的智慧和仁慈的计划中，变得愈来愈理智，那么，这就是一个可靠的证明，说明这里进行的研究原来不属于空着的时间，而属于现实的时间。

总之，只有我们内心的宁静、极乐生活和理解能力在未来的增长，才能证明这里阐述的学说是真的，证明它真的被我们接受了，在我们心中获得了一种生命。

尊敬的听众，你们看，这个证明绝不是外在的；谁也不能替别人回答问题，而是每个人只能从他自己的心灵深处出发，替自己回答问题，如果他完全深入到他自己的心灵中回答问题，那就做得最好。你们看，那些业已提出的问题绝不能在今天或明天就得到回

答，而是它们的回答要拖延一段相当不确定的时间。你们看，在今天，到了我们结束这项工作的时候，我们还根本不可能知道，我们是做了什么，还是什么也没有做；而要回答这个问题，我们也只能诉诸对于我们的正当意向的意识，假如我们内心有这种意识的话，并且我们必须从理智的领域过渡到信仰和希望的领域。

假定我们能回答这些问题，能按照我们的愿望回答它们，但你们这些听众哪怕只跟这个人口众多的城市相比，又算得了什么呢？这个城市跟整个文明王国相比，又算得了什么呢？也许只是大河中的一滴水罢了。这滴浸透了新生命要素的水——如果它确实被浸透了——难道不与大河汇合，难道不在大河中消失，使这种提供给它的新要素很快在整体中留不下任何痕迹吗？即使在这里，我们也只能期望，如果真理就是这里表述的东西，如果它是以一种恰好使现时代感到满意的形态表现出来的，那么，这同一个真理也会以同样的形态，不借助我们的任何知识，在其他地方使用其他官能，使现时代感到满意；因此，许许多多的水滴在大河中就会被同样的生命要素浸透，渐渐地汇合在一起，并用这种方式逐渐给整体提供自己的要素。

让我们寄望于这个结局吧！尊敬的听众，让我们在眼前怀着这个令人高兴的期望分手吧！

译者注释

1. 这是一部以分析费希特那个时代的特点为主要内容的历史哲学著作。全书由十七次演讲组成，整个演讲也以他晚期的知识学为其哲学基础。

费希特在柏林所作的这个系列的演讲，开始于 1804 年 11 月 4 日，结束于 1805 年 3 月 17 日；它们都是在星期日 11 点半到 13 点作的，地点在柏林科学院礼堂前厅。听讲者中有政府官员、外国使节、哲学家、大学教授和许多其他行业的人士。《上德意志文汇报》12 月 27 日从柏林发出的报道说，“听这些关于现时代特点的哲学描述的演讲的，有 138 人，其中包括三位外国使节、一些最体面的人物和女士”。（《同时代人谈论中的费希特》，埃·伏克斯编，第 3 卷，第 280 页）演讲的地点是费希特通过支持他的普鲁士大臣卡·奥·封·哈登贝格男爵选定的，而在听众当中也有一些后来帮助过他的官方人物，例如，赞赏他建立柏林大学的刍议的普鲁士首席财政枢密顾问卡·弗·西·封·施·阿尔滕施泰因(K. F. S. v. S. Altenstein，1770—1840）和对他一直友好的普鲁士国王御医克·威·胡弗兰德(K. W. Hufeland，1762—1836)。

这些演讲是在知识学的最高原理业已从自我转变为理念的情况下作的，因此不是以作为本原行动的自我为哲学基础，而是以作为宇宙蓝图的理念或理性为哲学基础；但是，宇宙蓝图在通俗演讲中是无法加以证明的，而必须被假定为前提，由此推导出一切时代必然发生的现象。据此，费希特以先验的观点把人类的世俗生活目的规定为人类在这种生活中自由地、合乎理性地建立自己的一切关系；达到这个目标的过程是按照宇宙蓝图安排人类的世俗生活的过程，是理性从盲目的统治过渡到自觉的统治的过程，它分为五个主要时期：1. 无须进行强制，不必付出辛劳，人与人的关系只依靠合理本能加以安排的时期；2. 这种本能已经变弱，只表现于少数出类拔萃的人身上，被他们变为一种对大家有强制作用的外在权威的时期；3. 这种权威同那种采取本能形态的理性一起被否弃的时期；4. 采取科学形态的理性普遍传播于人类的时期；5. 技艺与这种理性科学被结合起来，以便确有把握地按照科学塑造生活的时期，这时，通过这种理性技艺，人与人的合理关系得以自由地完成，整个尘世生活目的得到实现，人类进入了一个更高的世界。费希特根据这个先验的历史发展框架，断定他所处的时代属于第三个时期；他详细地分析了这个时期在科学、技艺、政治、道德和宗教方面的原则，从而说明了现时代的各个特点，而这些分析与说明都是从弘扬理性、促进文明的角度作出的。

费希特的这个系列的演讲对当时的浑浑噩噩、思想颓废的世俗生活起了振聋发聩的作用。在演讲进行时期，《上德意志文汇报》（1805 年 1 月 1 日）就从柏林发出报道说："费希特关于现时代特点的哲学描述的演讲在此间引起了多么巨大的热情呵！丈夫们把他们的妻子、母亲们把她们的女儿、父亲们把他们的儿子、朋友们把他们的朋友都引向了这个迸发出真理的丰富源泉。"他的演讲受到了广泛的欢迎，他本人被誉为第一流的德国演说家。瑞典外交官与著作家卡·古·布林克曼（C. G. Brinkman，1764—1847）向雅可比报道说："虽然极少有人能完全理解他讲的内容，但许多善良的人毕竟至少都受到了鼓舞，而摆脱了当前这种日益变得贪图感性享受和神经麻木的时代精神所造成的懒散气氛。"（《同时代人谈论中的费希特》，第 3 卷，第 286 页）关于费希特能在达官贵人中发生这样的影响，黑格尔在后来看到公开发表的这些演讲时也认为，"用这样高傲的态度说出现时代的精神，也只有费希特的听众能够理解，但如果没有他，要做到这件事则是完全不可能的，因为他的听众正像过去是由一些还完全没有确定方向的人组成的一样，现在是由一些完全丧失方向和丧失主旨的人组成的"。（《同时代人谈论中的费希特》，第 4 卷，第 16 页）诗人弗·亨·戴拉莫·福克（F. H. de la Motte Fouqué，1777—1843）在 25 年以后回忆费希特的这些演讲时写道："这位预言家在逼真地阐述或发挥他那些高瞻远瞩的看法方面，与其说显得是一位深思熟虑、头脑清楚的泰斗，倒不如说常常几乎显得是一位欣喜若狂的英雄，在他的内心深处甚至那么恬静、坚定与真纯地包容了一切事物。"（《同时代人谈论中的费希

特》,第 4 卷,第 78 页)

费希特的这部演讲稿出版于 1806 年 4 月 6 日复活节。他将此书分别赠送给席勒、雅可比、柏林高等法院院长卡·弗·拜梅(1765—1838)和普鲁士政府大臣哈登贝格。这部著作在报刊上得到的评论与在讲坛上受到的欢迎相反,对于他的观点几乎都有异议或误解。首先是宇宙蓝图问题。费·恩·丹·施莱艾尔马赫在耶拿《文汇报》(1807 年 1 月第 18—20 期)发表的书评认为,虽然真正的历史具有两个密切地融合起来的部分,即先验部分和后验部分,这个先验部分就是宇宙蓝图,但是,费希特却"把它错误地视为与经验完全对立的高级哲学专有的东西",其实,"宇宙蓝图不仅是哲学家给纯粹的历史学家提供的规范与规则,而且是历史学固有的组成部分"。弗·施莱格尔在《海德堡神学、哲学与教育学著作年鉴》(1808 年度)发表的书评认为,费希特的宇宙蓝图概念不应具有可理解的先验逻辑性质,否则,"我们就会丢掉整体的联系这个真正的谜语,因为整体的联系可能比在这样一种先验历史框架里具有深刻得多的含义"。其次是历史发展阶段问题。兰茨胡特大学哲学教授约·弗·科朋(J. F. Köppen,1775—1858)在哈雷与莱比锡《文汇报》(1806 年 10 月 10 日与 11 日)发表的书评竟然看不出费希特所说的人类历史发展是从理性的本能形态到科学形态的螺旋式运动,而认为在费希特的历史发展理论中"人类所走的全部路程是向她过去所处的出发点的回归",即在历史发展的第五个时期"理性通过技艺,又使自己成为盲目的本能"。最后是关于第三个时代的特点问题。费希特把自然哲学与浪漫派当作对这个时代的传统理性主义的抗争加以批判,约·弗·赫尔巴特在《新莱比锡文汇报》(1807 年 1 月 21 日)发表的书评中虽然认可这种批判,但对于费希特"指责自然哲学为幻想"表示遗憾。另一方面,谢林、施莱艾尔马赫与弗·施莱格尔作为这种抗争的代表人物,坚决反对费希特关于这个时代的科学特点的观点。谢林很快发表了一部论战作品《对于自然哲学与修订过的费希特学说的真正关系的说明》(1806 年秋季),对他进行反驳。

2. 费希特重新解释了《圣经》里的这个故事。参看《旧约全书》"创世记",第 2 章、第 3 章与第 4 章。
3. 这个问题首先是由弗利德里希·尼古拉向先验哲学提出来的。参看《费

希特全集》,第Ⅱ辑第 6 卷,第 138—139 页注释 2;第Ⅱ辑第 7 卷,第 307 页以下。

4. 这是尼古拉的论点。他认为,科学研究的目的“不是我们发现的哲学真理的总和,而是我们精神能力的发展的总和”,达到这个目的的最佳途径是“从各个方面考察一切问题中肯定的东西和否定的东西”。参看他的《关于我的学术教养》,柏林与什切青 1799 年,第 42 页。
5. 这里指的是基督教。见《新约全书》,“马太福音”,第 20 章第 28 段;“马可福音”,第 10 章第 45 段。
6. 这里说的是马其顿国王亚历山大大帝(Alexander der Grosse,公元前 356—前 323)于公元前 336 年继承其父菲立普二世(Philipp Ⅱ,公元前 382—前 336)的王位后,在历史上创造的事业。
7. 见《旧约全书》,“利未记”,第 18 章第 21 段;“申命记”,第 18 章第 10 段;“列王记”(下),第 17 章第 17 段。
8. 见《新约全书》,“约翰福音”,第 6 章第 64 段;“罗马书”,第 8 章第 9 段。
9. 参看康德《实践理性批判》,里加 1788 年,第 57 页。
10. 见《新约全书》,“使徒行传”,第 14 章第 13 段。
11. 这里暗示的是狄德罗与达兰贝尔(d'Alembert,1717—1783)编纂的《百科全书》,巴黎 1751—1772 年。
12. 费希特在这里指的,首先是反对歌德和浪漫派的加·赫·默克尔,其次是弗·尼古拉。
13. 费希特以下的描述系针对尼古拉及其附和者而发。参看尼古拉《关于我的学术教养》,第 231 页与第 258 页。
14. 见荷马史诗《奥德赛》,第 20 章第 345—394 行。
15. 关于费希特反对蒙昧主义的论述,可参看他的《法律辩护书》(《费希特全集》,第Ⅰ辑第 6 卷,第 57 页以下)。
16. 这是针对共济会内部存在的某些倾向讲的。参看费希特《共济会的哲学》,见《费希特全集》,第Ⅰ辑第 8 卷,第 409 页以下。
17. 参看费希特从巴尔迪里《第一逻辑纲要》(《费希特全集》,第Ⅱ辑第 5 卷,第 231 页以下)和谢林《我的哲学体系的阐述》(同上书,第 487 页以下)摘出的段落和评注。

18. 关于费希特对约翰福音派与保罗派所作的这段评论，可按行文顺序分别参看:《新约全书》，“约翰福音”，第 5 章、第 7 章和第 8 章;《旧约全书》，“创世记”，第 14 章;《新约全书》，“希伯来书”，第 7 章;“约翰福音”，第 8 章;“哥林多后书”，第 11 章;“罗马书”，第 9 章;“加拉太书”，第 4 章与第 3 章;“罗马书”，第 3 章和第 10 章;“希伯来书”，第 9 章和第 7 章;“罗马书”，第 1 章;“马太福音”，第 1 章和第 2 章;“路加福音”，第 3 章和第 2 章。——费希特继承了亨·贝·维特(H. B. Witter)与简·阿斯特鲁(J. Astruc)在摩西五经考证中得出的结论，认为在“创世记”中至高无上的上帝显然与后继的造物主耶和华相对立。——费希特说，照保罗的看法，由于耶稣被害，犹太教徒废除了他们与上帝订立的契约，但他这个说法不符合于保罗的学说，可参看“罗马书”第 3 章第 3 段与第 4 段。关于耶稣的出身问题的相互矛盾的说法，费希特亦有研讨，见他的《入祭文研究》，见《费希特全集》，第Ⅱ辑第 7 卷，第 261 页以下。
19. 见《新约全书》，“哥林多后书”，第 10 章第 5 段。
20. 马丁·路德从事宗教改革时认为，唯有《圣经》才是启示的源泉;1522 年他所译的《圣经》德文本问世，在民众中广泛传播。
21. 费希特有误。自由的哲学思考是在宗教改革以前首先从意大利开始的。
22. 费希特有误。参看《新约全书》，“约翰福音”，第 1 章第 12—14 段、第 6 章第 40 段与第 9 章第 35—37 段。
23. 参看《新约全书》，“哥林多后书”，第 3 章第 8 段;“希伯来书”，第 7 章第 22 段，第 8 章第 6 段与第 8—13 段。
24. 参看《新约全书》，“使徒行传”，第 17 章第 27 段。
25. 费希特在当时还在作知识学 1804 年第三次演讲。讲稿作为遗著收入《费希特全集》，第Ⅱ辑第 7 卷，第 301—368 页。
26. 费希特于 1806 年至 1807 年曾筹划过一个刊物《19 世纪科学精神年鉴》，并为此着手写一篇发刊词。
27. 见谢林编《思辨物理学杂志》，第 1 卷第 2 期，1800 年，第 125 页以下。
28. 见谢林编《思辨物理学杂志》，第 2 卷第 1 期，第 128—129 页。
29. 参看《新约全书》，“罗马书”，第 3 章第 22 段与第 28 段，第 5 章第 1 段。
30. 关于这个假定，费希特在他 1797 年夏季学期作过的逻辑与形而上学演讲中就有所论述。参看《费希特全集》,第Ⅳ辑第1卷,第300页以下。

31. 参看康德《判断力批判》,柏林与李堡1790年,§80。费希特这个说法是针对卡尔·林奈(Car Linnés,1707—1778)在其《自然系统》中提出的观点的。

32. 这里指的是沃尔夫和门德尔松的哲学。参看《费希特全集》,第Ⅲ辑第4卷,第262页以下。

33. 这里指的是费希特《自然法权基础》中提出的民选监察机构概念。见《费希特全集》,第Ⅰ辑第3卷,第440页以下。

34. 参看让·雅克·卢梭《论人类不平等的基础和起源》,北京1982年。

35. 居鲁士(Cyrus)大帝,约公元前559—530年在位。

36. 在大流士一世(Darius Ⅰ)经过三年备战以后,其子薛西斯(Xerxes,约公元前486—465年在位)向希腊进军,但在萨拉米海战中大败,又退回到了小亚细亚。

37. 凯克洛普(Kekrops),传说中古希腊阿提卡的第一个国王,制定了有关婚姻、财产的法律和新的礼拜仪式。卡德摩(Kadmos),传说中古希腊底比斯城的建立者,是从亚细亚移居来的。珀罗普(Pelops),传说中坦塔罗之子,从亚细亚来到厄利斯,与比萨的公主结婚,成为迈锡尼的珀罗普王朝创立者。

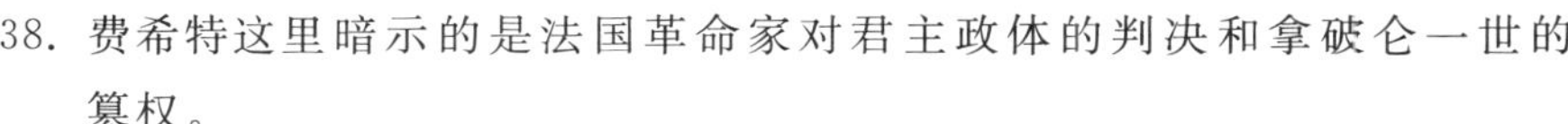

38. 费希特这里暗示的是法国革命家对君主政体的判决和拿破仑一世的篡权。

39. 亚历山大大帝于公元前323年死后,他的部将为争夺继承权而混战一场,最后形成三个王国:托勒密统治埃及,塞琉古以安条克作为亚细亚王国的都城,安提柯成为马其顿王国的君主。

40. 罗马执政官卢西乌斯·穆米乌斯(Lucius Mummius)于公元前146年战胜阿哈伊亚同盟的军队,完成了对于希腊的征服。

41. 第一个信奉基督教的罗马帝国皇帝君士坦丁大帝于公元313年给基督教徒提供了宗教信仰自由的保障。

42. 见《新约全书》,“使徒行传”,第5章第29段。

43. 这里说的是拜占庭帝国于1453年亡于奥斯曼帝国。

44. 参看《新约全书》,“哥林多后书”,第5章第18—20段。

45. 参看费希特《锁闭的商业国》,见《费希特全集》,第Ⅰ辑第7卷,第37—141页。
46. 这段评语很可能是针对托·罗·马尔萨斯(Th. R. Malthus)的《人口论》(伦敦1798年)而发的。
47. 参看费希特在当时还作过的演讲《宗教学、伦理学与法学原理》第一讲,见《费希特全集》,第Ⅱ辑第7卷,第378页以下。
48. 见《旧约全书》,"出埃及记",第21章第24段。

译者后记

费希特的《现时代的根本特点》最初是由柏林中学书局于1806年4月6日出版的。后来的版本有:1. 伊·赫·费希特编,入《费希特全集》第7卷,柏林1846年;2. 弗·梅狄寇斯编,入《费希特著作选集》第4卷,莱比锡1908年;3. 弗·梅狄寇斯新编,莱比锡1922年,系迈纳出版社《哲学丛书》第130卷;4. 奥·梅塞尔编,柏林1924年,有编者序言与注释;5. 梅狄寇斯1922年版重印本,有阿·迪默尔写的序言和编的事项索引,汉堡1956年,系迈纳出版社西迁后重新出版的《哲学丛书》第247卷;6. 1806年原版重印本,有迪默尔写的序、编的事项索引和埃·伏克斯提供的费希特历史哲学文献索引,汉堡1978年,仍为《哲学丛书》第247卷;7.《费希特全集》巴伐利亚科学院版,入第Ⅰ辑第8卷,第191—396页,斯图加特1991年。

我们的翻译是根据巴伐利亚科学院版完成的。这个版本编得最完善。编者对原文作了仔细考订,向读者详尽介绍了费希特作这次演讲的情况、本书出版的过程以及出版后的反应,给原书加了大量注释,并编了完整的人名索引和事项索引。我们在翻译时参考了Л. М. 译和Н. О. 洛斯基编的俄文本(圣彼得堡1913年)与W. 斯密译的英文本(伦敦1883年)。

本书第1—10讲与第15—17讲是由沈真翻译的；第11—14讲的翻译与注释、索引的编译是由梁志学完成的。译者相互审改了译稿。中国社会科学院研究员李曦同志和副编审邵波同志阅读了誊清的译稿，给我们提供了许多宝贵的改进意见。我们要在这里向他们表示感谢。

巴伐利亚科学院赖·劳特教授和埃·伏克斯博士不仅向我们赠送了《全集》第Ⅰ辑第8卷和《费希特著作评论集》第4卷，而且为我们翻译和研究费希特的这本著作和其他著作复印了许多有关的资料，我们要特别向他们致以衷心的谢意。

把这样一本古典哲学原著译为准确流畅的现代汉语，的确不那么容易。我们虽作出了种种努力，但不敢说自己的工作已经毫无问题。因此，我们期待着读者给我们提出批评和建议。

中国社会科学院哲学所　梁志学　沈真

北京，2015年3月29日